Hal Elrod, Mike & Lindsay McCarthy
mit Honorée Corder

# MIRACLE MORNING
## FÜR ELTERN & FAMILIEN



## Die Stunde, die dein Familienleben verändert

*Aus dem amerikanischen Englisch von Christina Brombach*

Edition Forsbach

Die amerikanische Originalausgabe erschien 2016 unter dem Titel „The Miracle Morning for Parents & Families".



**Bibliografische Information der Deutschen Nationalbibliothek:**
Die Deutsche Nationalbibliothek verzeichnet diese Publikation in der Deutschen Nationalbibliografie; detaillierte bibliografische Daten sind im Internet über http://dnb.dnb.de abrufbar.

**Edition Forsbach**
***Bücher mit Herz***


www.edition-forsbach.de
2. Auflage, Dezember 2022

Coverbild: © Janpen, Adobe Stock
Symbol: © cherstva, Adobe Stock
Grafik: Tim Gouder

Druck und Bindung: CPI Druckdienstleistungen GmbH
Ferndinand-Jühlke-Str. 7, 99059 Erfurt
ISBN 978-3-95904-154-6 (Print)
ISBN 978-3-95904-155-3 (E-Book)

# EINE BESONDERE EINLADUNG VON HAL

Die Leser und Anwender des *Miracle Morning* haben eine außergewöhnliche Gemeinschaft von ähnlich gesonnenen Personen auf der ganzen Welt geschaffen, die jeden Tag mit einem Ziel aufwachen und Zeit darauf verwenden, das unbegrenzte Potenzial zu nutzen, das in uns allen liegt. Als Autor von *Miracle Morning* empfand ich es als meine Pflicht, eine Online-Community zu schaffen, in der sich Leser zusammenfinden können, um sich kennenzulernen, sich gegenseitig Mut zu machen, sich über die besten Methoden auszutauschen, sich gegenseitig zu unterstützen, über das Buch zu diskutieren, Videos zu posten, einen Partner zu finden, dem sie Rechenschaft ablegen können, und sogar Smoothierezepte und Sporteinheiten zu teilen.

Allerdings hätte ich mir damals ehrlich gesagt nicht träumen lassen, dass die *Miracle-Morning*-Community eine der positivsten, engagiertesten und sich gegenseitig am besten unterstützenden Online-Communitys der Welt werden würde, aber genau das ist passiert. Die Persönlichkeit und menschliche Größe unserer über 40.000 Mitglieder aus der ganzen Welt erstaunt mich jeden Tag aufs Neue – und es werden immer mehr.

Geh einfach auf **www.MyTMMComunity.com** und beantrage Aufnahme in die Facebook-Gruppe der *Miracle-Morning*-Community. So kommst du augenblicklich in Kontakt mit anderen Menschen, die die Methoden des *Miracle Morning* bereits anwenden, teilweise schon seit Jahren. Sie sind gerne bereit, dir zu helfen, schneller zum Erfolg zu kommen. Ich moderiere diese Community und schaue auch regelmäßig dort vorbei, also freue ich mich darauf, dich dort zu treffen.

Wenn du lieber persönlich auf den sozialen Medien mit mir in Kontakt treten möchtest, folge einfach **@HalElrod** auf Twitter oder **Facebook.com/YoPalHal** auf Facebook. Wenn du möchtest, schick mir gerne eine Direktnachricht, hinterlasse einen Kommentar oder stell mir eine Frage. Ich tue mein Bestes, alle zu beantworten, und freue mich darauf, dich kennenzulernen!

# WIDMUNG

## Hal

Dieses Buch ist für meine großartigen Eltern und für meine Familie.

Für Mom, die ihr Leben der Aufgabe gewidmet hat, mich zu erziehen und mir beizubringen, wie wertvoll Mitgefühl, Selbstlosigkeit, harte Arbeit und andere Werte sind, die ich in diesem Buch so gut wie möglich weitergeben will.

Für Dad. Danke, dass du immer an mich geglaubt und meine Träume mitgetragen hast. Und dafür, dass du mein Leben mit Freude gefüllt hast! Deine Unterstützung und dein Glaube an mich kamen nie ins Wanken, von meinem ersten DJ-Business, das ich mit 15 gründete, bis hin zu meiner Karriere im Vertrieb des Messerherstellers *Cutco*.

Für Ursula, die Frau meines Lebens. Du bist immer der erste Mensch, an den ich während meines *Miracle Morning* denke und für den ich dankbar bin. Danke, dass du dich immer wieder mit Bravour der Aufgabe stellst, die wundervolle Mutter zu sein, die unsere Kinder verdienen, dass du dir Zeit nimmst, dich selbst zu verbessern, und dass du so viel tust, um unsere Familie am Laufen zu halten. Du bist der Kitt, der den Elrod-Clan zusammenhält. Ohne dich könnte ich nicht tun, was ich mache. Ich liebe dich so sehr.

Für Sophie und Halsten. Euer Vater zu sein ist die größte Freude meines Lebens. Ihr seid meine beiden Lieblingsmenschen auf der ganzen Welt und werdet garantiert eine Menge tollen Einfluss auf eure Umwelt nehmen. Ich verspreche euch fest, dass ich euch helfen werde, euer Potenzial zu erfüllen und das Leben eurer Träume zu führen (während ich das Gleiche natürlich auch für andere tue). Ich liebe euch beide mehr, als ich in Worte fassen kann.

## Lindsay

Dieses Buch ist für meine Familie. Ich bin meinen Eltern dankbar für die Liebe und Unterstützung, die ich im Laufe der Jahre von ihnen erhalten habe, und dafür, dass sie mir gleichzeitig Wurzeln und Flügel gegeben haben. Ich liebe meinen Mann Mike für seine unendliche Unterstützung und für die sanften Tritte, die er mir immer wieder gibt, damit ich meinem Herzen folge. Tyler bin ich mehr als dankbar, denn er hat mich zu diesem Buch inspiriert. Und meine süße Ember war mein Wecker und meine Lehrerin, und heute ist sie meine Rechenschaftspartnerin.

## Mike

Dieses Buch ist nicht nur meinen eigenen Eltern, Jan und Rich, gewidmet, sondern all den fantastischen Eltern da draußen, die sich entschieden haben, die volle Verantwortung für das Wachstum und die Sicherheit ihrer Kinder zu übernehmen. Meine Eltern haben mich immer unterstützt und standen mir zur Seite, liebten mich und gaben mich nie auf, egal, wie schlecht meine Entscheidungen gewesen sein mögen. Zutiefst dankbar bin ich auch meinen Großeltern, Rich und Ruth McCarthy und Lee und Joe Baruzzi. Sie überschütteten mich mit Liebe und teilten ihre Weisheit mit mir, so lange sie konnten. Ich liebe und vermisse euch alle sehr. Außerdem möchte ich meinen Kindern Tyler und Ember danken, die mich zu diesem Buch inspiriert haben, und meiner wundervollen Frau Lindsay, die so viel für unsere Familie tut, mich bedingungslos liebt und sich stets mit voller Kraft dafür einsetzt, unseren Kindern zu helfen, in allen Bereichen wundervoll zu gedeihen. Dieses Buch war ihre Idee und sie hat unermüdlich an ihm gearbeitet. Ich bin so stolz auf den Mut und die Kraft, die sie immer wieder zeigt. Ich liebe dich, Lindsay!

# INHALT

# GELEITWORT VON STEPHANIE WALTHER

Als ich dem Buch *Miracle Morning: Die Stunde, die alles verändert* im Sommerurlaub 2018 begegnete, war ich begeistert und begann noch während des Urlaubs mit der Umsetzung. Ich machte erste Erfahrungen mit Meditation, Visualisierungen und Affirmationen und spürte bald die motivierende Wirkung. Besonders freute ich mich jeden Morgen auch auf die Rituale Lesen, Schreiben und Bewegung. Als Frühaufsteherin hatte ich keine Schwierigkeiten, aus dem Bett zu kommen. Ich begann, die erste Stunde des Tages zu lieben und nutzte sie ganz intensiv nur für mich, d. h. noch bevor meine damals 3-jährige Tochter meine volle Aufmerksamkeit beanspruchte.

Später, als ich mein eigenes Unternehmen gegründet hatte und an meinem ersten Buch schrieb, stellte ich fest, dass es noch andere *Miracle Morning*-Bücher gibt. So blitzte der Gedanke auf, ob ich als Unternehmerin, Autorin und Mutter nun eigentlich drei statt einer Stunde früher aufstehen müsse. Dies ist nicht der Fall, denn die sechs Rituale des *Miracle Morning*, die Live S.A.V.E.R.S., spielen in allen Büchern die zentrale Rolle. Am frühen Morgen, bevor die Welt erwacht, ist offenbar die allerbeste Gelegenheit, über meine Handlungsschritte nachzudenken und den Rest des Tages optimal auf meine Ziele auszurichten.

In diesem Buch *Miracle Morning für Eltern & Familien* erfährst du, warum du dir zuerst selbst die Sauerstoffmaske aufsetzt und deine

Familie durch ein gutes Beispiel anleitest, wie deine Kinder durch geerdete Eltern viel einfacher in den Tag starten, wie du am frühen Morgen den Grundstein für einen erfüllten Familienalltag legst, der trotz allen Trubels entspannt und gelassen verlaufen darf. Du findest eine Vision für dein perfektes Familienleben, lernst dich selbst zu führen und mit Spaß und Kreativität außergewöhnliche Ergebnisse zu erzielen.

Hal Elrod hat das Buch zusammen mit Mike & Lindsay McCarthy geschrieben, zwei erfolgreichen Berufstätigen, die eine abenteuerliche Homeschooling-Familie führen. Sie zeigen dir Prinzipien und außergewöhnliche Fähigkeiten, die du brauchst, um dir und deiner Familie ein liebevolles, kraftspendendes und gut funktionierendes Zuhause zu schaffen.

Sein „Geheimtipp" für ein schönes und harmonisches Familienleben ist der *Miracle Morning* – er gibt dir und deiner Familie die Chance, den Tag richtig zu beginnen und gleichermaßen für Körper und Geist zu sorgen.

Lies dieses Buch bitte *mehrmals*. Mit Hilfe des *Miracle Morning* hast du dazu trotz eines turbulenten Familienalltags Zeit – du schaffst damit eine Grundlage für ein erfülltes, fröhliches und nachhaltig harmonisches Familienleben.

Ich wünsche dir viele inspirierende und motivierende Erkenntnisse beim Lesen und viel Freude bei der Umsetzung!

Deine Stephanie Walther

***Stephanie Walther,*** *Steuerberaterin, Unternehmerin, Co-Autorin des Buches „Steuern steuern. Das Arbeitsbuch" und Autorin des Buches „Das Steuergeheimnis. Der ungewöhnliche Weg zur finanziellen Freiheit", Ehefrau und Mutter*
www.stephaniewalther.de

# VORWORT

## von Jim Sheils

Ein Mentor hat mir einmal geraten: „Richte dein Leben nach einheitlichen Rhythmen aus – das ist der einzige Weg zur Freiheit."

Auf den ersten Blick ergibt das nicht allzu viel Sinn. Ich hatte an das Gegenteil geglaubt. Ich hatte gedacht, ich würde Freiheit verlieren, wenn ich mich an einheitliche Rhythmen halten würde. Ich wäre weniger effektiv. Mein Sinn für Abenteuer und Spannung würde mir abhandenkommen. Ich könnte sogar den Sinn und Zweck meines Lebens abschwächen. Schließlich ist es langweilig und wenig effektiv, immer das Gleiche zu machen, oder?

Da lag ich falsch.

Und zwar zu hundert Prozent. In Wahrheit sind effektive Rhythmen (also mächtige Gewohnheiten, die wir im Leben durchgängig einhalten) sogar der Treibstoff für Erfolg und einen tieferen Lebenssinn. Allen meinen Studien und Erfahrungen zufolge sind es Menschen, deren Leben in einem bestimmten Takt abläuft, die besonders erfolgreich und erfüllt leben – nicht nur im Beruf, sondern auch im Privatleben. Das Problem daran ist aber, dass wirklich großartige Rhythmen, die das Familienleben verbessern, eher selten sind – besonders dann, wenn es um unsere Kinder geht.

Aus genau diesem Grund habe ich *The Family Board Meeting* geschrieben. Ich wollte damit einen Rhythmus teilen, der für Familien auf der ganzen Welt, auch ihre Kinder, ansprechend, inspirierend und effektiv ist. Die Ergebnisse dieser Methode hatte ich selbst in der Beziehung mit meinen Kindern gesehen, deshalb war es mein Wunsch, dass andere ebenfalls eine solche Verbindung erleben können.

Einer meiner besten Freunde, Pete Kuc, stellte mir Mike und Lindsay McCarthy an einem entspannten Strandtag mit meiner Familie vor. Aus den wichtigen Werten, die wir teilten, entstand schnell eine Freundschaft: Liebe zur Familie und der feste Vorsatz, uns ständig zu verbessern, was die Erziehung unserer Kinder angeht. Wir waren uns einig, wie wichtig feste Abläufe und die Methoden der Persönlichkeitsentwicklung auch für unsere Kinder sind.

Es war offensichtlich, dass auch Mike und Lindsay großzügige Persönlichkeiten waren. Sie hatten sich in ihre *Miracle-Morning*-Methoden vertieft und sie gemeinsam mit Hal so angepasst, dass sie ihre Kinder mit einbeziehen konnten. Das stellte sich als ein großer Erfolg heraus. Meine Frau und ich begannen schnell, von ihnen zu lernen.

Hal und ich waren uns zwar schon bei verschiedenen Events begegnet, aber wir hatten bis zu diesem Zeitpunkt beide noch nicht darüber nachgedacht, die Strategien des jeweils anderen anzuwenden. Mike und Lindsay, diese geborenen Vermittler, brachten uns endlich auf die Idee, zu schauen, was der jeweils andere macht, und seine Ansätze selbst auszuprobieren. Ich bin so froh, das getan zu haben!

Heute sitze ich hier und bin nicht nur ein großer Fan des *Miracle Morning*, sondern gemeinsam mit meiner Familie auch eine der ersten Versuchspersonen der Methoden aus *Miracle Morning für Eltern & Familien*. Wir haben uns 45 Tage lang mit unseren Kindern der Herausforderung gestellt, die Mittel aus diesem Buch anzuwenden. Dabei konnten wir jeden Tag beobachten, wie wir tiefer und stärker mit uns selbst und den anderen verbunden waren, und immer besser ins Gleichgewicht kamen.

Mike, Lindsay und Hal haben hier einen Fahrplan für dich und deine Kinder geschrieben. Wenn du verbessern kannst, wie du jeden Morgen in den Tag startest, veränderst du dadurch deinen ganzen Lebensweg.

Eine Familie zu gründen und zu führen kann ganz schön schwierig sein. Wir müssen uns einer Welt voll neuer Technologien, sozialer Verwerfungen und Herausforderungen stellen. Unsere Kinder stehen vor Problemen, die wir uns als Kinder nicht einmal hätten vorstellen können. Eine Frage geht uns deshalb ständig durch den Sinn: Wie können wir unsere Kinder unterstützen und dabei gleichzeitig unsere Beziehung zu ihnen verbessern?

Ich erinnere mich daran, dass Napoleon Hill einmal so etwas gesagt hat wie: „Die wichtigste Bildung bereitet uns auf alle praktischen Belange des Lebens vor." Leider ist das heutzutage aber nicht immer unbedingt die oberste Priorität in unserem Bildungssystem. Unsere Aufgabe als Eltern ist es, diese Lücken zu füllen und unseren Kindern die bestmögliche Erziehung im Hinblick auf dieses Ziel zu vermitteln.

Ich glaube daran, dass der Schlüssel dazu in *Miracle Morning für Eltern & Familien* liegt.

Es gibt zwei Gründe dafür, dass ich an dieses Buch glaube:

Zum einen habe ich die „C.H.A.R.M.S." bereits in meinem eigenen Familienleben eingesetzt und die Ergebnisse davon gesehen. Ich habe eine tiefe Verbindung zu meinen Kindern und meiner ganzen Familie erlebt und gesehen, wie ihr Selbstvertrauen und ihre Dankbarkeit gewachsen sind.

Zum anderen weiß ich mit absoluter Sicherheit, dass die Autoren dieses Buchs – Mike, Lindsay und Hal – auch hinter den Kulissen inspirierende und authentische Menschen sind. Bei zu vielen Persönlichkeitsentwicklungsgurus läuft es wie beim Zauberer von Oz: Auf der Bühne zeigen sie sich fast übermächtig, aber sobald sie davon herabsteigen, sind sie schwach, leer und distanziert. Ich lasse mir nicht mehr von jedem Ratschläge geben, vor allem nicht mehr von Menschen, die ein Image präsentieren, aber ein ganz anderes leben – und ganz besonders dann nicht, wenn es um meine

Familie geht. Mike, Lindsay und Hal sind der wahre Jakob. *Miracle Morning für Eltern & Familien* ist authentisch. Und es schafft echte Ergebnisse.

Nicht alle Methoden und Ratschläge da draußen wirken inspirierend, effektiv und dauerhaft. Aber ganz selten begegnet einem ein Rhythmus, der wirklich funktioniert und hält, was er verspricht. In *Miracle Morning für Eltern & Familien* findest auch du einen, der zu dir passt.

In Dankbarkeit

Jim Sheils

# LINDSAYS EINLEITUNG

*Es sind nicht nur die Kinder, die wachsen. Eltern wachsen auch. Wir beobachten unsere Kinder, um zu sehen, was sie mit ihrem Leben anfangen, aber sie beobachten uns genauso scharf. Ich kann meinen Kindern nicht sagen, sie sollen nach den Sternen greifen. Alles, was ich tun kann, ist, mich selbst danach zu strecken.*

JOYCE MAYNARD, *amerikanische Schriftstellerin und Journalistin*

Früher wurde ich oft wach, wenn kleine Füße in unser Schlafzimmer donnerten und Ember, unsere Tochter, ins Bett kletterte. Meistens fing sie gleich an, meine Augenlider hochzuziehen und zu rufen: „Mami, bist du wach?" Nachdem wir aufgestanden waren, frühstückten wir ganz schnell, zogen uns eilig an, warfen zügig alle Sachen ins Auto und rasten zur Bushaltestelle. Wenn mein Sohn Tyler sicher im Bus saß, verbrachte ich den Rest des Tages damit, hinter meiner Tochter herzuräumen.

Immer, wenn ich an einer Stelle Ordnung geschaffen hatte, drehte ich mich um und fand das nächste Chaos. Ganze Wochen zogen an mir vorbei, während ich im Supermarkt einkaufte, zur Krabbelgruppe ging und versuchte, wenigstens ein kleines Stückchen des Wäschebergs abzutragen.

Ich war weder produktiv noch organisiert. Stattdessen rannte ich einfach von einer Baustelle zur nächsten, ohne mir Zeit zum Durchatmen zu nehmen. Ich überlebte zwar, aber nicht besonders gut.

Ich war wie von einem Autopiloten gesteuert, nahm nicht mehr richtig am Leben teil und folgte dem Weg, den die Gesellschaft für mich bereitet hatte. Zusammen sahen Mike, ich und unsere Kinder aus wie das Bild einer perfekten, wohlhabenden Familie: erfolgreicher Geschäfts- und Ehemann, Hausfrau und Mutter, zwei Kinder, ein älterer Junge und ein kleines Mädchen. Wir wohnten in einem großen Haus auf einem Hügel, mit Aussicht auf eine malerische Wiese und einen Fluss. Die perfekte, glückliche Familie. Aber waren wir das auch?

Ich wachte morgens nicht so aufgeregt auf wie Ember. Sie konnte es kaum erwarten, den neuen Tag zu beginnen, an dem sie Schmetterlingen nachjagen und mit Bauklötzen Türme errichten würde. Ich dagegen hatte schon Schwierigkeiten, mich überhaupt aus dem Bett zu quälen. Irgendetwas war hier ganz und gar nicht in Ordnung.

Ich suchte nach Antworten, aber an unserem Familienleben änderte sich nicht viel – bis ich einen Vortrag von Hal Elrod hörte, bei dem er über den *Miracle Morning* und seine einzigartige Kombination aus Morgenritualen sprach, die er die „Life S.A.V.E.R.S." nannte. Ich hatte zu diesem Zeitpunkt schon seit Jahren meditiert und Tagebuch geschrieben, aber nicht immer morgens und nicht regelmäßig.

Zu hören, wie Hal seine Depression überwunden hatte und von ganz unten wieder zurückgekommen war, war so inspirierend, dass ich beschloss, es auch auszuprobieren. Ich würde anfangen, den *Miracle Morning* anzuwenden und die Life S.A.V.E.R.S. in mein Leben zu lassen.

Mike und ich hörten Hal bei der *1Life-Fully-Lived*-Konferenz (www.1LifeFullyLived.org) im Oktober 2014 in Reno, Nevada, sprechen. Auf dem Flug nach Hause las ich das ganze Buch in einem Rutsch durch. Wir beschlossen, den *Miracle Morning* gemeinsam auszuprobieren, und haben es bisher nie bereut.

Nachdem wir ihn eine Weile angewendet hatten, begannen die Kinder morgens in unseren Meditationsraum zu kommen und uns zu fragen, was wir da machten. Wir erklärten ihnen, dass wir unsere

Life S.A.V.E.R.S. machten und beschlossen, sie ihnen auch beizubringen. Danach machten sie den *Miracle Morning* mit uns zusammen. Es wurde zu einer wichtigen Familienaktivität, den Tag so zu beginnen.

Spulen wir jetzt vor zu der *1Life-Fully-Lived*-Westküstenkonferenz 2015 in Sacramento in Kalifornien. Hal war wieder der Hauptredner, aber dieses Mal durfte ich auch etwas präsentieren! Der Gründer, Tim Rhode, ist ein guter Freund von uns, und er hatte gemerkt, dass ich mich zum Besseren verändert hatte. Tim erkennt Menschen, die von der Arbeit seiner gemeinnützigen Organisation profitiert haben, und gibt ihnen Chancen, deshalb fragte er mich, ob ich einen Workshop zum Thema „Vision Boards" halten wollte. Dieses Angebot konnte ich natürlich nicht ablehnen.

Beim Willkommensempfang für alle Redner traf ich Hal. Ich erzählte ihm, dass ich unseren Kindern die Life S.A.V.E.R.S. beigebracht hätte, und dass der *Miracle Morning* großen Einfluss auf unsere Familie gehabt hätte. Er war begeistert! Ich erwähnte, dass unser Sohn uns nach Kalifornien begleitet hätte und sich freuen würde, wenn er Hal das Buch mit seinen Affirmationen zeigen könnte.

Am nächsten Tag beim Frühstück sagte Tyler stolz seine Affirmationen für Hal auf, und dieser gab ihm voller Freunde ein Autogramm in sein Buch. Dann fragte er Tyler, ob er gern in seinem neuen *Miracle-Morning*-Buch vorkommen wollte. Tyler war so aufgeregt, dass er nicht mehr still stehen konnte, und rief: „Ja, ja, ja!" Dann fragte Hal Mike und mich, ob wir Interesse hätten, darüber zu sprechen, das Buch mit ihm gemeinsam zu schreiben.

Ein paar Tage später wachte ich mitten in der Nacht auf und hatte die Idee im Kopf, ein Kinderbuch zu schreiben, in dem ich aus jedem der Life S.A.V.E.R.S. ein Gedicht machte. Sofort setzte ich mich an den Computer und begann zu tippen. Was dabei herauskam waren Haiku, einer für jeden der Life S.A.V.E.R.S., und Übungen, die Kinder mit ihren Eltern gemeinsam machen konnten.

Ich zeigte sie Mike, um zu sehen, was er davon hielt, und er sagte, ich solle sie Hal schicken. Hal antwortete am nächsten Tag und fragte, ob wir immer noch Interesse daran hätten, mit ihm gemeinsam ein Buch für seine Reihe zu schreiben. Natürlich sagten wir „Ja". Tyler hatte ja keine Ahnung gehabt, dass seine Eltern an Hals Buch mitwirken würden, als der ihn fragte, ob er darin vorkommen wollte!

Ich möchte nicht behaupten, dass es bei uns morgens nicht immer noch ab und zu ein wenig stressig zugeht, aber insgesamt sind wir viel glücklicher. Wenn Ember jetzt morgens zu uns ins Schlafzimmer kommt, sind wir meistens schon wach. So können wir sie mit einem Lächeln und einer Umarmung begrüßen. Da fängt der Morgen gleich viel schöner an, als wenn einem jemand die Augenlider hochzieht!

Der *Miracle Morning* hat uns aber nicht nur friedlichere Morgenstunden geschenkt, ich habe dadurch Mut und einen Sinn im Leben gefunden. Ich bin ein besserer Mensch und dadurch auch ein besserer Elternteil geworden. Die Life S.A.V.E.R.S. auszuführen, bevor die Kinder aufwachen, erlaubt es mir, meine eigene Sauerstoffmaske aufzusetzen, bevor ich ihnen helfe.

Der *Miracle Morning* hat mir den Mut geschenkt, eine Schule für Tyler zu finden, die es uns erlaubt, das Leben unserer Träume zu führen. Außerdem habe ich dadurch das Selbstvertrauen gefunden, dieses Buch zu schreiben. Ich bin einen Halbmarathon gelaufen und habe dabei über 1.000 Dollar Spenden für Tylers Schule gesammelt, und ich halte inzwischen häufiger Events bei *1Life Fully Lived.*

Mike und ich unterstützen Tim kräftig, indem wir dafür gesorgt haben, dass das *1Life Fully Lived Personal Development Seminar* an der Ostküste stattfinden konnte – sowohl finanziell, als auch, wie Mike es ausdrückt, „indem wir die Sitze mit Hinterteilen füllten". Meine Lieblingsaufgabe ist aber nach wie vor, meinen Kindern den *Miracle Morning* beizubringen und ihn mit ihnen gemeinsam kindgerechter zu gestalten.

In diesem Buch zeigen wir dir, wie wichtig es ist, eine Morgenroutine zu haben. Wir bringen dir Schritt für Schritt bei, wie du morgens am besten aus dem Bett kommst. Außerdem erklären wir dir, was du mit der ersten Stunde nach dem Aufstehen anfangen solltest.

Danach besprechen wir die drei *nicht ganz offensichtlichen Elternprinzipien.* Das erste Prinzip, *Selbstführung*, dreht sich darum, wie du am besten zum Vorbild für deine Kinder wirst. *Energiemanagement* hilft dir, dich konsequent um dich selbst zu kümmern und deinem Nachwuchs immer einen Schritt voraus zu sein. Bei *unerschütterlicher Konzentration* geht es darum, dass du effektiver wirst, indem du deine Effizienz erhöhst. Zuletzt stellen wir dir die drei Fähigkeiten außergewöhnlich erfolgreicher Eltern vor: *Zielstrebigkeit, Verspieltheit* und *Perspektive.*

Ich möchte nicht von mir behaupten, zum Erziehungsguru geworden zu sein. Und dieses Buch wird auch nicht versuchen, dich an irgendeinem Standard für perfekte Eltern zu messen. Es soll dir nur helfen, dich selbst wieder zu finden und zu einem großartigen Vorbild und Elternteil für deine Kinder zu werden. Auf den kommenden Seiten wirst du lernen, wie du deine Kinder an den *Miracle Morning* heranführst. Und ich werde dir ein paar Tipps geben, wie du ihn anpassen kannst, wenn die lieben Kleinen nicht mitmachen wollen.

Dieses Buch ist aus meinem Blickwinkel formuliert, weil es so einfacher für uns ist, die Prinzipien mit dir zu teilen und dir die Geschichten zu erzählen. Mike und Hal sind zwar auf jeder Seite dabei, aber ich werde dich offiziell begleiten (die Ausnahme ist Mikes Einleitung), während wir dir helfen, deinen Morgen und dein Leben zu verändern.

Vor Kapitel drei bis zehn findest du jeweils ein Profil und Erziehungstipps von den weisesten und effektivsten Eltern, die wir kennen. Diese Menschen sind auch in anderen Lebensbereichen erfolgreich – und wir glauben, dass es kein Zufall ist, dass all diese Eltern ihren Tag mit einer *Miracle-Morning*-Routine beginnen.

Nimm dir diese außergewöhnlichen Eltern zum Vorbild, so wie wir, und erschaffe dir dein ganz eigenes Morgenritual. Denk dabei daran: Was bei ihnen funktioniert, muss nicht unbedingt auch bei dir passen. Jede Familie muss aufgrund ihrer eigenen Bedürfnisse, Glaubenssätze und Werte Entscheidungen treffen.

Wenn du bereit bist, dir jeden Morgen ein bisschen Zeit für dich selbst zu nehmen und deine Kinder mit einem Lächeln zu begrüßen, statt mit ewigem Chaos, dann hast du dir das richtige Buch ausgesucht.

Lindsay McCarthy

# MIKES EINLEITUNG

*Wenn wir alles täten, was wir wirklich können,*
*wären wir erstaunt über uns selbst.*

THOMAS EDISON, *amerikanischer Erfinder und Geschäftsmann*

Ich habe in meinem Leben zwei Dinge getan, die seinen Lauf massiv beeinflusst und die Person, die ich heute bin, entscheidend geprägt haben. Das eine war, Kinder zu bekommen, das zweite, mit dem *Miracle Morning* anzufangen. Nichts anderes hat mich so inspiriert und in die Lage versetzt, in jedem Sinne des Wortes ein besserer Mensch zu werden.

Kinder zu bekommen ist meiner Meinung nach eine der größten Abenteuerreisen, die man unternehmen kann. Nichts ist wichtiger als Minimenschen (also Kinder) zu erschaffen, zu lieben und ihnen das Rüstzeug mitzugeben, das sie brauchen, um zu wachsen, zu gedeihen und dadurch ihre einzigartigen Fähigkeiten und Talente zu entwickeln und mit der ganzen Welt zu teilen. Ich wusste schon immer, dass ich einmal Vater werden wollte, aber warum, war mir nie ganz klar – bis ich mein erstes Kind bekam. Auch dann passierte es aber nicht über Nacht. Stattdessen fand ich jeden Tag ein kleines bisschen besser in meine Vaterrolle hinein. Mein Leben bekam einen neuen Sinn und eine tiefgehende, neue Klarheit.

Ich lernte, mit meinen Ängsten zu tanzen, statt mich von ihnen überwältigen zu lassen, und dadurch wurde ich zu einem neuen

Menschen. Ich tauschte mein Ego gegen etwas Neues ein und änderte meine Prioritäten, sodass die Person, die ich in der Welt war, gewissermaßen ein Upgrade bekam. Plötzlich lebte ich für mehr als für mich selbst. Ich wurde zum Vater, der rein zufällig auch noch Unternehmer, Leader, Coach, Trainer, Ehemann, Sohn und jetzt auch noch Autor war.

Trotzdem, das wurde mir klar, kam die Vaterschaft an allererster Stelle vor allen anderen Rollen. Diese Verwandlung war nicht immer ganz einfach, ab und zu verlor ich mich selbst auch ein wenig in diesem Prozess. Es stellte sich aber heraus, dass es letzten Endes eine gute Sache war, weil ich mein wahres Selbst nur dadurch finden konnte. Meine Kinder großzuziehen und die Life S.A.V.E.R.S. anzuwenden, hat mich zu dem Menschen gemacht, der ich heute bin, und beide Elemente haben weiterhin größten Einfluss darauf, wer ich morgen sein werde. Weil ich Kinder habe, habe ich mir fest versprochen, die beste Version meiner selbst zu werden und positiven Einfluss auf die Welt zu nehmen.

Ich verstand, dass eine Welt, in der meine Kinder leben sollten, dringend verbessert und geheilt werden musste, und dass ich meinen Teil dazu beitragen müsste. Manchmal fühlt es sich so an, als laste das ganze Gewicht der Welt auf meinen Schultern. Aber dann merke ich, dass ich diese Last mir Freuden trage, wenn es ein besseres Leben für meine Familie bedeutet – und für alle anderen Familien auch. Ich nehme das nicht leicht. Wenn wir alle zusammen die Welt zum Besseren verändern, wird die Welt unserer Kinder zur besten Version ihrer selbst. Sie wird zu einem gesunden, fröhlichen und harmonischen Ort, an dem Kinder leben und in dem sie wachsen können.

Damit bin ich nicht allein, das weiß ich. Viele andere Eltern, wie du, unternehmen mutig Schritte für ihre eigene Entwicklung, damit sie einen möglichst großen Unterschied für die Welt ihrer Kinder und Kindeskinder machen können. Diese Eltern inspirieren mich jeden Tag. Viele von ihnen haben ihre Geschichten zu diesem Buch beigetragen und ihre Weisheiten und Probleme mit Lindsay und mir geteilt. Ich glaube fest daran, dass die gesamte Menschheit gerade beginnt, zu erkennen, dass wir selbst die Helden und Heldinnen unseres Lebens werden müssen. Mahatma Gandhi hat gesagt: „Sei du selbst die Veränderung, die du dir wünschst für diese Welt." Das sind wir.

Wir haben die Gelegenheit, in nur einer Generation die ganze Welt zum Besseren zu verändern. Wenn unsere Kinder uns beobachten, lernen sie, wie sie ebenfalls zu den Menschen werden können, die sie sein müssen, um einen Unterschied für die Welt zu machen. Alles beginnt damit, was wir unseren Kindern zu Hause beibringen. Ich kann mir keine bessere Methode vorstellen, das Bewusstsein für unseren Planeten von Grund auf zu verändern, als unseren Kindern beizubringen, jeden Morgen aufzustehen und die Persönlichkeit zu formen, die sie sind.

Der *Miracle Morning* verwandelt jeden, der ihm folgt, das ist eine Tatsache. Wenn der *Miracle Morning* also jedes einzelne Leben verändern kann, was wird er dann für einen Einfluss auf deine Kinder und dein Familienleben haben? Wie verbesserst du dich, deine Familie und die ganze Welt, indem du täglich diese paar einfachen Übungen durchführst? Wenn ich mir vorstelle, dass Familien auf der ganzen Welt gemeinsam die Life S.A.V.E.R.S. machen, gibt mir das große Hoffnung für die Welt, die wir gemeinsam erschaffen.

Stell dir eine Welt vor, in der es ganz normal ist, sich gegenseitig zu unterstützen und zu ermutigen. Die Life S.A.V.E.R.S. durchzuführen und anderen beizubringen, wie sie ebenfalls ihren Morgen gewinnen können, ist die überraschend einfache Methode, mit der wir dafür sorgen können, dass es so wird. In diesem neuen normalen Leben werden Verletzlichkeit, Authentizität und Mitgefühl einen viel höheren Stellenwert haben als unser materieller Besitz, unsere Errungenschaften und die Größe unseres Hauses oder Bankkontos. Sobald wir beginnen, uns darauf zu konzentrieren, uns selbst weiterzuentwickeln, wird alles andere ganz natürlich folgen und sich ebenfalls verbessern.

Herzlichen Glückwunsch, dass du dieses Buch in die Hand genommen und dich für das Großartige entschieden hast, das in dir und deinen Kindern schlummert.

Ich bin übrigens auch kein Erziehungsexperte und werde wahrscheinlich keine Preise für meine Erziehungsmethoden gewinnen, aber ich bemühe mich stets, mir bewusst zu machen, wo meine Schwächen als Elternteil und Mensch liegen. Du wirst nicht über Nacht zum Meister deiner selbst und deiner Rolle als Elternteil. Vermutlich wirst du sogar dein ganzes Leben lang daran arbeiten müssen, irgendetwas zu meistern. Wenn du aber jeden Morgen aufstehst und einen kleinen Schritt in die richtige Richtung machst, wirst du erstaunt sein, wie schnell dein Leben sich verbessert.

So, wie ein Fluss eine Schlucht durch die Felsen schneidet, kannst du zu einem Menschen werden, der voll aus dem Leben schöpft. Das geschieht nicht an einem Tag, es geschieht jeden Tag ein bisschen. Als erfolgreicher Unternehmer und Geschäftsführer habe ich noch keine bessere Methode gefunden, meine Führungsqualitäten zu verbessern, als den *Miracle Morning*. Er gibt dir alle Werkzeuge an die Hand, die du brauchst, um dich selbst effektiver zu führen. Sobald du es schaffst, dich selbst zielgerichtet zu führen, kannst du es auch für andere viel besser tun. Dann wirst du zum Leader in deiner Familie und bei der Arbeit.

Ich hoffe, du nimmst bei deiner Entdeckungsreise in dein eigenes grenzenloses Potenzial wahr, wie sehr du ein erfülltes Leben verdienst und wie sehr du es wert bist. Ich glaube an dich, sogar, wenn du es – noch – nicht tust.

Wir alle haben besondere Gaben und Talente, die wir uns im Leben erschließen und mit anderen teilen müssen. Der nächste logische Schritt dazu ist, dieses Buch zu lesen und dir vorzunehmen, die Life S.A.V.E.R.S. anzuwenden.

Viel Erfolg, gute Reise und Carpe Diem!

Mike McCarthy

# 1. WARUM DER MORGEN WICHTIG IST

## (wichtiger, als du glaubst)

*Wenn John Lennon recht hatte und das Leben das ist, was uns passiert, während wir andere Pläne schmieden, dann ist Kinder haben das, was passiert, wenn alles auf den Kopf gestellt ist und ausläuft, und wir weder ein Handtuch, noch einen Lappen, noch unsere leise Stimme finden können.*

KELLY CORRIGAN: *Lift*

„Und der Preis für die *schlechteste Frühaufsteherin* geht an Lindsay!" Genau, als ich in der siebten Klasse einen Schulausflug mit Übernachtung machte, wählten meine Zimmergenossinnen mich für diesen Preis aus. Anscheinend war es so offensichtlich, wie sehr ich den Morgen hasste, dass es mich komplett definierte. Wenn du mir damals erzählt hättest, dass ich eines Tages mit meinem Mann zusammen ein Buch schreiben würde, das Leuten helfen soll, früh aufzustehen und bessere Menschen zu werden, hätte ich dich wahrscheinlich für verrückt erklärt. Aber hier sind wir!

Wachst du manchmal auf und fühlst dich direkt überfordert? Ich gehe jede Wette ein, dass es den meisten Eltern so geht. Viele von ihnen stellen nicht mal einen Wecker. Ihr Tag beginnt, wenn die Kinder hungrig, energiegeladen und aufmerksamkeitsbedürftig ins Schlafzimmer stürmen.

Was wäre, wenn du deinen Tag mit dieser einen Stunde Ruhe und Frieden starten könntest, die du dir erträumst? Mit einem aufgeräumten geistigen Raum, in dem du dein Gefühl von Eleganz und Würde wiederfinden und danach auf eine geordnete, selbstbestätigende Weise weitermachen kannst? Leider weißt du aber, dass du das nicht kannst – oder vielleicht doch, aber nicht ausgerechnet heute. Vielleicht, wenn die Kinder ausziehen und an die Uni gehen.

Es ist kein Wunder, dass die meisten Eltern den Tag damit beginnen, etwas aufzuschieben, den Zeitplan von den Kindern bestimmen zu lassen und ihrem Unterbewusstsein damit die Botschaft zu schicken, dass sie nicht genug Energie oder auch nur Willenskraft haben, um aus dem Bett zu kommen. Sie denken, der neue Tag könne auch nur wieder im Chaos versinken, in dem die eigenen Ziele und die Ziele der Kinder aus dem Fenster fliegen, während die Eltern wie aufgezogen herumwuseln, um die unmittelbaren Bedürfnisse der Kleinen zu befriedigen. Es besteht schließlich kein Zweifel, wer zuerst kommt. Die Kinder sind immer deine oberste Priorität, oder etwa nicht?

Dazu kommt natürlich noch die Tatsache, dass die meisten Menschen glauben, sie seien keine Frühaufsteher, und dass die „Aufschieberitis" bereits früh im Leben auftritt.

Aber was wäre, wenn du das ändern könntest?

Was wäre, wenn du es als das erste Geschenk betrachten könntest, das das Leben dir morgens macht, wenn der Wecker klingelt? Früh aufzustehen schenkt dir die Zeit, die du brauchst, um die Person zu werden, die du sein musst, um all deine Ziele und Träume – für dich selbst und deine Kinder – zu erreichen, während der Rest der Welt noch schläft.

Du denkst jetzt wahrscheinlich: „Das alles klingt toll, Lindsay. Aber ich bin nun mal kein Morgenmensch."

Das verstehe ich. Wirklich. Damit sagst du nichts, was ich mir nicht auch schon tausend Mal erzählt habe. Und glaub mir, ich habe sehr oft versucht, die Kontrolle über meinen Morgen zu übernehmen und es nicht geschafft. Aber das war, bevor ich den *Miracle Morning* entdeckte.

Hör mir kurz zu. Ich wette, du willst nicht nur den nächsten Peyton Manning großziehen, du würdest auch gern aufhören können, dir Sorgen darüber zu machen, dass am Ende des Geldes noch so viel Monat übrig ist oder du deine Ziele verfehlen könntest, und all die starken negativen Gefühle loslassen, die diese Herausforderungen mit sich bringen. Habe ich recht? Diese Dinge stehen dir auf der Reise zum effektiven Elternteil im Weg, weil sie dein Selbstvertrauen beeinträchtigen und dich davon abhalten, dich in Bezug auf dich selbst und dein Leben gut zu fühlen.

Ich glaube fest an den Ratschlag, den man zu Beginn jeder Flugreise bekommt: Zieh dir zuerst selbst die Sauerstoffmaske über und hilf erst dann deinem Kind. Wenn du wegen Sauerstoffmangels das Bewusstsein verlierst, kannst du nämlich gar niemandem helfen.

Viele Eltern können diese einfache Wahrheit nicht erkennen. Sie glauben, Liebe bedeute, immer die zweite Geige spielen zu müssen. Dabei haben sie immer so viel zu tun, dass sie nie dazu kommen, sich um ihre eigenen Bedürfnisse zu kümmern. Mit der Zeit werden sie dadurch völlig erschöpft, nachtragend und überfordert.

Kommt dir das alles bekannt vor?

Dann sage ich dir:

*Der Morgen ist der Schlüssel zu allem.*

Wichtiger als die Zeit, zu der du deinen Tag beginnst, ist die *Denkweise*, mit der du deinen Tag angehst.

Es ist zwar nicht unwahrscheinlich, dass du dieses Buch liest, wenn deine Kinder schon ein paar Jahre alt sind, es kann aber auch sein, dass du es in einer frühen Phase deines Elternlebens in die Hand genommen hast, und das bedeutet, dass du dich vermutlich bereits überfordert fühlst und nach Lösungen suchst. Wenn das der Fall ist, ist es entscheidend, dass du lernst, den *Miracle Morning* umzusetzen, während die Kinder noch schlafen, damit du endlich ungestörte Zeit für dich bekommst. Hier ist die gute Nachricht: Es lohnt sich. Und es macht viel mehr Spaß und ist viel befriedigender, als du vielleicht erwartest.

Bevor wir allerdings genauer betrachten, *wie* du die Kontrolle über deinen Morgen übernehmen kannst, möchte ich dir erklären, *warum* du das überhaupt tun solltest. Denn glaub mir, sobald du die Wahrheit über den Morgen kennst, wirst du nie wieder einen verpassen wollen.

## Warum der Morgen so wichtig ist

Je mehr du über die Macht des frühen Aufstehens und über Morgenrituale lernst, desto mehr häufen sich die Beweise, dass der frühe Vogel viel mehr bekommt als nur den Wurm. Hier sind ein paar der wichtigsten Vorteile, die du schon bald am eigenen Leib erfahren wirst.

### Du wirst proaktiver

Christoph Randler ist Biologieprofessor an der Universität Heidelberg. In der Juliausgabe des *Harvard Business Revie*w von 2010 erklärt Randler, dass „Menschen, die am Morgen ihre Leistungsspitze erreichen, besser für eine erfolgreiche Karriere positioniert sind, weil sie proaktiver sind als Menschen, die abends am leistungsstärksten sind."

Wenn es irgendeine Karriere gibt, bei der es entscheidend ist, proaktiv zu handeln, dann ist es die als erfolgreiche Eltern. Für uns Eltern ist es besonders wichtig, den Tag richtig vorzubereiten, damit wir eine ruhige Umgebung für unsere Kinder schaffen können.

### Du siehst Probleme kommen und kannst ihnen rechtzeitig aus dem Weg gehen

In seinem Artikel stellt Randler die These auf, dass Frühaufsteher alle wichtigen Karten in der Hand halten. Sie sind „besser in der Lage, Probleme vorherzusehen und zu minimieren, sie sind proaktiv, haben größere berufliche Erfolge und verdienen letzten Endes höhere Gehälter."

Er beschreibt, dass Frühaufsteher Probleme früher kommen sehen, und dass ihnen die Lösung leichter von der Hand geht. Wenn du mal darüber nachdenkst, wirst du schnell erkennen, dass das der Schlüssel dazu sein könnte, den Stress zu reduzieren, der sich unvermeidlich einstellt, wenn man ein paar Minimenschen in seinen Haushalt aufnimmt.

## Du planst wie ein Profi

Planung ist sehr wichtig für außergewöhnlich gute Eltern. Es heißt nicht umsonst: „Wenn du am Planen scheiterst, planst du damit schon dein Scheitern." Frühaufsteher haben genug Zeit, ihren Tag zu organisieren, vorherzusehen, was auf sie zukommt, und sich darauf vorzubereiten.

Unsere schläfrigeren Mitmenschen reagieren dagegen eher und überlassen dabei eine Menge dem Zufall. Bist du nicht auch gestresster, wenn du den Wecker überhörst und deshalb verschläfst? Mit dem Sonnenaufgang (oder davor) aufzustehen, erlaubt dir, deinem Tag auf die Sprünge zu helfen. Während alle anderen herumrennen und (vergeblich) versuchen, ihren Tag in den Griff zu bekommen, bist du ruhig, cool und gefasst.

## Du hast mehr Energie

Ein wichtiger Bestandteil deines neuen *Miracle Morning* besteht aus Bewegung, die von gestressten Eltern oft vernachlässigt wird. Schon ein paar Minuten Bewegung reichen aus, um den Tag positiv gestimmt anzugehen. Ein besser mit Blut versorgtes Gehirn kann klarer denken und sich auf das konzentrieren, was wichtig ist. Frischer Sauerstoff durchdringt jede Zelle deines Körpers und schenkt dir den ganzen Tag lang Energie. Deshalb sind Eltern, die sich bewegen, auch gleich besser gelaunt und in Form, sie schlafen besser und werden produktiver.

### Du genießt die Vorteile des Frühaufsteherlebens

Forscher der Universität von Barcelona haben vor Kurzem Morgenmenschen – Frühaufsteher, die gern mit dem Sonnenaufgang aus den Federn kommen – mit Abendmenschen verglichen, mit Nachteulen, die lieber lange aufbleiben und morgens ausschlafen. Einer der Unterschiede, die sie dabei festgestellt haben, ist, dass Morgenmenschen mehr Durchhaltevermögen an den Tag legen und besser gegen Erschöpfung, Frustration und Schwierigkeiten gewappnet sind. Das bedeutet, dass sie weniger anfällig für Angstneurosen, Depressionen und Drogenabhängigkeit und insgesamt mit ihrem Leben zufriedener sind. Klingt gar nicht schlecht, oder? Eine bessere Einstellung hat Mike und mir geholfen, eine stärkere Geisteshaltung zu entwickeln, die uns zu besseren Führungspersonen in unserer Familie gemacht hat – und es hat uns geholfen, als Mutter und Vater besser zusammenzuarbeiten.

Die Beweise sind gesichtet und die Experten haben gesprochen: *Im Morgen liegt das Geheimnis eines außerordentlich erfolgreichen Familienlebens.*

## Der Morgen? Wirklich?

Ich gebe es zu. Von „Ich bin kein Morgenmensch“ über „Ich wäre gern ein Morgenmensch“ bis hin zu „Ich stehe jeden Morgen früh auf, und es ist ein tolles Gefühl“ ist es ein weiter Weg. Aber wenn du ein wenig herumprobierst und dabei auch mal scheiterst, wirst du lernen, dein inneres Faultier zu überlisten, ihm den Wind aus den Segeln zu nehmen und es letztendlich ganz zu überwinden, damit du dir das frühe Aufstehen zur Gewohnheit machen kannst.

Nun gut, in der Theorie klingt das großartig, aber du schüttelst jetzt vielleicht den Kopf und denkst: „Das kann gar nicht sein. Ich stopfe jetzt schon genug Dinge für 27 Stunden in nur 24. Wie um alles in der Welt soll ich es schaffen, eine Stunde früher aufzustehen, als ich es bereits tue?“

Dem möchte ich entgegnen: Wie kannst du es nicht tun?

Das Wichtigste, was du verstehen musst, ist, dass es beim *Miracle Morning* nicht darum geht, sich selbst eine weitere Stunde Schlaf zu verweigern, damit der Tag noch länger und härter wird. Es geht nicht einmal darum, früher aufzuwachen. Es geht darum, *besser* aufzuwachen.

Tausende von Menschen auf der ganzen Welt erleben jetzt schon jeden Tag ihren *Miracle Morning*. Viele von ihnen waren früher Nachteulen. Aber sie schaffen es und es tut ihnen gut. Das hat nichts damit zu tun, dass ihr Tag eine Stunde länger ist, sondern damit, dass es die richtige Stunde ist. Und das schaffst du auch.

Wenn du immer noch nicht daran glauben kannst, lass dir von mir sagen: Das Schwerste daran, eine Stunde früher aufzustehen, sind die ersten fünf Minuten. Das ist die entscheidende Zeit, in der du in deinem warmen Bett die Entscheidung treffen musst, entweder in den neuen Tag zu starten oder noch ein letztes Mal die Schlummertaste deines Weckers zu drücken. Das ist der Moment der Wahrheit. Die Entscheidung, die du in diesem Augenblick triffst, wird deinen Tag, deine Erfolgsaussichten und dein Leben verändern.

Deshalb sind diese ersten fünf Minuten der Punkt, an dem wir mit dem *Miracle Morning für Eltern & Familien* ansetzen. Ab sofort wird es Zeit, dass du jeden Morgen gewinnst. Wenn wir Eltern den Morgen gewinnen, lernen unsere Kinder, es auch zu schaffen!

In den nächsten beiden Kapiteln werde ich dir das frühe Aufstehen leichter und aufregender machen, als es je in deinem Leben war (auch wenn du dich noch nie als Morgenmensch gesehen hast), und ich werde dir zeigen, wie du aus diesen neu gefundenen Morgenminuten das Beste herausholen kannst.

In Kapitel 4, 5 und 6 zeigen wir dir die nicht ganz offensichtlichen Elternprinzipien, die dafür sorgen werden, dass dein persönliches Wachstum sich immer weiter beschleunigt. Du wirst erfahren, warum du dein Leben strategisch auf endlose Energie umstellen musst, und wie du deine Fähigkeit optimierst, deine Ziele und die wichtigsten Aufgaben nicht aus den Augen zu verlieren.

In Kapitel 7, 8 und 9 werfen wir schließlich einen Blick auf die Fähigkeiten, die du meistern musst, um ein erfolgreicher Elternteil zu werden. Obendrauf bekommst du noch ein Bonuskapitel von Hal, das du mit ziemlicher Sicherheit lieben wirst.

Das ist eine Menge Information, also gehen wir es am besten gleich an.

# 2. IN FÜNF MINUTEN ZUM FRÜHAUFSTEHER

*Wenn man mal genauer darüber nachdenkt, ergibt es gar keinen Sinn, morgens die Schlummertaste zu drücken. Das ist, als würde man sagen: „Ich hasse es, morgens aufzuwachen, also mache ich es immer und immer und immer wieder.“*

DEMETRI MARTIN, Comedian

Es ist möglich, das Aufwachen lieben zu lernen – auch wenn man vorher nie ein Morgenmensch war.

Ich weiß, dass du das vielleicht nicht glaubst. Im Moment denkst du vielleicht: „Mag sein, dass es Frühaufsteher gibt, aber glaub mir, ich habe es versucht. Ich bin einfach kein Morgenmensch.“

Es ist aber wahr. Ich weiß es, weil ich auch einmal Langschläferin war. Auch ich wachte früher erst dann auf, wenn die Kinder mich weckten, und schlief bis zur letzten Sekunde, wenn sie in mein Schlafzimmer stürmten. Selbst danach dauerte es meistens eine Weile, bis ich aus dem Bett kam. Die Kinder waren wie ein Wecker, den ich nicht abschalten konnte. Ich war „schlummersüchtig“, wie Hal es nennt. Ich hasste den Morgen und wachte gar nicht gern auf.

Und jetzt liebe ich ihn.

Wie habe ich das gemacht? Wenn mich die Leute fragen, wie ich mich in einen Morgenmenschen verwandelt habe – und mein

Leben sich dabei von Grund auf verändert hat –, sage ich ihnen, dass ich es in fünf einfachen Schritten getan habe, einen nach dem anderen. Ich weiß, es mag geradezu unmöglich erscheinen. Aber glaub einer ehemaligen Schlummersüchtigen: Das schaffst du auch. Und zwar genau so, wie ich es getan habe.

Das ist die wichtigste Botschaft übers Aufwachen: Es ist möglich, sich zu ändern. Man wird nicht als Morgenmensch geboren, man macht sich dazu. Auch du kannst zum Frühaufsteher werden, und zwar in ein paar einfachen Schritten, die nicht die Willenskraft eines olympischen Marathonläufers erfordern. Ich behaupte, dass du den Morgen lieben lernen kannst, wenn das frühe Aufstehen zu etwas wird, was du nicht nur tust, sondern das Teil deiner Persönlichkeit ist. Dann wird das Aufwachen für dich zu dem, was es für mich schon ist: mühelos.

Noch nicht überzeugt? Lass dich doch mal darauf ein! Ich stelle dir jetzt den fünfstufigen Prozess vor, der mein Leben verändert hat. Fünf einfache Anti-Schlummer-Schritte, die das Aufwachen – auch am frühen Morgen – so einfach wie nie zuvor machen. Ohne diese Strategie würde ich immer noch jeden Morgen meine(n) Wecker überhören oder die Schlummertaste drücken. Schlimmer noch, ich würde mich immer noch an den einschränkenden Glauben klammern, dass ich kein Morgenmensch bin.

Und ich hätte eine ganze Welt voller Möglichkeiten verpasst.

## Das Problem mit dem Frühaufstehen

Mit dem frühen Aufstehen ist es ein wenig wie mit dem Trockenwerden bei Kleinkindern: Es ist leicht, sich für den Gedanken zu begeistern, keine Windeln mehr wechseln zu müssen, aber dann merkst du schnell, dass es gar nicht so einfach ist, deinem Kind beizubringen, aufs Töpfchen zu gehen. Du musst die „Unfallphase" durchstehen und kommst viel öfter mit unangenehmen Dingen in

Berührung, als während der Windelzeit. Das machst du ein paar Tage lang, aber dann verlierst du irgendwann den Mut.

Und was dann passiert, wissen wir alle: Deine guten Vorsätze fliegen aus dem Fenster, das Kind bekommt wieder Windeln an und wir reden uns (vielleicht sogar zu Recht) ein, es sei einfach noch nicht so weit. Es ist viel einfacher zu sagen: „Vielleicht fangen wir lieber morgen damit an" – und aus morgen wird nächste Woche, nächsten Monat oder sogar nächstes Jahr.

Mit dem Morgen ist es gar nicht so anders. Jetzt gerade fühlst du dich wahrscheinlich besonders motiviert. Aber was passiert morgen früh, wenn dein Wecker klingelt? Wie motiviert wirst du sein, wenn du im warmen Bett liegst und ein schriller Wecker (oder ein brüllendes Kind) dich aus dem Tiefschlaf reißt?

Ich denke, wir wissen alle, was dann mit deiner Motivation passiert. Sie wird außer Betrieb genommen und durch Rechtfertigungen und Ausflüchte ersetzt. Und Rechtfertigungen sind gewiefte Dinger – in Sekundenschnelle können wir uns davon überzeugen, dass wir nur noch ein paar Minuten brauchen …

… und kaum, dass wir uns versehen, rennen wir durchs Haus, weil wir verschlafen haben und zu spät für die Arbeit und das Leben sind. Mal wieder.

Dieses Problem ist knifflig. Gerade dann, wenn wir unsere Motivation am dringendsten brauchen – in den ersten Momenten des Tages –, scheinen wir am wenigsten davon zu haben.

Die Lösung besteht also darin, die Motivation am Morgen zu steigern und den inneren Schweinehund zu überrumpeln. Dazu dienen die folgenden fünf Schritte. Jeder davon hat nur ein Ziel: dein sogenanntes Aufstehmotivationslevel (AML) zu erhöhen.

Früh morgens hast du wahrscheinlich ein niedriges AML. Du willst nichts anderes, als dich noch einmal umzudrehen, wenn dein Wecker klingelt. Das ist normal. Aber durch diesen Prozess kannst du ein hohes AML erreichen, das dich bereit macht, aufzuspringen und den Tag zu meistern.

## Die fünfstufige Anti-Schlummer-Aufstehstrategie

### Minute 1: Fass den Vorsatz, bevor du einschläfst

Der erste wichtige Schritt auf dem Weg zum Frühaufstehen ist es, zu verstehen, dass der erste Gedanke, den wir morgens haben, meistens derselbe ist, wie der letzte vor dem Einschlafen. Ich gehe zum Beispiel jede Wette ein, dass du schon Nächte erlebt hast, in denen du kaum einschlafen konntest, weil du dich schon so auf das Aufstehen am nächsten Morgen gefreut hast, vielleicht als Kind an Weihnachten oder am ersten Tag einer großen Urlaubsreise. Als an diesem Tag der Wecker klingelte, schlugst du die Augen auf und warst sofort bereit, aufzustehen und dich in den Tag zu stürzen. Warum? Weil der letzte Gedanke, den du vor dem Einschlafen in Bezug auf den kommenden Morgen hattest, positiv war.

Wenn sich dein letzter Gedanke vor dem Einschlafen dagegen ungefähr so anhört: „Ich kann es nicht fassen, dass ich in sechs Stunden schon wieder aufstehen muss – ich werde ganz schön fertig sein“, dann wird dein erster Gedanke am Morgen ungefähr so klingen: „Oh, nein, waren das etwa schon sechs Stunden? Nein, ich will noch weiterschlafen!“

Der erste Schritt ist also, dich bewusst jeden Abend vor dem Einschlafen zu entscheiden, aktiv und aufmerksam eine positive Erwartung für den nächsten Tag zu erschaffen. Genau wie es für unsere Kinder wichtig ist, Einschlafrituale zu entwickeln, können auch wir davon profitieren, absichtsvoll und zielgerichtet einzuschlafen.

Als Hilfestellung und um die richtigen Worte für eine wirksame Morgenaffirmation zu finden, kannst du auf www.TMMBook.com kostenlos die *Miracle Morning Bedtime Affirmations* herunterladen.

### Minute 2: Stell deinen Wecker auf die andere Seite des Zimmers

Wenn du es noch nicht getan hast, stell jetzt deinen Wecker so weit vom Bett entfernt auf wie möglich. Das bedeutet nämlich, dass du morgens aufstehen und dich körperlich bewegen musst, um den

Tag anzufangen. Bewegung erschafft Energie, also hilft es dir auf ganz natürliche Art und Weise beim Aufwachen, wenn du aufstehst und das Zimmer durchquerst.

Wenn du deinen Wecker an einem Ort stehen hast, den du vom Bett aus gut erreichen kannst, schläfst du noch halb, wenn er klingelt, sodass es sehr schwer ist, die Disziplin zum Aufstehen zu finden. Es kann sogar sein, dass du den Wecker wieder ausschaltest und es nicht mal merkst! Wir haben uns alle schon mal eingeredet, der Wecker sei nur Teil unseres Traums – damit bist du nicht allein, glaub mir.

Indem du dich zwingst, aufzustehen, um den Wecker auszuschalten, erhöhst du dein AML unmittelbar. Du fühlst dich aber wahrscheinlich immer noch ziemlich schläfrig. Um dein AML etwas weiter zu steigern, versuch es mal mit …

## Minute 3: Putz dir die Zähne

Wenn du aufgestanden bist und den Wecker ausgeschaltet hast, geh direkt ins Bad, putz dir die Zähne und spritz dir ein wenig Wasser ins Gesicht. Diese einfache Tätigkeit wird dafür sorgen, dass dein AML weiter steigt.

Jetzt ist dein Mund minzfrisch, also wird es Zeit für den nächsten Schritt:

## Minute 4: Trink ein ganzes Glas Wasser

Es ist enorm wichtig, dass du dir morgens als Erstes Flüssigkeit zuführst. Nach sechs bis acht Stunden ohne Wasser bist du leicht dehydriert, und das macht schläfrig. Das ist häufig und zu jeder Tageszeit der Fall: Wenn man müde ist, braucht man oft gar keinen Schlaf, sondern mehr Wasser.

Hol dir ein Glas oder eine Flasche Wasser (du kannst es auch machen wie ich und dir am Abend vorher schon Wasser bereitstellen) und trink es, so schnell du kannst. Damit holst du dir die Flüssigkeit zurück, die du im Schlaf verloren hast. Übrigens, die Nebenwirkungen davon, morgens erst mal ein Glas Wasser zu trinken, sind bessere, jünger aussehende Haut und Unterstützung dabei, ein gesundes Gewicht zu halten. Nicht schlecht, oder?

Das Glas Wasser hebt dein AML noch mal ein bisschen an, also kannst du weitermachen.

### Minute 5: Zieh dich an (oder spring unter die Dusche)

Beim fünften Schritt hast du zwei Auswahlmöglichkeiten. Entweder ziehst du deine Sportkleidung an, damit du sofort bereit bist, in deinen *Miracle Morning* zu starten, wenn du das Schlafzimmer verlässt. Du kannst dir die Kleider entweder zurechtlegen, bevor du ins Bett gehst, oder sogar darin schlafen (ja, im Ernst!).

Für Eltern ist es besonders wichtig, sich am Abend vorher schon vorzubereiten, damit du gleich damit anfangen kannst, den *Miracle Morning* in die Praxis umzusetzen. Du kannst auch anfangen, diese Vorbereitung zu einem Teil des Zubettgehrituals deiner Kinder zu machen, damit sie sich ebenfalls daran gewöhnen.

Die zweite Möglichkeit ist, direkt unter die Dusche zu gehen. Ich persönlich ziehe mich lieber an, weil ich nach der Bewegungseinheit sowieso duschen muss. Viele andere duschen aber lieber, weil es ihnen beim Wachwerden hilft und sie dadurch erfrischt in den Tag starten können. Du hast die Wahl.

Unabhängig davon, für welche Variante du dich entscheidest, sollte dein AML nach diesen fünf einfachen Schritten hoch genug sein, dass es dich nicht mehr viel Disziplin kostet, für deinen *Miracle Morning* wach zu bleiben.

Vergleich das mal mit dem Versuch, dich zu einem *Miracle Morning* durchzuringen, wenn dein Wecker gerade erst geklingelt hat und dein AML bei fast null ist. Da dürfte es dir viel schwerer fallen, dich dafür zu entscheiden. Mit den fünf Schritten baust du Schwung auf, sodass du innerhalb von nur ein paar Minuten bereit für den Tag bist, statt dich müde und schlapp zu fühlen.

Mir ist es noch nie passiert, dass ich diese ersten fünf Minuten geschafft habe und mich dann dafür entschieden habe, wieder zurück ins Bett zu gehen. Sobald ich aufgestanden bin und mich zielstrebig durch den Morgen bewege, wird es immer einfacher, den Tag ebenfalls zielgerichtet zu verbringen.

## Miracle-Morning-Bonustipps zum Aufwachen

Diese Strategie hat zwar schon für Tausende von Menschen funktioniert, aber es gibt noch mehr Hilfestellungen, die es dir leichter machen können, morgens aufzustehen. Hier sind ein paar, die ich von anderen Anwendern des *Miracle Morning* gehört habe:

- Die *Miracle Morning Bedtime Affirmations*. Wenn du es noch nicht getan hast, nimm dir jetzt einen Moment Zeit und lade diese energiespendenden, zielausrichtenden Morgenvorsätze kostenlos auf www.TMMBook.com herunter. Nichts macht es leichter, vor dem Wecker aufzuwachen, als den eigenen Geist genau darauf zu programmieren, was man will.

- Nutze eine Zeitschaltuhr für das Licht im Schlafzimmer. Einer der Fans von *Miracle Morning* hat uns verraten, dass er das Licht in seinem Schlafzimmer über eine Zeitschaltuhr steuert, wie man sie online oder im Baumarkt bekommt. Wenn sein Wecker klingelt, geht im Schlafzimmer das Licht an. Was für eine tolle Idee! Es ist viel leichter, wieder wegzudösen, wenn es dunkel ist. Wenn das Licht angeht, wissen Körper und Geist, dass es Zeit zum Aufstehen ist. Wenn du keine Zeitschaltuhr benutzt, solltest du unbedingt das Licht einschalten, sobald du den Wecker ausgeschaltet hast.

- Nutze eine Zeitschaltuhr für die Heizung im Schlafzimmer. Eine andere *Miracle-Morning*-Anwenderin hat uns erzählt, dass sie im Winter einen Timer für ihre Schlafzimmerheizung benutzt und sie jeden Tag eine Viertelstunde vor dem Aufwachen einschalten lässt. Nachts stellt sie eine kühlere Temperatur ein, aber zum Aufstehen hat sie es lieber warm, damit sie nicht so stark in Versuchung kommt, wieder zurück unter die Decke zu kriechen.

Natürlich kannst du dir auch selbst Schritte für die fünfstufige Anti-Schlummer-Aufwachstrategie ausdenken und sie auf deine persönlichen Bedürfnisse anpassen.

Wenn du Lust hast, deine Erkenntnisse mit anderen zu teilen, würden wir uns sehr freuen, sie zu hören. Bitte poste sie unter www.MyTMMCommunity.com in die *Miracle-Morning*-Community.

Beim konsequenten und einfachen Aufwachen geht es darum, eine effektive, vorher festgelegte Schritt-für-Schritt-Strategie zu haben, um dein AML am Morgen zu erhöhen.

Warte nicht, probiere es gleich aus! Beginne heute Abend mit der Lektüre der *Miracle Morning Bedtime Affirmations*, platziere deinen Wecker woanders, stell dir ein Glas Wasser auf den Nachttisch und nimm dir fest vor, auch die verbleibenden zwei Schritte durchzuführen.

## In 30 Tagen von unerträglich zu unaufhaltsam

Sich eine neue Gewohnheit zuzulegen, bedeutet, sich einer Übergangsphase auszusetzen – erwarte nicht, dass es dir vom ersten Tag an mühelos von der Hand gehen wird. Aber nimm dir trotzdem fest vor, durchzuhalten. Die scheinbar unerträglichen ersten Tage gehen vorbei. Wie lange es genau dauert, sich eine neue Gewohnheit zuzulegen, ist umstritten, aber 30 Tage sollten auf jeden Fall genügen, um deine neue Morgenroutine auszuprobieren.

Wenn du dich der 30-Tage-*Miracle-Morning*-Herausforderung stellst, kannst du das erwarten, während du deine neue Routine aufbaust:

## Phase Eins: Unerträglich (Tag 1–10)

In der ersten Phase erfordert jede neue Aktivität enormen Aufwand. Das ist beim Frühaufstehen nicht anders. Man kämpft gegen bestehende Gewohnheiten an, die seit Jahren tief in der eigenen Persönlichkeit verankert sind.

In dieser Phase wirst du manchmal merken, dass der Geist zwar willig, das Fleisch aber schwach ist. Die Gewohnheit, dich von den Kindern wecken zu lassen oder die Schlummertaste zu drücken und dir selbst die Gelegenheit zu nehmen, jeden Morgen optimal zu beginnen, hindert dich daran, als Elternteil der Superstar zu werden, der du sein kannst. Also bleib stark und mach weiter!

Während du dich mit bestehenden Gedankenmustern und einschränkenden Überzeugungen herumschlägst, wirst du merken, aus welchem Holz du geschnitzt bist und wozu du in der Lage bist. Du musst dich durchbeißen und an deiner Vision festhalten. Glaub mir, du schaffst das.

Ich weiß aus Erfahrung, dass es entmutigend sein kann, am fünften Tag aufzuwachen und zu merken, dass du noch fünfundzwanzig Tage vor dir hast, bevor du dich komplett in einen Frühaufsteher verwandelt hast. Denk in solchen Momenten daran, dass du schon die Hälfte der ersten Phase geschafft hast und auf dem besten Weg bist, ein echter Morgenmensch zu werden. Diese ersten Gefühle bleiben nicht ewig. Du bist es dir selbst schuldig, durchzuhalten. Es wird nicht mehr lange dauern, bis du die Person bist, die du immer sein wolltest, und bis du genau das bekommst, was du dir erträumst.

## Phase Zwei: Unbequem (Tag 11–20)

Körper und Geist fangen in der zweiten Phase an, sich daran zu gewöhnen, früher aufzuwachen. Du wirst merken, dass es dir ein kleines bisschen leichter fällt, aufzustehen, aber noch ist es keine Gewohnheit – es fühlt sich nicht ganz natürlich an und ist noch kein Teil deiner Persönlichkeit geworden.

Die größte Versuchung an diesem Punkt ist, dich zu belohnen, indem du eine Pause machst, besonders am Wochenende. Eine Frage, die in der *Miracle-Morning*-Community relativ oft gestellt wird, lautet: „Wie oft pro Woche steht ihr früh auf und macht einen *Miracle Morning*?" Meine Antwort – und die von Tausenden von Langzeitanwendern des *Miracle Morning* – lautet: „Jeden Tag."

Du hast in der ersten Phase das Schlimmste geschafft, also mach weiter. Warum solltest du es dir antun wollen, die erste Phase noch einmal durchmachen zu müssen, indem du eine Pause einlegst? Glaube mir, das willst du nicht, also lass es lieber!

### Phase Drei: Unaufhaltsam (Tag 21-30)

Inzwischen ist das Frühaufstehen nicht nur eine Gewohnheit, es ist ein Teil von dir geworden, ein Teil deiner Persönlichkeit. Dein Körper und dein Geist haben sich deinem neuen Dasein angepasst. In den nächsten zehn Tagen ist es wichtig, dass du diese Gewohnheit fest in dir selbst und deinem Leben verankerst.

Wenn du den *Miracle Morning* in der Praxis umsetzt, bekommst du dadurch auch eine bessere Perspektive auf die drei unterschiedlichen Phasen der Angewöhnung. Das bedeutet, du lernst dadurch, dir jede hilfreiche, neue Gewohnheit anzueignen – auch die Gewohnheiten von außergewöhnlich erfolgreichen Eltern, die du in diesem Buch findest.

## Aber was fange ich mit meinem Morgen an?

„Dreißig Tage", denkst du jetzt vielleicht. „Ich kann es schaffen, dreißig Tage lang früh aufzustehen … aber was fange ich mit der Zeit an?"

Hier beginnt der wahre Zauber.

Ich stelle dir gleich die Methoden vor, die das Herz des *Miracle Morning* bilden: die Life S.A.V.E.R.S., die Gewohnheiten, die deinen Morgen, dich selbst und deine Familie verwandeln werden.

## Leg sofort los!

Du brauchst nicht auf irgendetwas zu warten, bis du die Gestaltung deiner neuen, wunderbaren Zukunft anpacken kannst. Anthony Robbins schreibt: „Wann ist dieses JETZT, dieser perfekte Zeitpunkt, etwas zu tun?" Genau jetzt ist doch perfekt! Es stimmt: Je früher du anfängst, desto eher wirst du Ergebnisse sehen, darunter mehr Energie, eine bessere Einstellung und natürlich ein glücklicheres Leben.

**Schritt Eins:** Stell deinen Wecker jetzt sofort 30 bis 60 Minuten früher als normal und schreib dir für morgen eine Stunde für deinen ersten *Miracle Morning* in den Kalender. Wenn du dich bisher von deinen Kindern wecken lässt, hör auf damit. Es ist enorm wichtig, dass du ab sofort eine Stunde früher aufstehst als sie, damit du alleine üben kannst, bevor der große Ansturm kommt.

Lass ab heute und zunächst für die nächsten 30 Tage deinen Wecker so stehen, dass du eine Stunde früher aufwachst als deine Kinder, damit du aufwachst, wann du willst, nicht wann du musst. Nutze die Zeit, jeden Tag mit einem *Miracle Morning* in den Morgen zu starten, damit du zu der Person werden kannst, die du sein musst, um dich, deine Kinder und deine Familie zu außergewöhnlich großem Erfolg zu führen.

Was du mit dieser Stunde genau anfangen sollst, erfährst du im nächsten Kapitel. Bis dahin empfehle ich dir, während des *Miracle Morning* einfach weiter in diesem Buch zu lesen, bis du die ganze Routine gelernt hast.

**Schritt Zwei:** Melde dich in der *Miracle-Morning*-Community auf www.MyTMMCommunity.com an. Dort findest du Unterstützung durch über 40.000 gleichgesinnte Frühaufsteher, von denen einige schon seit Jahren außergewöhnliche Ergebnisse mit dem *Miracle Morning* erzielen.

**Schritt Drei:** Finde jemanden, dem du über deinen *Miracle Morning* Rechenschaft ablegst. Bitte jemanden – deinen Partner oder deine Partnerin, Freunde, Familienmitglieder oder Kollegen –, mit dir auf diese Abenteuerreise zu gehen, damit ihr euch über eure Fortschritte austauschen und euch gegenseitig Rechenschaft ablegen könnt, bis der *Miracle Morning* ein Teil von dir geworden ist.

# 3. DIE LIFE S.A.V.E.R.S. FÜR ELTERN & FAMILIEN

## Sechs Methoden, mit denen du garantiert kein Potenzial im Leben mehr verschwendest

*Was Hal unter der Abkürzung S.A.V.E.R.S. geschaffen hat, ist eine Mischung aus den besten Methoden, die die Menschheit über Jahrhunderte bewusster Entwicklung gefunden hat, eingedampft auf die „Besten der Besten" und eingegossen in ein Morgenritual. Ein Ritual, das inzwischen auch Teil meines Tages geworden ist.*

*Viele Menschen wenden einen der S.A.V.E.R.S. täglich an. Viele Leute kümmern sich zum Beispiel um das* ***E****, indem sie sich jeden Morgen bewegen. Andere nutzen das* ***S*** *für Stille und Meditation, oder das andere* ***S****, indem sie schreiben oder Tagebuch führen. Aber bis Hal das S.A.V.E.R.S.-Paket schnürte, hatte niemand alle sechs der uralten Spitzenmethoden jeden Morgen genutzt. Der* Miracle Morning *ist perfekt für vielbeschäftigte, erfolgreiche Menschen. Jeden Morgen die S.A.V.E.R.S. durchzugehen, fühlt sich an, als würde ich meinen Körper, meinen Geist und meine Seele mit Raketentreibstoff betanken – und das jeden Tag, bevor ich in den Tag starte.*

ROBERT KIYOSAKI, Bestsellerautor von *Rich Dad Poor Dad*

Während du dieses Zitat gelesen hast, hast du vielleicht gedacht: „Na ja, das gilt für mich aber nicht. Ich bin nur eine Mutter (oder ein Vater)." Die Beschreibung „vielbeschäftigte, erfolgreiche Menschen" wird selten auf Eltern angewendet. Stattdessen sehen viele Menschen beim Wort „Eltern" eine ausgelaugte, überforderte Person vor ihrem inneren Auge, die nur versucht, den Tag zu überleben. Egal, ob diese Person einen Windeleimer oder einen Stapel Formulare für die Immatrikulation an einer Universität in der Hand hat, es ist auf jeden Fall nicht falsch. Kinder großzuziehen ist ein sehr herausfordernder Job.

Und deshalb wurden die Life S.A.V.E.R.S. genau für dich geschrieben.

Als Hal zum zweiten Mal in seinem Leben ganz unten ankam (diese Geschichte kannst du in *Miracle Morning: Die Stunde, die alles verändert* nachlesen), machte er sich auf die Suche nach der schnellsten Strategie, um seine Persönlichkeitsentwicklung auf die nächste Stufe zu heben. Er sammelte die besten Methoden zur Selbstverbesserung, die von den erfolgreichsten Menschen der Welt benutzt werden.

Nachdem er sechs bewährte, nachgewiesene Persönlichkeitsentwicklungsmethoden gefunden hatte, die über alle Zeiten Gültigkeit haben, versuchte er zunächst, herauszufinden, ob darunter eine oder zwei waren, die ihm schneller Erfolg verschaffen konnten als die anderen. Dann fragte er sich aber: „Was passiert eigentlich, wenn ich alle sechs Methoden anwende?"

## Warum die Life S.A.V.E.R.S. funktionieren

Bei den Life S.A.V.E.R.S. handelt es sich um einfache, aber zutiefst wirksame tägliche Morgenrituale, die dir helfen, dein Leben so zu planen und zu gestalten, wie du es dir wünschst. Sie erlauben dir, jeden Morgen den Höhepunkt deines körperlichen, geistigen, emotionalen und spirituellen Befindens zu erreichen, dieses Befinden konstant zu verbessern und jederzeit Höchstleistungen zu erbringen.

Ich weiß, ich weiß. Du hast keine Zeit. Bevor ich mit dem *Miracle Morning* begann, wachte ich auch jeden Tag im größten Chaos auf und hatte kaum Zeit, mich und die Kinder anzuziehen, abzufüttern und zur Tür hinauszuschieben, bevor die Hektik des Tages begann. Ich weiß gar nicht, wie oft Tyler den Bus verpasst hat, weil ich nicht gut genug vorbereitet war, und als Kindergartenkind durfte er nicht allein zu Fuß gehen.

Viel zu oft musste ich ihn ermahnen, sich zu beeilen, oder ihm erklären, dass ich leider keine Zeit hätte, ihm Eier zum Frühstück zu machen. Du denkst wahrscheinlich, dass du es jetzt schon kaum schaffst, alles unterzubringen, was du tun musst, geschweige denn, was du tun willst. Ich hatte vor dem *Miracle Morning* auch „keine Zeit". Und dennoch bin ich jetzt hier, mit mehr Zeit, mehr Wohlstand und mehr Frieden in meiner Familie, als ich es je zuvor hatte.

Mach dir klar, dass dir der *Miracle Morning* mehr Zeit schenken wird. Die Life S.A.V.E.R.S. sind das Werkzeug, das dir hilft, mit dem Kern deines Wesens Kontakt aufzunehmen und mit einem Ziel vor Augen aufzuwachen, nicht mit einer Menge Pflichten. Diese Methoden helfen dir, Energie aufzubauen, Prioritäten klarer zu sehen und einen produktiven Ablauf für dein Leben zu finden.

Mit anderen Worten: Die Life S.A.V.E.R.S. rauben dir keine Zeit aus deinem Tag, sondern schenken dir letzten Endes sogar mehr davon.

Jeder Buchstabe in S.A.V.E.R.S. steht für eine Methode, wie sie die erfolgreichsten Menschen der Welt anwenden. Und auch dir werden sie nie geahnte Mengen von Frieden, Klarheit, Motivation und Energie im Leben verschaffen.

Das sind die Life S.A.V.E.R.S.:

- **S**ilence – Stille
- **A**ffirmations – Affirmationen
- **V**isualization – Visualisierung
- **E**xercise – Bewegung
- **R**eading – Lesen
- **S**cribing – Schreiben

Diese Methoden werden dir helfen, deine Persönlichkeitsentwicklung durch den neu entdeckten *Miracle Morning* massiv zu beschleunigen.

Diese Methoden sind die bestmögliche Beschäftigung für deine neu entdeckten Morgenstunden. Du kannst sie an dich, dein Leben und deine Ziele anpassen. Und du kannst gleich morgen früh damit anfangen.

Schauen wir uns die sechs Methoden zunächst einmal im Detail an:

## S wie Silence – Stille

Stille, die erste der Life S.A.V.E.R.S.-Methoden, ist eine wichtige Gewohnheit für Eltern. Wenn du in der schier endlosen Flut aus hungrigen Kindern, Hausaufgaben, Kunstprojekten, die sich über alle Wände erstrecken, Spielsachenhaufen, die dir bis zum Knie gehen, Essensplanung, Windeln und Schmutzwäsche ertrinkst, ist das deine Gelegenheit, einfach einmal innezuhalten und zu atmen.

Für die meisten Eltern – auch für uns, bevor wir mit dem *Miracle Morning* anfingen – beginnt der Tag damit, dass die Kinder ins Schlafzimmer stürmen und es nicht erwarten können, in den Tag zu starten. Und die meisten Leute rennen danach den ganzen Tag hin und her, ohne es zu schaffen, die Zeit wieder unter Kontrolle zu bekommen. Das ist kein Zufall. Wenn du stattdessen jeden Tag mit einer Zeit der Stille beginnst, baust du dadurch Stress ab und kannst den Tag mit der Ruhe und der Klarheit beginnen, die du brauchst, um dich auf das Wesentliche zu konzentrieren.

Für Eltern, die mit energiegeladenen Kindern gesegnet sind, ist Stille ein seltenes Gut, vielleicht sogar das seltenste. Denk daran, viele der erfolgreichsten Menschen der Welt umgeben sich jeden Tag mit Stille. Daran kannst du sehen, wie wichtig sie ist. Es überrascht dich wahrscheinlich nicht, dass Fernsehstar Oprah Winfrey regelmäßig meditiert – und dass sie außerdem fast alle der anderen Life S.A.V.E.R.S. anwendet. Die Musikerin Katy Perry praktiziert Transzendentale Meditation, ebenso wie Sheryl Crow und Sir Paul

McCartney. Film- und Fernsehstars wie Jennifer Aniston, Ellen DeGeneres, Jerry Seinfeld, Howard Stern, Cameron Diaz, Clint Eastwood und Hugh Jackman haben alle schon in Interviews von ihren Meditationsmethoden erzählt. Der Hip-Hop-Mogul Russell Simmons meditiert jeden Morgen 20 Minuten lang mit seinen beiden Töchtern. Sogar die berühmten Milliardäre Ray Dalio und Rupert Murdoch führen ihren finanziellen Erfolg darauf zurück, dass sie sich täglich mit Stille umgeben. Du bist also in guter (und stiller) Gesellschaft, wenn du es auch versuchst.

Wenn es jetzt so klingt, als würde ich dich bitten, einfach nur nichts zu tun, muss ich wohl noch ein bisschen mehr ins Detail gehen. Du hast eine Menge Möglichkeiten zur Auswahl, wie du deine stille Zeit am besten nutzt. Hier sind ein paar Vorschläge für den Anfang:

- Meditation
- Gebet
- Reflexion
- Tiefenatmung
- Dankbarkeit

Was auch immer du für dich auswählst, stell sicher, dass du dabei nicht im Bett bleibst. Am besten verlässt du dein Schlafzimmer dafür komplett.

In einem Interview mit der Zeitschrift *Shape* sagte die Schauspielerin Kristen Bell: „Mach jeden Morgen 10 Minuten lang meditatives Yoga. Wenn du ein Problem hast – mit dem Straßenverkehr, mit deinem Kerl oder bei der Arbeit – kann sich dank Meditation alles so entwickeln, wie es soll."

Fürchte dich nicht davor, deinen Horizont zu erweitern. Meditation hat viele Gesichter. Angelina Jolie erzählte im *Stylist*-Magazin einmal: „Ich finde meine Meditation, wenn ich eine Stunde lang mit den Kindern auf dem Boden sitze und male, oder auf dem Trampolin. Tu etwas, das du liebst und das dich glücklich macht – das ist deine Meditation."

## Die Vorzüge der Stille

Wie oft sind wir als Eltern im Stress? Wie oft müssen wir uns mit dringenden Dingen auseinandersetzen, die uns von unserer Vision oder unserem Plan ablenken? Wir müssen uns ständig der Tatsache stellen, dass andere Menschen in unseren Zeitplan eingreifen und es immer einen unvermeidlichen Notfall gibt, um den wir uns kümmern müssen. Unsere Kinder wissen ganz genau, welche Stressknöpfe sie bei uns drücken müssen. Sobald wir auf die Autobahn eingebogen sind, müssen sie auf einmal Pipi (und nicht fünf Minuten früher, als wir sie danach gefragt haben). Sie schnappen sich Permanentmarker und bemalen damit die frisch gestrichenen Wände. Oder sie werfen vor Wut mit dem iPad und zerdeppern den Bildschirm.

Übermäßiger Stress hat verheerende Auswirkungen auf unsere Gesundheit. Er löst bei uns den Instinkt aus, zu kämpfen oder zu fliehen, der wiederum eine ganze Bandbreite von giftigen Hormonen durch unseren Körper jagt, die sich dort tagelang festsetzen können. Das ist kein Problem, wenn du dich dieser Art von Stress nur ab und zu aussetzt, aber wenn die Reizüberflutung des Elterndaseins deinen Adrenalinspiegel dauerhaft in die Höhe treibt, wirst du bald merken, dass das nicht gesund sein kann. Deinen Geist zu beruhigen erlaubt dir, diese Dinge wegzuschieben und dich ganz auf dich selbst und deine Vision als Elternteil zu konzentrieren.

Stille in Form von Meditation kann Stress abbauen und damit die Gesundheit verbessern. Eine wichtige Studie, die von verschiedenen Gruppen durchgeführt wurde, darunter auch die *National Institutes of Health*, die *American Medical Association*, die *Mayo Clinic* und Wissenschaftler von den Universitäten Harvard und Stanford, hat gezeigt, dass Meditation Stress abbaut und gegen hohen Blutdruck hilft.

Eine Studie von Dr. Norman Rosenthal, einem weltbekannten Psychiater, der eng mit der David-Lynch-Stiftung zusammenarbeitet, hat erst kürzlich sogar gezeigt, dass das Herzkrankheitsrisiko von Menschen, die meditieren, um 30 % sinkt.

Eine andere Harvard-Studie hat herausgefunden, dass nur acht Wochen Meditation ausreichen, um „die Dichte des Hirnoberflächengewebes im Hippocampus zu erhöhen, der direkt mit Lernfähigkeit und Erinnerungsvermögen zusammenhängt. Des Weiteren waren Hirnareale betroffen, die mit Selbsterfahrung, Mitgefühl und Introspektion in Verbindung gebracht werden."

Meditation hilft dir, einen Gang zurückzuschalten und dich auf dich selbst zu konzentrieren, selbst wenn es nur kurz ist. Fang an zu meditieren und verabschiede dich vom ewig zerstreuten „Mamagehirn"!

„Ich habe begonnen zu meditieren, weil ich das Gefühl hatte, dass mir mein Leben davonlief", sagt die Sängerin Sheryl Crow. „Meditation hat mir geholfen, meinen Tag langsamer laufen zu lassen." Sie widmet noch heute jeden Tag 20 Minuten morgens und 20 Minuten abends der Meditation.

Monica Dix, eine der Mütter aus der *Miracle-Morning*-Community, hat uns diese Geschichte erzählt: Beim Frühstück sagte ihre fünfjährige Tochter plötzlich: „Ich mag es, wenn du so tust, als wärst du auf einem Berg." Monica fragte sie, was sie damit meinte, und die Kleine antwortete: „Wenn du so tust, als wärst du auf einem Berg, und der Himmel ist blau, und du atmest einfach nur." „Wenn ich meditiere?", fragte Monica, und ihre Tochter antwortete: „Ja." Sie schwieg kurz, dann sagte sie: „Es wäre schön, wenn du das öfter machen könntest. Du bist eine gute Mama." Es macht so viel Mut, wenn unsere Kinder sehen, welche Mühe wir uns ihretwegen geben, und uns noch anspornen.

Wenn du still bist, eröffnest du damit einen Raum, in dem du dir zuerst selbst die Sauerstoffmaske anlegen kannst, bevor du anderen hilfst. Die Vorzüge dieser Methode sind riesig und können dir dringend benötigte Klarheit und Seelenruhe bringen, sodass du danach alle Interaktionen so gut wie möglich angehen kannst. Mit anderen Worten: Wenn du Stille praktizierst, baust du Stress ab, verbesserst deine kognitive Leistung und gewinnst gleichzeitig Selbstvertrauen als Elternteil.

## Geführte Meditationen und Meditation mit Apps

Mit dem Meditieren verhält es sich wie mit den meisten anderen Dingen: Wenn man es noch nie ausprobiert hat, kann es sich am Anfang schwierig oder peinlich anfühlen. Wenn du noch nie meditiert hast, würde ich dir empfehlen, mit einer geführten Meditation anzufangen.

Hier sind ein paar meiner Lieblings-Meditations-Apps, die sowohl für iPhone und iPad als auch für Android-Geräte verfügbar sind:

- Headspace
- Calm
- Omvana
- Simply Being
- Insight Timer

Zwischen diesen Meditations-Apps gibt es kleine, aber wichtige Unterschiede, darunter auch die Stimme des Sprechers bzw. der Sprecherin.

Wenn du kein Gerät hast, auf das du Apps herunterladen kannst, such doch einfach bei YouTube oder Google nach dem Stichwort „geführte Meditation". Unser Spirit Coach® Jenai Lane bietet auf ihrer Website eine geführte Fünf-Minuten-Meditation an, die du hier finden kannst: www.spiritcoachtraining.com/5min/. Damit haben Mike und ich angefangen zu meditieren.

## Die (individuelle) Miracle-Morning-Meditation

Wenn du dich bereit fühlst, ohne Anleitung zu meditieren, kannst du für deinen *Miracle Morning* diese Schritt-für-Schritt-Meditation nutzen, auch wenn du es noch nie zuvor ausprobiert hast.

- Bevor du anfängst, ist es wichtig, dass du dich mental darauf einstellst und deine Erwartungen festlegst. Nutze diese Zeit, um deine Gedanken zu beruhigen und den ewigen Drang, ständig über etwas nachzudenken, loszulassen. Hör auf, über Vergangenes nachzugrübeln oder dir Sorgen um die Zukunft zu machen, aber dabei nie ganz im Hier und Jetzt zu sein. In dieser Zeit darfst du deine Stressfaktoren vergessen, dir eine Pause davon gönnen, permanent auf deinen Problemen herumzukauen, und dich ganz auf den aktuellen Moment konzentrieren. Es ist eine Zeit, in der du ganz bei dir selbst und deinem innersten Kern bist und tiefer in dich eintauchst, als nur zu sehen, was du besitzt, was du tust oder in welche Schubladen du schon so lange gesteckt wirst, dass du selbst angefangen hast, sie zu verinnerlichen. Wenn dir das seltsam und esoterisch vorkommt, ist das okay. So ging es mir auch. Das liegt wahrscheinlich daran, dass du es noch nie ausprobiert hast. Zum Glück kannst du jetzt damit loslegen.

- Such dir einen Ort, an dem du bequem sitzen kannst: auf der Couch, auf einem Stuhl, auf dem Boden oder auf einem Kissen.
- Setz dich aufrecht im Schneidersitz hin. Du kannst die Augen schließen oder einen Punkt auf dem Boden, ungefähr einen halben Meter vor dir, anschauen.
- Konzentriere dich zunächst auf deine Atmung. Atme tief und langsam ein und aus. Atme dabei durch die Nase ein und durch den Mund wieder aus. Wenn du richtig atmest, spürst du es im Bauch, nicht in der Brust.
- Fang jetzt an, möglichst gleichmäßig zu atmen: Atme drei Sekunden lang ein und zähl im Kopf mit („einundzwanzig, zweiundzwanzig, dreiundzwanzig“), halte drei Sekunden lang die Luft an und atme dann langsam über drei Sekunden aus. Spüre dabei, wie sich deine Gedanken und Gefühle beruhigen, während du dich auf deine Atmung konzentrierst. Es kann sein, dass ab und zu ein Gedanke vorbeikommt, während du deinen Geist zur Ruhe bringst. Nimm ihn kurz wahr, lass ihn wieder ziehen und konzentriere dich weiter auf deine Atmung.
- Lass zu, dass du völlig im Augenblick existierst. Konzentriere dich darauf, einfach nur zu *sein*. Nichts zu denken, nichts zu tun, nur zu sein. Achte weiterhin auf deinen Atem und stell dir

vor, dass du positive, liebevolle und friedliche Energie einatmest, während du gleichzeitig alle Sorgen und allen Stress ausatmest. Genieß die Stille. Genieß den Augenblick. Atme. Sei.
- Wenn du merkst, dass dennoch weiter Gedanken auf dich einprasseln, kann es hilfreich sein, wenn du dich auf ein einziges Wort, einen Satz oder ein Mantra konzentrierst, das du innerlich wiederholst, während du ruhig weiteratmest. Du könntest zum Beispiel so etwas ausprobieren: (beim Einatmen) „Ich atme Selbstbewusstsein ein …" (beim Ausatmen) „… Ich atme Furcht aus." Natürlich kannst du die Wörter „Selbstbewusstsein" und „Furcht" durch andere ersetzen. „Selbstbewusstsein" kann auch alles andere sein, von dem du dir mehr in deinem Leben wünschst (Liebe, Kraft, Energie usw.), statt „Furcht" kannst du auch etwas anderes nehmen, das du loslassen musst (Stress, Sorgen, Unzufriedenheit usw.).

Meditation ist ein Geschenk, das du dir selbst jeden Tag machst. Für mich ist die Zeit, die ich mit Meditation verbringe, einer meiner Lieblingsteile des Rituals. Ich fühle mich friedlich, dankbar und befreit von allem, was mir täglich Stress und Sorgen bereitet.

Du kannst dir deine tägliche Meditation wie eine Auszeit von deinen Problemen vorstellen. Die sind zwar immer noch da, wenn du fertig meditiert hast, aber du wirst merken, dass du mehr bei dir selbst bist und sie deshalb auch besser lösen kannst.

## A wie Affirmations – Affirmationen

Hast du dich schon einmal gefragt, wie manche der besten Eltern es schaffen, immer Herr der Lage zu sein? Und warum andere kaum hinterherkommen?

Ich vermute, die Geisteshaltung der Eltern ist der entscheidende Faktor dafür, wie effektiv sie sind.

Lehrer, andere Eltern, Ärzte und vor allem deine Kinder können deine Geisteshaltung spüren. Sie zeigt sich in deiner Sprache, deinem Selbstvertrauen und deinem Verhalten. Also beeinflusst deine Geisteshaltung direkt, wie du als Elternteil funktionierst, egal, ob du deinem Kind morgens sein Frühstück hinstellst, oder ob du es vom Nachsitzen abholen musst. Zeig mir eine Person mit einer großartigen Geisteshaltung, und ich zeige dir einen erfolgreichen Elternteil.

Ich weiß allerdings aus Erfahrung, dass es schwierig sein kann, sich das Selbstvertrauen und die Begeisterung – ganz zu schweigen von der Motivation – zu erhalten, wenn man sich auf der Achterbahnfahrt befindet, die beginnt, wenn man ein Baby aus dem Krankenhaus mit nach Hause bringt. Das liegt zu einem nicht unwesentlichen Teil daran, dass wir unsere Geisteshaltung oft akzeptieren, ohne bewusst darüber nachzudenken. Unbewusst werden wir alle darauf programmiert, auf eine bestimmte Art zu denken, zu glauben, zu handeln und über uns selbst zu reden.

Diese Programmierung stammt aus vielen Quellen, zum Beispiel aus der Art, wie andere mit uns umgehen, daraus, was wir uns selbst einreden, und aus all unseren guten und schlechten Erfahrungen im Leben. Sie zeigt sich in jedem Bereich unseres Lebens, auch in unserer Familie. Das heißt, dass du deine geistige Programmierung verbessern musst, wenn du dir eine bessere Familiendynamik wünschst.

Affirmationen sind die Methode, mit der du genau das erreichen kannst. Sie versetzen dich in die Lage, deine Ziele bewusster zu verfolgen, und verleihen dir gleichzeitig die Bestärkung und die positive Geisteshaltung, die du brauchst, um sie zu erreichen. Wenn du dir immer wieder sagst, wer du sein willst, was du erreichen willst und wie du es schaffen wirst, veränderst du damit deine unterbewussten Überzeugungen und dein Verhalten. Wenn du auf neue Arten denkst und handelst, werden sich deine Affirmationen ganz automatisch schon bald in der Wirklichkeit zeigen.

Es ist wissenschaftlich belegt, dass Affirmationen – wenn man sie richtig einsetzt– eine der wirksamsten Methoden sind, das eigene Unterbewusstsein neu zu programmieren und zu der Person zu werden, die man sein muss, um alles zu erreichen, was man sich im Leben wünscht – für sich selbst und für die Kinder. Trotzdem werden Affirmationen oft als etwas Negatives angesehen. Viele von uns haben sie ausprobiert und waren dann enttäuscht.

## Warum Affirmationen nach der alten Methode nicht wirken

Unzählige sogenannte Experten und Gurus für Persönlichkeitsentwicklung lehren schon seit Jahrzehnten Affirmationen, die erwiesenermaßen nicht funktionieren und stattdessen dafür sorgen, dass viele Menschen daran scheitern. Hier sind zwei der häufigsten Probleme mit Affirmationen:

### Sich selbst zu belügen funktioniert nicht

„Ich bin der beste Elternteil der Welt." Nein, bist du nicht.
„Ich habe 7 Prozent Körperfett." Das hast du nicht.
„Ich habe dieses Jahr alle meine Ziele erreicht." Nein. Tut mir leid, aber das stimmt nicht.

Affirmationen auf der Basis zu entwickeln, dass du bereits etwas erreicht hast oder geworden bist, ist wahrscheinlich der Hauptgrund dafür, warum sie bei vielen Menschen nicht funktionieren.

Bei dieser Technik lehnt dein Unterbewusstsein jedes Mal die Affirmation ab, die nicht in der Wahrheit begründet liegt. Als intelligenter, nicht von Wahnvorstellungen besessener Mensch kannst du ja gar nicht davon profitieren, dir immer wieder selbst in die Tasche zu lügen. Die Wahrheit wird sich stets durchsetzen.

### Passive Sprache bringt keine Ergebnisse

Viele Affirmationen sind so formuliert, dass sie dir ein leeres Versprechen von etwas liefern, das du dir wünschst. Denk zum Beispiel mal an diese sehr beliebte Geld-Affirmation, die von vielen gelehrt wird:

*Ich bin ein Geldmagnet. Geld fließt mir einfach und reichlich zu.*

Diese Art von Affirmation sorgt vielleicht dafür, dass du dich für den Moment gut fühlst, weil du deine Geldsorgen vorübergehend verdrängen kannst, aber sie verschafft dir kein Einkommen. Menschen, die sich untätig hinsetzen und darauf warten, dass das Geld wunderbarerweise von selbst zu ihnen kommt, besitzen meist nicht allzu viel.

Um die Art von Reichtum zu erlangen, die du dir wünschst (oder irgendein anderes Ergebnis, was das betrifft), musst du tatsächlich etwas tun. Dein Handeln muss auf das erwünschte Ergebnis ausgerichtet sein und deine Affirmationen müssen beides – das Ergebnis und dein Handeln – ansprechen und bestätigen.

## In vier Schritten zur Miracle-Morning-Affirmation, durch die du zum besseren Elternteil wirst

Hier sind vier einfache Schritte, die dir helfen, zielorientierte *Miracle-Morning*-Affirmationen zu entwickeln und anzuwenden, die deine bewussten und unbewussten Gedanken umprogrammieren. Damit richtest du dein Denken darauf aus, dein Handeln zu verbessern, sodass du Ergebnisse erzielen und deinen Erziehungserfolg in Höhen heben kannst, die du noch nie zuvor gekannt hast.

### Erster Schritt: Das ideale Ergebnis, dem du dich verschrieben hast, und warum es dir wichtig ist

Es ist dir sicher aufgefallen, dass ich nicht frage, was du willst. Jeder will irgendetwas, aber wir bekommen nicht das, was wir wollen, sondern das, dem wir uns voll und ganz verschrieben haben. Du willst deinen Kindern ein großartiges Vorbild sein? Tja, wer will das nicht? Willkommen im nicht besonders exklusiven Club. Aber wenn du dich diesem Ziel zu 100 Prozent verschreibst, indem du solange alles tust, was nötig ist, bis du es erreicht hast? Dann könnte etwas daraus werden.

***Übung:***
Schreib zuerst ein spezifisches, außergewöhnliches Ergebnis auf – eines, das dich herausfordert, das dein Leben signifikant verbessern würde, und dem du dich vollkommen verschreiben würdest –, auch, wenn du noch gar nicht weißt, wie du es erreichen kannst. Dann verstärkst du deinen Entschluss, indem du einen zwingenden Grund hinzufügst, der dich bei der Stange hält.

***Beispiele:***
*Ich werde einmal pro Woche einen Abend mit meinem Partner verbringen, damit wir unseren Kindern zeigen können, wie eine gesunde, liebevolle Beziehung aussieht.*

Oder:

*Ich verspreche mir, dass ich hundertprozentig sicher dafür sorgen werde, dass ich so gesund wie möglich bleibe, damit ich die Energie habe, ganz für meine Kinder und meinen Ehepartner da zu sein.*

Oder:

*Mein Einkommen wird sich in den nächsten Monaten von _____€ auf _____€ verdoppeln, damit ich meiner Familie mehr finanzielle Sicherheit bieten kann.*

## Zweiter Schritt: Was du tun wirst, und wann du es tun wirst

Eine Affirmation aufzuschreiben, die nur bestätigt, was du *willst*, ohne gleichzeitig zu beschreiben, was du dafür zu *tun* bereit bist, ist fast völlig nutzlos. Es kann sogar kontraproduktiv sein, weil es dein Unterbewusstsein dazu verleitet, zu glauben, das Ergebnis würde automatisch eintreten, ohne dass du etwas dafür tun musst.

***Übung:***
Benenne spezifische Handlungen, Aktivitäten oder Gewohnheiten, die du brauchst, um dein Wunschziel zu erreichen, und leg dabei ganz deutlich fest, wann und wie oft du die notwendigen Handlungen durchführen wirst.

***Beispiele:***
*Um sicher zu gehen, dass ich jede Woche einen Abend Zeit für meinen Partner habe, werde ich ab sofort definitiv immer bis Mittwoch dafür sorgen, dass wir einen Babysitter und eine schöne gemeinsame Unternehmung für das darauffolgende Wochenende haben. Außerdem schreibe ich mir das Date gleich in den Kalender.*

Oder:

*Um zu garantieren, dass ich so gesund wie möglich bleibe, verspreche ich mir hoch und heilig, dass ich ab sofort an fünf Tagen die Woche ins Fitnessstudio gehe und täglich zwischen 6 und 7 Uhr mindestens 20 Minuten auf dem Laufband laufe.*

Oder:

*Um sicherzustellen, dass ich mein Einkommen verdopple, nehme ich mir fest vor, die Akquiseanrufe, die ich täglich mache, von 20 auf 40 zu verdoppeln, an fünf Tagen die Woche zwischen 8 und 9 Uhr – EGAL, WAS PASSIERT.*

Je präziser du deine Handlungen beschreibst, desto klarer ist deine Programmierung und desto leichter wird es dir fallen, konsequent das zu tun, was dich deinen Zielen näher bringt. Achte darauf, dass du auf jeden Fall aufschreibst, *wann*, *wie häufig* und *wie lange* du die Handlungen durchführen wirst.

### Dritter Schritt: Sprich deine Affirmationen jeden Morgen mit Gefühl aus

Denk daran, dass deine *Miracle-Morning*-Affirmationen nicht nur dazu dienen, dass du dich besser fühlst. Setze diese Absichtserklärungen strategisch ein, um dein Unterbewusstsein mit den Überzeugungen und der Geisteshaltung neu zu programmieren, die du brauchst, um deine Wunschziele zu erlangen, und gleichzeitig dein bewusstes Denken zu steuern, damit du dich auf deine obersten Prioritäten konzentrierst und die Schritte unternimmst, die dich zum Ziel bringen.

Damit deine Affirmationen ihre ganze Wirkung entfalten, ist es allerdings wichtig, dass du mit deinen Emotionen in Berührung bist, wenn du sie aufsagst. Eine Affirmation gedankenlos herunterzubeten, ohne dabei bewusst zu spüren, wie wahr sie ist, wird dich nicht viel weiterbringen.

Du bist selbst dafür zuständig, authentische Emotionen in dir zu finden, zum Beispiel Vorfreude und Entschlossenheit, und diese Emotionen jedes Mal in deine Affirmationen einfließen zu lassen, wenn du sie laut aussprichst.

Bestätige dir selbst, wer du werden musst, um die Dinge tun zu können, die du tun musst, um deine Wunschziele zu erreichen. Ich sage es nochmal: Das ist keine Hexerei. Diese Strategie funktioniert, wenn es dir gelingt, mit der Person in Kontakt zu treten, zu der du auf dem Weg zu deinem Ziel werden musst. Wer du bist, beeinflusst das Ergebnis viel mehr als alles andere.

***Übung:***
Nimm dir jeden Tag Zeit, während des *Miracle Morning* deine Affirmationen zu lesen, um dein Unterbewusstsein zu programmieren und dein bewusstes Denken darauf zu fokussieren, was dir am wichtigsten ist und was du bereit bist, dafür zu unternehmen. Du hast richtig gelesen: jeden Tag. Affirmationen nur hin und wieder zu lesen ist so effektiv, wie nur ab und zu Sport zu treiben. Resultate siehst du nur, wenn du es zum Teil deiner täglichen Routine machst.

Ein hervorragender Ort, um dir deine Affirmationen vorzunehmen, ist unter der Dusche. Wenn du sie laminierst und dort liegen lässt, hast du sie jeden Tag gleich zur Hand. Bewahre sie dort auf, wo du dich an sie erinnerst: auf einer Karteikarte unter der Sonnenblende deines Autos, auf einem Post-It am Badezimmerspiegel. Du kannst sie sogar mit Whiteboardmarker direkt auf den Spiegel schreiben.

Je öfter sie dir begegnen, desto leichter fällt es deinem Unterbewusstsein, sie zu verinnerlichen und dein Denken und Handeln zu ändern.

## Vierter Schritt: Pass deine Affirmationen ständig an

Während du wächst und dich dabei verbesserst und entwickelst, sollte das Gleiche auch für deine Affirmationen gelten. Wenn dir ein neues Ziel, ein neuer Traum oder ein anderes außergewöhnliches Ergebnis einfällt, das du im Leben erreichen willst, füge es einfach zur Liste deiner Affirmationen hinzu.

Ich persönlich habe Affirmationen für jeden wichtigen Bereich meines Lebens (Finanzen, Gesundheit, Glück, Beziehungen, Kinder usw.) und passe sie jedes Mal an, wenn ich etwas Neues lerne. Ich bin immer auf der Suche nach Zitaten, Strategien und Philosophien, die ich hinzufügen kann, um meine Geisteshaltung weiter zu verbessern.

Denk einfach jedes Mal, wenn dir ein inspirierendes Zitat oder ein philosophischer Ansatz begegnet, der dich anspricht: „Wow, in diesem Bereich könnte ich mich noch mächtig verbessern", und erweitere deine Affirmationen entsprechend.

Denk dabei daran, dass deine Affirmationen auf dich zugeschnitten sein müssen. Mike und ich haben separate Affirmationen, weil es sich dabei um Dinge handelt, denen wir uns *persönlich* verschrieben haben. Sie müssen spezifisch sein, damit sie eine Auswirkung auf dein Unterbewusstsein haben. Sobald das Wörtchen „wir" in einer Affirmation auftaucht, gibst du deinem Gehirn die Erlaubnis, die Schuld auf jemand anderen zu schieben, wenn die Sache nicht klappt.

Deine Programmierung kann ab sofort jederzeit verändert und verbessert werden. Du kannst alles, von dem du glaubst, dass es dich einschränkt, wegprogrammieren und durch neue Grundsätze und Verhaltensweisen ersetzen, die dir helfen, in jedem Lebensbereich erfolgreicher zu werden.

Kurz gesagt: Deine neuen Affirmationen drücken die großen Ziele aus, denen du dich verschrieben hast, und warum sie dir so wichtig sind. Von noch größerer Bedeutung ist allerdings, dass du darin formulierst, was du dir vornimmst, dafür zu tun, und wann du es tun wirst. Nur so kannst du sicherstellen, dass du das hohe Maß an Erfolg erreichst, das du im Leben willst (und verdienst).

## Affirmationen, die dich zum besseren Elternteil machen

Zusätzlich zu der oben aufgeführten Formel, mit der du deine eigenen Affirmationen erschaffen kannst, gebe ich dir eine Liste von Beispielen an die Hand, die dich vielleicht ein bisschen inspirieren. Falls dich eine oder mehrere davon ansprechen, kannst du sie gern zu einem Teil deiner eigenen Affirmationen machen.

- Ich nehme mir fest vor, jeden Tag 30 Minuten meiner Zeit für jedes meiner Kinder zu reservieren, damit sie wissen, wie wichtig sie mir sind.

- Ich verspreche mir, jede Woche fünfmal ein gesundes Abendessen für meine Familie auf den Tisch zu stellen, weil ich weiß, dass meine Kinder sich an meinen Essgewohnheiten orientieren, und weil ich will, dass sie so gesund wie möglich ins Leben starten.

- Ab sofort werde ich jeden Morgen um ____ Uhr aufstehen, damit ich einen *Miracle Morning* schaffe, bevor die Kinder aufwachen, sodass ich in Ruhe auftanken kann, bevor ich mich um sie kümmere.

- Ich konzentriere mich jeden Tag darauf, etwas Neues zu lernen und meine Erziehungsmethoden zu verbessern. Dazu werde ich mindestens ein Buch im Monat lesen, das mir hilft.

- Ich werde meine Kinder weiterhin immer besser kennenlernen, indem ich Zeit mir ihnen verbringe und ihnen und ihren Freunden wirklich zuhöre, damit ich weiß, wann und wie ich einschreiten muss.

- Ich nehme mir fest vor, mich immer weiter in den Dingen zu verbessern, die nötig sind, damit mein Familienleben von Tag zu Tag gut funktioniert.

- Ich verspreche mir, dass meine Familie fünfmal pro Woche gemeinsam ohne Handys und Tablets zu Abend isst, damit wir als Gruppe zusammenwachsen und die Verbindung zueinander nicht verlieren.

- Ich werde meinen Kindern alles Wissen und alle Fähigkeiten mitgeben, die ich lerne, damit sie aus eigener Kraft allen Erfolg im Leben erreichen können, den sie sich wünschen.

- Ich nehme mir vor, von meinen Kindern zu lernen und mich für die Dinge zu öffnen, die sie mir beibringen können, auch für ihre eigenen Vorstellungen davon, was sie werden wollen, selbst wenn es anders ist als das, was ich für sie will.

- Ich werde jeden Tag 20 Minuten lang mit jedem meiner Kinder zusammen lesen.

Das sind nur ein paar Beispiele für Affirmationen. Du kannst sie gerne verwenden oder dir nach der oben beschriebenen Formel deine eigenen erschaffen. Alles, was du dir regelmäßig mit Gefühl selbst sagst, wird in dein Unterbewusstsein einprogrammiert, hilft dir, neue Überzeugungen zu finden und zeigt sich in dem, was du tust.

## V für Visualization – Visualisierung

Durch Visualisierungen nutzt du deine Fantasie, um das zu erschaffen, was du dir im Leben wünschst.

Sie sind eine beliebte Methode für Spitzensportler, die ihre Leistungen noch verbessern möchten. Olympiateilnehmer und Überflieger in vielen Sportarten nutzen die Kraft der Visualisierung als Teil ihres täglichen Trainings. Weniger bekannt ist die Tatsache, dass auch selbstbewusste Eltern, also die ganz außergewöhnlichen, diese Methode häufig anwenden.

Wenn du ein paar faszinierende Informationen darüber möchtest, *warum* Visualisierung funktioniert, google einfach mal nach Spiegelneuronen. Neuronen sind Zellen, die das Gehirn mit anderen Körperteilen verbinden; Spiegelneuronen werden immer dann aktiv, wenn wir etwas tun oder jemand anderen dabei beobachten, wie er etwas tut. Dieser Forschungsbereich der Neurologie ist noch relativ jung, aber es scheint so, als könnten uns diese Zellen helfen, unsere eigenen Fähigkeiten zu verbessern, indem wir anderen Menschen dabei zusehen, wie sie etwas machen, oder indem wir uns vorstellen, es selbst zu tun. Manche Studien deuten darauf hin, dass erfahrene Gewichtheber ihre Muskelmasse allein dadurch vergrößern können, dass sie sich vorstellen, Gewichte zu stemmen. Das ist die Kraft von Spiegelneuronen. In bestimmten Hinsichten kann unser Gehirn nicht zwischen einer lebhaften Visualisierung und einer tatsächlichen Erfahrung unterscheiden. Ist das nicht verrückt?

Ich war bisher immer ein wenig skeptisch, was Visualisierungen angeht, weil es mir ein bisschen zu esoterisch klang. Dann habe ich aber angefangen, mich mehr mit Spiegelneuronen auseinanderzusetzen, und musste umdenken.

## Was visualisierst du?

Die meisten Eltern schränken sich selbst ein, indem sie sich ihre Resultate aus der Vergangenheit vorstellen. Vor ihrem inneren Auge tauchen immer wieder Gelegenheiten auf, bei denen sie gescheitert sind oder ihnen das Herz gebrochen ist. Kreative Visualisierung hingegen ermöglicht dir, eine neue Vision zu entwerfen, die deinen Geist beschäftigt und sicherstellt, dass die Zukunft dein größter Einfluss ist – eine überzeugende, spannende und grenzenlose Zukunft.

Nachdem ich meine Affirmationen gelesen habe, setze ich mich aufrecht hin, schließe die Augen und atme ein paar Mal langsam, tief durch. Dann visualisiere ich fünf bis zehn Minuten lang die konkreten Maßnahmen, die notwendig sind, um meine kurz- und langfristigen Ziele zu verwirklichen.

Hast du gemerkt, dass ich nicht gesagt habe, ich würde die Ergebnisse visualisieren? Viele Menschen werden in dieser Frage anderer Meinung sein, aber es gibt einige Studien, die zeigen, dass die Visualisierung eines Resultats (des Autos, des Hauses, des Schritts über die Ziellinie, des Applauses, den du auf der Bühne entgegennimmst usw.) deinen Antrieb sogar verringern kann, weil dein Gehirn die Belohnung auf einer gewissen Ebene bereits erlebt hat.

Stattdessen würde ich dir empfehlen, deine Visualisierung als Vorübung für Dinge zu nutzen, die du tun musst, um dir neue Fähigkeiten anzueignen oder die Lebensbereiche deiner Wahl zu verbessern. Stell dir vor, was du tust, nicht, was dabei herauskommt. Visualisiere, wie du dich anstrengst wie Rocky, der durch die Straßen von Philadelphia rennt und Hühner jagt, während Mickey ihn im Hintergrund anfeuert. Denk dabei nicht nur daran, wie er seinen Gegner am Ende k.o. schlägt und als Champion gefeiert wird, sondern spüre den Einsatz, den er zeigen muss, um dorthin zu kommen. Gewöhne dich daran, unbequeme Dinge zu tun, indem du sie übst und annimmst, und indem du dich dafür entscheidest, alles zu tun, was nötig ist, um zum Ziel zu kommen.

Stell dir zum Beispiel vor, wie du ein lustiges und leichtes Gespräch mit deinen Kindern führst, vielleicht beim Abendessen. Wie sieht das aus? Wie fühlt es sich an, eine tolle Beziehung zu ihnen zu entwickeln? Stell dir vor, wie du mit Problemen und Hindernissen umgehst.

Wenn es für deine Familie ebenso anstrengend ist, die Kinder abends ins Bett zu bringen, wie es bei uns früher der Fall war, könntest du dir auch vorstellen, wie du deine Kinder ganz ruhig dabei unterstützt, schlafen zu gehen. Denk daran, wie du ihnen liebevoll beim Zähneputzen hilfst, und wie sie sich aufgeregt eine Gute-Nacht-Geschichte aussuchen. Stell dir vor, wie du ihnen die Geschichte mit Freude vorliest, ab und zu eine Frage zu dem stellst, was du liest, und insgesamt die gemeinsame Zeit mit den Kindern genießt, bevor sie sich auf den Weg ins Schlummerland machen. Visualisiere, wie friedlich sie aussehen, wenn sie schlafen und du ihnen noch einen letzten Gute-Nacht-Kuss auf die Stirn gibst.

## Drei einfache Schritte für die Miracle-Morning-Visualisierung

Unmittelbar nach dem Lesen deiner Affirmationen ist der perfekte Zeitpunkt, dir vorzustellen, wie du ideal im Einklang mit ihnen lebst.

### Erster Schritt: Vorbereitung

Manche Menschen lassen bei der Visualisierung gerne Instrumentalmusik im Hintergrund laufen, zum Beispiel klassische oder Barockmusik (Johann Sebastian Bach ist sehr beliebt). Wenn du mit Musik experimentieren willst, ist es wichtig, dass du sie nicht zu laut drehst. Mich persönlich lenkt alles zu sehr ab, was einen Text hat.

Setz dich jetzt bequem hin, auf einen Stuhl, aufs Sofa oder mit einem Kissen auf den Boden. Atme tief durch. Schließ die Augen, schieb deine Gedanken beiseite und bereite dich darauf vor, die Vorteile von Visualisierungen zu genießen.

### Zweiter Schritt: Visualisiere, was du wirklich willst

Das größte Geschenk, das du deinen Liebsten machen kannst, ist, dein volles Potenzial auszuschöpfen. Wie sieht das für dich aus? Was willst du wirklich? Vergiss Logik, Einschränkungen und praktische Überlegungen. Wenn du alles haben, tun oder sein könntest, was du willst, wie sähe das dann aus? Was genau müsstest du tun, um es zu erreichen? Wer müsstest du werden? Wie würdest du dich in verschiedenen Situationen verhalten?

Sieh, fühle, höre, berühre und schmecke jede Einzelheit deiner Vision. Setze alle deine Sinne ein, um deine Visualisierung noch wirksamer zu gestalten. Je lebendiger sie dir vor Augen steht, desto größer wird dein Antrieb, die nötigen Schritte zu unternehmen, um sie wahr werden zu lassen.

### Dritter Schritt: Visualisiere, wie du dein Ziel problemlos erreichst

Sobald du dir ein klares Bild davon erschaffen hast, was du willst, führe dir vor Augen, wie du genau zu der Person wirst, die du sein musst, um dein Ziel zu erreichen. Stell dir vor, wie du die notwendigen, positiven Schritte ausführst (wie du dich bewegst, lernst, arbeitest, Zeit mit den Kindern verbringst, typische Familiensituationen usw.), und achte dabei darauf, dass du dabei siehst, wie viel Spaß es dir macht. Sieh und spüre, wie du beim Joggen lächelst, weil du die Vögel singen hörst und den kühlen Schatten auf deinem Rücken spürst, und weil du so stolz darauf bist, dass du die Selbstdisziplin aufgebracht hast, bei der Stange zu bleiben

Stell dir vor, wie entschlossen dein Gesicht aussieht, wenn du selbstbewusst und unablässig die Verbindung zu deinen Kindern suchst, ihre Bedürfnisse verstehst und basierend auf deinen Beobachtungen handelst. Stell dir vor, wie deine Familie, deine Freunde, dein Partner oder deine Partnerin auf deine positive Haltung und deinen Optimismus reagieren.

Sieh dich selbst als einen Elternteil, der alles im Griff hat. Du kommst immer fünf Minuten zu früh und bist perfekt vorbereitet (bis hin zu ein paar kleinen Extras). Stell dir vor, wie du dich voller Freude mit deinem Kalender hinsetzt und die kommenden Tage und Wochen mit Spielverabredungen für die Kinder, Mädelsabenden für dich und andere Mütter, Selbsthilfeterminen, Abenden mit deinem Partner und Schulveranstaltungen füllst. Visualisiere dich selbst, wie du von Hand Dankeskarten an die Lehrer deiner Kinder schreibst, während die Kleinen neben dir ihre eigenen Karten schreiben. Stell dir vor, wie die Kinder dir helfen, das Gemüse zu schneiden, das du in deinem Biogarten selbst gezogen hast, und rieche das leckere, gesunde Essen, das du daraus kochst. Sieh die ganze Familie am Abendessenstisch sitzen und gemeinsam lachen, während ihr jeden Bissen genießt.

### Abschließende Gedanken zur Visualisierung

Wenn du jeden Morgen Visualisierung und Affirmationen kombinierst, kurbelst du damit die Umprogrammierung deines Unterbewusstseins auf Erfolg so richtig an. Deine Gedanken und Gefühle richten sich nach deiner Vision aus, sodass es dir leichter fällt, die wichtigen Dinge zu tun und all deine Ziele und Träume zu erreichen. Es wird dir leichter fallen, die Motivation zu finden, die du brauchst, um alles zu schaffen, was du tun musst. Visualisierung ist ein mächtiges Werkzeug, wenn es darum geht, selbsteinschränkende Gewohnheiten (wie die, alles auf die lange Bank zu schieben) zu überwinden, damit du alles schaffen kannst, was getan werden muss, um dein Ziel zu erreichen.

## E wie Exercise – Bewegung

Bewegung sollte einen festen Bestandteil deines *Miracle Morning* darstellen. Schon ein paar Minuten körperlicher Ertüchtigung pro Tag verbessern deine Gesundheit, dein Selbstvertrauen und deine emotionale Balance entscheidend und helfen dir dabei, klarer zu denken und dich länger zu konzentrieren. Du wirst außerdem feststellen, wie viel mehr Energie du hast, wenn du dich täglich bewegst, und das merkt auch deine Familie.

Eben Pagan und Tony Robbins, beide Experten für Persönlichkeitsentwicklung und Unternehmer (Tony Robbins ist darüber hinaus auch noch Bestsellerautor), die sich ihr Vermögen von mehreren

Millionen selbst aufgebaut haben, sind sich einig, dass der Schlüssel zum Erfolg darin liegt, jeden Morgen mit einem Erfolgsritual zu beginnen. Beide schwören in ihren jeweiligen Ritualen auf irgendeine Art von Bewegung. Und wenn das für Eben und Tony funktioniert, dann passt das für mich auch.

Wenn du jetzt denkst, du müsstest gleich anfangen, für einen Triathlon oder einen Marathon zu trainieren, kann ich dich beruhigen. Wenn du bereits Sport treibst, muss die neue Bewegung am Morgen auch nicht das ersetzen, was du nachmittags oder abends machst. Du kannst immer noch zur gewohnten Zeit ins Fitnessstudio gehen.

Die Vorzüge, wenn du dich auch nur fünf Minuten zusätzlich am Morgen bewegst, sind jedoch nicht zu übersehen: Dein Blutdruck und dein Blutzuckerspiegel werden sich verbessern und gleichzeitig sinkt das Risiko, an einigen besonders fiesen Dingen wie Herzkrankheiten, Osteoporose, Krebs und Diabetes zu erkranken. Am wichtigsten ist allerdings wahrscheinlich, dass du nach einer Runde Bewegung am Morgen mehr Energie für den Rest des Tages hast, um besser mit deinen energiegeladenen Kindern Schritt zu halten..

Wie wäre es zum Beispiel mit einem Spaziergang, einer Runde Laufen oder einem Yogavideo auf YouTube? Du kannst dir auch einen Life S.A.V.E.R.S.-Partner suchen, mit dem du früh am Morgen Squash spielen gehst. Oder vielleicht probierst du mal die hervorragende App „7-Minute-Workout“ aus, die dir in nur 7 Minuten ein umfassendes Ganzkörpertraining verschafft. Du hast die Wahl; such dir eine Sportart aus und leg einfach los!

Eltern stehen die ganze Zeit unter Druck. Deshalb brauchst du einen unerschöpflichen Energievorrat, um dich allen Herausforderungen zu stellen, die dir jeden Tag begegnen – und ein tägliches Frühsportritual verleiht dir genau das.

## Frühsport fürs Gehirn

Falls dir deine körperliche Fitness völlig egal sein sollte, solltest du bedenken, dass Bewegung dich außerdem klüger macht, was deine

Fähigkeit, Probleme zu lösen, nur verbessern kann. Dr. Steven Masley, ein Arzt und Ernährungsexperte aus Florida, der sich in seiner Praxis auf Manager spezialisiert hat, erklärt den direkten Zusammenhang zwischen Bewegung und geistigen Fähigkeiten:

„Wenn wir über Hirnleistung sprechen, stellen wir schnell fest, dass die aerobe Kapazität die beste Methode ist, zu messen, wie schnell das Gehirn funktioniert. Wie schnell man einen Hügel hinauf laufen kann, steht in direktem Zusammenhang dazu, wie schnell das Gehirn funktioniert und auf neue Eindrücke und Herausforderungen reagiert."

Masley hat ein Wellnessprogramm für Unternehmen entwickelt, das auf der Arbeit mit über 1.000 Patienten basiert. „Im Durchschnitt verbessert sich die Hirngeschwindigkeit der Teilnehmer an diesem Programm um 25 bis 30 Prozent."

Stell dir nur einmal vor, wie viel besser du positiv auf deine Kinder reagieren und ihnen hilfreiche Lösungen für Probleme anbieten könntest, wenn dein Gehirn 25 bis 30 Prozent schneller liefe! Wie viel besser wärst du als Elternteil, wenn du effektiver und effizienter mit deinen Kindern und deinem Partner kommunizieren könntest? Denk mal darüber nach, wie du zum Beispiel einen Streit zwischen den Kindern schlichtest, nachdem du dich bewegt hast. In welchem geistigen Zustand wärst du dann? Wie anders würde es sich anfühlen? Was könnten die Kinder aus einem solchen Gespräch gewinnen? Was würde es für deine Familie bedeuten?

Hal hat sich für seinen Frühsport für Yoga entschieden und damit kurz nach der Erfindung des *Miracle Morning* angefangen. Seither praktiziert er es regelmäßig und mit wachsender Begeisterung.

Unsere Bewegungsrituale sehen etwas anders aus. Mike führt für gewöhnlich als Teil seines *Miracle Morning* ein paar Yogaposen aus und macht Taekwondo. Danach geht er entweder eine Runde laufen oder ins Fitnessstudio für Hanteltraining oder einen Yogakurs. Ich gehe an jedem Wochentag in ein Fitnessstudio mit Kinderbetreuung und mache dort einen Kurs mit, oder ich laufe eine Runde und höre dabei ein Hörbuch. In unserem Meditationsraum steht ein Minitrampolin, weil wir oft darauf springen, während wir unsere Affirmationen aufsagen. Am Wochenende laufen Mike und ich oft zusammen oder machen etwas Aktives als Familie. Diese Abwechslung gefällt uns gut. Also such dir etwas aus, das zu dir und deinem Leben passt und mach es zum Teil deines *Miracle Morning!*

### Abschließende Gedanken zur Bewegung

Du weißt wahrscheinlich schon, dass du dich regelmäßig bewegen musst, wenn du gesund bleiben und mehr Energie bekommen willst. Das ist schließlich allgemein bekannt. Was aber nicht so bekannt ist, ist, wie einfach es ist, Ausreden zu finden. Die zwei häufigsten sind: „Ich habe keine Zeit“ und „Ich bin zu müde“, aber die Liste ist natürlich noch viel länger. Du kannst dir praktisch unendlich viele verschiedene Ausreden ausdenken. Und je kreativer du bist, desto mehr fallen dir ein.

Das ist das Schöne daran, Bewegung zu einem Teil deines *Miracle Morning* zu machen: Du kümmerst dich darum, bevor du von deinem Tag erschöpft bist und einen ganzen Tag lang Zeit hattest, dir Ausreden auszudenken. Weil der *Miracle Morning* jeden Tag als Erstes kommt, ist er eine todsichere Methode, deinen inneren Schweinehund zu überwinden und Frühsport zu einer täglichen Angewohnheit zu machen.

Haftungsausschluss: Es sollte sich von selbst verstehen, aber wir weisen dich vorsichtshalber darauf hin, dass du mit deinem Hausarzt sprechen solltest, bevor du anfängst, Sport zu treiben, insbesondere dann, wenn du Schmerzen, Beschwerden oder Behinderungen usw. hast. Es ist möglich, dass du deine sportlichen Betätigungen deinen persönlichen Bedürfnissen anpassen oder sogar ganz darauf verzichten musst.

## R wie Reading – Lesen

Du bist nicht nur ein Vorbild für deine Kinder, sondern du solltest dir ebenfalls erfolgreiche Vorbilder suchen, wenn du so schnell wie möglich alles erreichen willst, was du dir wünschst. Welches Ziel du dir auch immer gesteckt hast, es ist sehr wahrscheinlich, dass es irgendwo einen Experten gibt, der das gleiche oder ein ähnliches Ziel bereits erreicht hat. Tony Robbins drückt es so aus: „Erfolg hinterlässt Spuren."

Glücklicherweise teilen einige der Allerbesten ihre Geschichten in schriftlicher Form. Das bedeutet, dass all diese Baupläne für Erfolg nur darauf warten, von jemandem angewandt zu werden, der sich die Zeit nimmt, sie zu studieren. Bücher sind eine schier unerschöpfliche Quelle für Hilfe und praktische Anleitungen, die du jederzeit zu Rate ziehen kannst.

Manchmal höre ich Leute sagen: „Ich lese einfach nicht so gern." Das kann ich verstehen. Ich habe mich selbst auch nie als große Leserin gesehen. In der Schule brauchte ich Lesenachhilfe und schnitt bei Leseverständnistests immer schlecht ab. Deshalb hatte ich richtiggehend Angst davor, meinen Kindern vorzulesen, weil ich ihnen nicht zeigen wollte, dass Mama nicht gut lesen kann und das Buch damit verhunzt.

So dachte ich zumindest, bis ich irgendwann das Buch *How to Make Your Child a Reader for Life* von Paul Kropp las. Er schreibt: „Als Elternteil bist du ein wichtiger Faktor dafür, dass dein Kind Bücher erlebt und erfährt, welche Freude Lesen machen kann. Niemand sonst kann dein Kind so zum Lesen ermutigen wie du. Und keine andere Fähigkeit, die du ihm beibringen kannst, wird je wieder so wichtig sein."

Die beste Methode, dein Kind zum lebenslangen Leser zu machen, ist, selbst einer zu werden! Nachdem du dieses Buch liest, ist dir das wahrscheinlich schon klar, und du hast bereits die ersten Schritte gemacht, um das Lesen zu genießen. Nachdem ich gelernt hatte, wie wichtig es ist, Kindern vorzulesen und selbst zu lesen, um das ganze Leben lang zu lernen, habe ich mir fest vorgenommen, jedes Jahr 24 Bücher zu lesen. Das hat meine Perspektive komplett verändert.

Hier sind ein paar unserer Lieblingsbücher rund ums Thema Kinder, Erziehung und Familienbeziehungen. Natürlich gibt es noch jede Menge anderer großartiger Bücher für alle Arten von Eltern mit Kindern jeden Alters. Ein wichtiger Hinweis vorab: Nicht jeder Erziehungsratgeber funktioniert für jede Familie. Achte beim Lesen darauf, ob sich die Richtung, in die das Buch dich führt, gut und passend für dich anfühlt. Vertrau zuallererst auf deinen Elterninstinkt.

**Elternratgeber:**

- *The Available Parent: Radical Optimism for Raising Teens and Tweens* von Dr. John Duffy
- *Entdecke dich selbst durch dein Kind: Wie wir Kinder achtsam erziehen, indem wir Veränderung in uns selbst zulassen* von Dr. Shefali Tsabary
- *Sitting Still Like a Frog: Mindfulness Exercises for Kids (and Their Parents)* von Eline Snel und Myla Kabat-Zinn
- *Die Verwöhn-Falle: Wie man seine Kinder zu verantwortungsbewussten und glücklichen Menschen erzieht* von Ron Lieber
- *The Family Board Meeting* von Jim Sheils
- *Erziehen ohne auszurasten: Wie ich aufhörte, meine Kinder anzuschreien – und wie Sie das auch schaffen* von Sheila McCraith
- *The 5 Love Languages of Children* von Gary D. Chapman und Ross Campbell
- *Achtsame Kommunikation mit Kindern: Zwölf revolutionäre Strategien aus der Hirnforschung für die gesunde Entwicklung Ihres Kindes* von Daniel J. Siegel und Tina Payne Bryson
- *Scientific Secrets for Raising Kids Who Thrive* von The Great Courses und Professor Peter M. Vishton
- *Guerilla Learning: How to Give Your Kids a Real Education with or without School* von Grace Llewellyn
- *Your Child's Strengths: A Guide for Parents and Teachers* von Jenifer Fox
- *The Successful Single Mom: Get Your Life Back and Your Game On!* von Honorée Corder
- *The Gift of Failure: How the Best Parents Learn to Let Go So Their Children Can Succeed* von Jessica Lahey

- *Gelassene Eltern – zufriedene Kinder: Wie Sie liebevoll bleiben, statt zu schreien, zu schimpfen oder zu drohen* von Dr. Laura Markham

**Persönlichkeitsentwicklung:**

- *The Art of Exceptional Living* von Jim Rohn
- *The One Thing: Die überraschend einfache Wahrheit über außergewöhnlichen Erfolg* von Gary Keller und Jay Papasan
- *Die 7 Wege zur Effektivität: Prinzipien für persönlichen und beruflichen Erfolg* von Stephen R. Covey
- *Perfekt! Der überlegene Weg zum Erfolg* von Robert Greene
- *Die 4-Stunden-Woche: Mehr Zeit, mehr Geld, mehr Leben* von Timothy Ferriss
- *Das Lebensspiel und seine Regeln* von Florence Scovel Shinn
- *The Compound Effect* von Darren Hardy
- *Taking Life Head On: How to Love the Life You Have While You Create the Life of Your Dreams* von Hal Elrod
- *Denke nach und werde reich* von Napoleon Hill
- *Vision to Reality: How Short Term Massive Action Equals Long Term Maximum Results* von Honorée Corder
- *In meinem Element. Wie wir von erfolgreichen Menschen lernen können, unser Potenzial zu entdecken* von Sir Ken Robinson und Lou Aronica
- *Spirit Led Instead: The Little Tool Book of Limitless Transformation* von Jenai Lane

Bücher sind nicht nur Werkzeuge, die dir mehr Selbstvertrauen als Elternteil verleihen. Sie können dir auch helfen, deine Beziehungen zu verändern, dein Selbstwertgefühl zu steigern, besser zu kommunizieren, gesünder zu leben und jeden anderen Lebensbereich zu verbessern, den du dir vorstellen kannst.
Geh doch einfach mal in die Bücherei oder den Buchladen in deiner Stadt – oder auf www.amazon.de – und schau dich um. Du wirst mehr Bücher finden, um jeden Lebensbereich zu verbessern, als du dir erträumen kannst.

Eine vollständige Liste von Hals Lieblingsbüchern zum Thema Persönlichkeitsentwicklung – darunter auch die, die den größten Einfluss auf seinen Erfolg, seine Gesundheit und sein Glück hatten – findest du auf der Liste mit Leseempfehlungen auf www.TMMBook.com.

## Wie viel sollte ich lesen?

Ich würde dir empfehlen, dir mindestens zehn Seiten am Tag vorzunehmen (es ist aber auch okay, mit fünf Seiten am Tag anzufangen, wenn du langsam liest oder noch nicht so viel Spaß daran hast).

Zehn Seiten klingt nicht nach besonders viel, aber rechnen wir es doch mal durch. Wenn du jeden Tag zehn Seiten liest, kommst du im Jahr auf 3.650 Seiten – also ungefähr achtzehn Bücher mit je 200 Seiten, die dir bei der Persönlichkeitsentwicklung helfen. Und das alles in nur zehn bis fünfzehn Minuten am Tag, oder vielleicht fünfzehn bis dreißig Minuten, wenn du nicht so schnell liest.

Glaubst du, dass du mehr lernen, selbstbewusster werden und dir neue Fähigkeiten aneignen kannst, wenn du in den nächsten zwölf Monaten achtzehn Bücher über Erziehung oder Persönlichkeitsentwicklung liest? Dass du zu einer besseren Version von dir selbst wirst? Dann liegst du genau richtig! Jeden Tag zehn Seiten zu lesen, ist nur wenig Aufwand, aber die Früchte, die es trägt, sind enorm.

## Abschließende Gedanken zum Lesen

- Denk am besten bereits an das Ergebnis, wenn du loslegst. Was erhoffst du dir von einem bestimmten Buch? Nimm dir jetzt einen Moment Zeit und stell dir diese Frage zu diesem Buch.

- Du musst dich nicht zwingen, ein Buch von Anfang bis Ende durchzulesen; du musst es nicht einmal ganz zu Ende lesen. Denk daran, dass deine Lesezeit ganz dir selbst gehört. Schau ins Inhaltsverzeichnis, um keine Teile zu übersehen, die dich interessieren, und zögere nicht, ein Buch wegzulegen und ein anderes zur Hand zu nehmen, wenn es dir nicht zusagt. Es gibt so unendlich viele interessante Informationen, da brauchst du keine Zeit auf mittelmäßige Bücher zu verschwenden.

- Viele *Miracle-Morning*-Fans nutzen ihre Lesezeit, um in religiösen Texten wie der Bibel oder der Torah zu lesen.

- Wenn du das Buch nicht gerade aus einer Bibliothek oder von einem Freund geliehen hast, nimm dir die Freiheit, Passagen, Sätze und einzelne wichtige Wörter zu unterstreichen, einzukreisen und zu markieren, dem Buch Eselsohren zuzufügen und Randnotizen zu machen. Wenn du das Buch beim Lesen so markierst, kannst du jederzeit zu ihm zurückkehren und gezielt die wichtigsten Ideen, Lehrsätze und Inspirationen finden, ohne es noch einmal komplett lesen zu müssen. Auf einem E-Book-Reader wie dem Kindle oder Nook, oder über die iBooks-App, kannst du solche Hervorhebungen ganz leicht sortieren, sodass du sie jedes Mal siehst, wenn du das Buch durchblätterst. Du kannst sogar direkt in die Liste deiner Notizen und Markierungen gehen.

- Halte die wichtigsten Ideen, Einsichten und denkwürdigen Passagen in deinem Journal fest. So baust du dir deine eigene Zusammenfassung deiner Lieblingsbücher auf, in der du in nur ein paar Minuten die Schlüsselinhalte nachschlagen kannst.

- Gute Bücher über Persönlichkeitsentwicklung mehrmals zu lesen ist eine sehr wirksame Strategie, die leider oft unterschätzt wird. Dabei kommt es nur sehr selten vor, dass man den gesamten Wert eines Buchs schon beim ersten Lesen vollständig erfasst. Um Meister einer Disziplin zu werden, muss man üben. Ich habe Bücher wie *Spirit Led Instead* von Jenai Lane schon bis zu dreimal gelesen und schlage mehrmals im Jahr etwas darin nach. Versuch es doch mit diesem Buch! Nimm dir vor, es gleich noch einmal anzufangen, wenn du damit fertig bist, um mehr zu lernen und dir selbst mehr Zeit zu schenken, die Methoden zu meistern.

- Hörbücher sind auch Bücher! Du bekommst die gleichen Informationen, aber du kannst nebenher noch etwas anderes machen, dich zum Beispiel bewegen oder zur Arbeit fahren. Wenn ich ein Buch besonders eingehend studieren will, höre ich das Hörbuch, während ich gleichzeitig den Text lese. So kann ich mir Notizen machen und Dinge unterstreichen, ohne dass ich dadurch allzu viel Zeit verliere. Ich lese ziemlich langsam, aber Hörbücher kann ich problemlos in 1,5-facher oder sogar doppelter Geschwindigkeit hören. Dadurch geht es viel schneller.

- Nutze die Aktionspläne und einzelnen Schritte, die dir in den Büchern vorgestellt werden. Lesen ist zwar eine großartige Methode, sich neue Strategien anzueignen, aber was dich im Leben wirklich voranbringt, ist es, diese neuen Strategien zu verinnerlichen und in der Praxis umzusetzen. Bist du entschlossen genug, das, was du in diesem Buch lernst, anzuwenden, indem du die 30-Tage-Herausforderung am Ende annimmst?

## S wie Scribing – Schreiben

Ich schreibe während meines *Miracle Morning* jeden Tag fünf bis zehn Minuten Tagebuch, meistens während der Lesezeit, und dann noch mal eine Weile gezielt zum Thema „Dankbarkeit“. Indem du deine Gedanken aus dem Kopf bekommst und sie schriftlich festhältst, verschaffst du dir wertvolle Erkenntnisse, die dir sonst entgangen wären.

Der Schreibteil deines *Miracle Morning* erlaubt dir, deine Visionen, Einsichten, Ideen, Erfolge und Feststellungen ebenso wie neue Bereiche für Potenzial, persönliche Entwicklung und Verbesserung festzuhalten. Schreib in deinem Tagebuch deine Erziehungserfolge und -stärken auf, außerdem alles, was an diesem Tag gut gelaufen ist, woran du dich später erinnern möchtest und woran du vielleicht noch arbeiten willst.

Wenn es dir genauso geht wie Hal früher, hast du wahrscheinlich zumindest ein paar angefangene und dann nie wieder angefasste Notiz- und Tagebücher. Für ihn wurde das Schreiben erst zu einer seiner liebsten täglichen Gewohnheiten, als er anfing, den *Miracle Morning* anzuwenden. Wie Tony Robbins häufig sagt: „Ein lebenswertes Leben ist es auch wert, festgehalten zu werden."

Tägliches Schreiben ermöglicht dir, deine Gedanken bewusst zu ordnen. Was aber noch wichtiger ist, sind die Einsichten, zu denen du gelangst, wenn du deine Journale noch einmal von Anfang bis Ende durchgehst – insbesondere, wenn das Jahr sich dem Ende zuneigt.

Es ist nicht leicht in Worte zu fassen, wie unglaublich konstruktiv es ist, seine alten Tagebücher noch einmal durchzulesen.

Michael Maher, der Koautor von *The Miracle Morning for Real Estate Agents,* ist ein glühender Anhänger der Life S.A.V.E.R.S. Ein Teil seiner Morgenroutine besteht darin, dass er das, was er zu schätzen weiß, und seine Affirmationen in einem Journal festhält, das er sein „Segensbuch" nennt. Er hat die besten Worte dafür gefunden:

„Was wir zu schätzen wissen … weiß auch uns zu schätzen. Es ist an der Zeit, dass wir unseren unstillbaren Hunger nach dem, was wir wollen, durch unendliche Dankbarkeit für und Lust auf das ersetzen, was wir schon haben. Schreib auf, wofür du dankbar bist, bleib dankbar und anerkennend, dann bekommst du auch mehr von dem, was du brauchst: bessere Beziehungen, größeren materiellen Wohlstand und mehr Glück."

Es liegt eine besondere Kraft darin, aufzuschreiben, was du zu schätzen weißt. Dieses Material noch einmal durchzulesen, kann deine Geisteshaltung an einem schwierigen Tag verbessern. Eine tolle Übung, die du zum Teil deiner Routine machen kannst, ist, täglich aufzuschreiben, was du an jedem deiner Kinder, deinem Partner und ganz besonders an dir selbst magst. Wenn wir niederschreiben, was wir an unseren Kindern und unserem Partner schätzen – sogar dann (oder gerade dann), wenn wir nicht unbedingt zufrieden sind – können wir uns leichter auf das konzentrieren, was wir an ihnen mögen.

Stell dir zum Beispiel vor, du bist wütend auf deinen Sohn, weil er deine Tochter geschlagen hat, obwohl er hinterher versucht hat, sie zu trösten. Statt dich auf sein ungünstiges Verhalten zu konzentrieren, könntest du auch dankbar sein, dass er danach Mitgefühl gezeigt hat. Ein anderes Beispiel: Dein Partner verspätet sich, wenn ihr euch für ein bisschen Zeit zu zweit verabredet habt. Du könntest jetzt entweder sauer werden oder dankbar sein, dass er es sicher nach Hause geschafft hat und ihr jetzt ungestört Zeit ohne die Kinder zusammen verbringen könnt.

Täglich Tagebuch zu schreiben bringt viele wertvolle Vorteile mit sich. Hier sind einige meiner liebsten:

- **Mehr Klarheit:** Tagebuch zu führen, wird dir helfen, klar zu sehen, Ideen zu sammeln und Probleme strukturiert zu durchdenken.
- **Überblick über deine Ideen:** Indem du deine Ideen aufschreibst, hältst du sie fest und kannst sie besser ordnen und ausbauen. Außerdem verhindert es, dass du die wichtigen Ideen vergisst, die du dir für einen passenden Moment in der Zukunft aufhebst
- **Lernen durch Wiederholung:** Ein Tagebuch ist perfekt dafür geeignet, das festzuhalten, zu reflektieren und zu wiederholen, was du gelernt hast.
- **Aufzeichnen von Fortschritten:** Deine alten Tagebucheinträge aus dem letzten Jahr noch einmal herauszuholen und zu lesen, ist wundervoll, denn es zeigt dir deutlich, wie viele Fortschritte du in der Zwischenzeit gemacht hast. Das ist eine der angenehmsten, aufschlussreichsten und bestärkendsten Erfahrungen, die man machen kann. Sie ist durch nichts anderes zu ersetzen.

- **Verbesserung des Gedächtnisses:** Man glaubt ja oft, dass man sich an alles erinnern wird, aber wenn du schon mal ohne Einkaufszettel im Supermarkt warst, weißt du, dass das einfach nicht stimmt. Wenn wir etwas aufschreiben, erhöhen wir damit die Wahrscheinlichkeit, dass wir uns daran erinnern. Und wenn wir dann doch etwas vergessen sollten, können wir einfach zurückblättern und nachlesen.

## Wirksames Tagebuchschreiben

Diese drei einfachen Schritte helfen dir dabei, mit dem Tagebuchschreiben anzufangen oder deinen aktuellen Schreibprozess zu verbessern.

**1. Schritt:** Wähle ein Format, physisch oder digital. Du solltest dich vorab entscheiden, ob du lieber ein traditionelles Papiertagebuch führen möchtest oder ob du besser mit einem digitalen Journal zurechtkommst (auf dem Computer oder als App auf dem Handy oder Tablet). Wenn du dich nicht entscheiden kannst, probiere beides einmal aus und leg dich dann fest.

**2. Schritt:** Besorg dir ein Tagebuch. Es ist nicht so, als würde alles andere nicht funktionieren, aber wenn es um ein „echtes" Tagebuch aus Papier geht, spricht einiges für ein hübsches, langlebiges Buch, das du gern anschaust und in die Hand nimmst. Idealerweise wirst du es schließlich für den Rest deines Lebens behalten.

Ich kaufe gern schöne, ledergebundene Bücher mit linierten Seiten, aber es ist dein Tagebuch, also such dir eines aus, das dir gefällt. Manche Menschen haben lieber leere Seiten, damit sie kleine Zeichnungen einfügen oder Mindmaps erschaffen können. Andere mögen Kalender mit einer Seite pro Tag, weil es ihnen hilft, bei der Stange zu bleiben.

Hier sind ein paar der beliebtesten Papiertagebücher der TMM-Facebookgruppe:

- *The Five Minute Journal* ist unter Leistungsträgern sehr beliebt. Es enthält Denkanstöße für jeden Tag, zum Beispiel „Ich bin dankbar für …" oder „Wodurch könnte dieser Tag besonders gut werden?". Es lässt sich in fünf Minuten oder weniger ausfüllen und enthält ein Feld für den Abend, in dem man den Tag noch einmal Revue passieren lassen kann. www.IntelligentChange.com
- *The Miracle Morning Journal* ist so formatiert, dass es dich beim *Miracle Morning* unterstützt und dir hilft, organisiert zu bleiben, regelmäßig Bilanz zu ziehen und deine S.A.V.E.R.S. täglich aufzuzeichnen. Du kannst dir auf www.TMMbook.com sofort eine Leseprobe des *Miracle Morning Journals* herunterladen und ausprobieren, ob es für dich geeignet ist. www.amazon.de oder www.MiracleMorningJournal.com
- *The Plan: Your Legendary Life Planner* wurde von Freunden von uns entworfen. Es ist ein ganzes System, mit dem du Ziele festlegen und Fortschritte bei Gewohnheiten aufzeichnen kannst. Dieses Tagebuch ist besonders für Menschen geeignet, die bereit sind, ihr Leben ins Gleichgewicht zu bekommen und zielgerichtet in jedem Lebensbereich 10 von 10 möglichen Punkten zu erreichen. www.LegendaryLifePlan.com

Wenn dir ein digitales Journal lieber ist, hast du ebenfalls eine Menge Auswahl. Hier sind ein paar meiner Favoriten:

- *The Five-Minute Journal* gibt es auch als App für iPhones, die das gleiche Format hat wie die Papierversion, in die du aber außerdem Fotos deiner täglichen Einträge hochladen kannst. Darüber hinaus schickt dir die App morgens und abends hilfreiche Erinnerungen daran, dass du Einträge machen sollst. www.FiveMinuteJournal.com
- *Day One* ist eine sehr beliebte Tagebuch-App und eignet sich optimal für dich, wenn du keine vorgegebene Struktur magst und Wert darauf legst, so viel schreiben zu können, wie du willst. In *Day One* findest du leere Seiten für deine tägli-

chen Einträge. Wenn du also gern längere Tagebucheinträge schreibst, ist diese App genau richtig für dich. www.DayOneApp.com

- *Penzu* ist ein Online-Journal, auf das du direkt vom Computer aus zugreifen kannst. Du brauchst also kein iPhone, iPad oder Android-Gerät. www.Penzu.com

Am wichtigsten bei der Auswahl ist natürlich, was du dir von einem Tagebuch wünschst und welche Funktionen du erwartest. Wenn dir keine dieser digitalen Versionen zusagt, google einfach nach „Online-Journal“ oder such in deinem App Store nach dem Stichwort „Tagebuch“. So bekommst du eine breite Auswahl an anderen Möglichkeiten.

**3. Schritt:** Schreib täglich. Es gibt unendlich viel, über das du schreiben kannst, zum Beispiel Notizen zu dem Buch, das du gerade liest, eine Liste der Dinge, für die du dankbar bist. Du kannst auch auf Google nach „journal prompts“ oder „Schreibübungen Tagebuch“ suchen. Halte deine Lieblingserinnerungen an gestern fest, lustige Geschichten oder niedliche Sachen, die deine Kinder gesagt haben, an die du dich später erinnern möchtest. Schreib alles auf, was dafür sorgt, dass du dich gut fühlst, und mach dir dabei keine Gedanken um Grammatik, Rechtschreibung oder Zeichensetzung. Dein Tagebuch ist ein Raum für ungebremste Kreativität. Also leg deinem inneren Kritiker einen Maulkorb an und überarbeite nichts – schreib einfach drauflos!

## Pass die S.A.V.E.R.S. auf deine Bedürfnisse an

Ich weiß, an manchen Tagen wirst du es nicht schaffen, einen ganzen *Miracle Morning* auf einmal zu machen, das geht für die meisten Eltern einfach nicht. Teil die Life S.A.V.E.R.S. also ruhig so auf, wie es dir am besten passt, und binde deine Kinder in das Ritual ein. Darüber sprechen wir später noch mehr, aber hier ist schon mal ein

Beispiel: Wenn deine Kinder alt genug zum Meditieren sind, lade sie ein, es mit dir zusammen zu tun. Wenn sie noch zu klein sind, ist es allerdings wahrscheinlich eine bessere Idee, dir deine Stillezeit allein zu nehmen. Als meine Kinder noch Babys waren, suchte ich mir meine Stille, während ich sie stillte oder in den Schlaf wiegte.

Ich möchte ein paar Ideen mit dir teilen, die dir helfen, die Life S.A.V.E.R.S. genau auf deinen Zeitplan und deine Bedürfnisse abzustimmen. Deine aktuelle Morgenroutine erlaubt dir vielleicht nur eine sechs, zwanzig oder dreißig Minuten lange Variante des *Miracle Morning*, aber du kannst dir auch vornehmen, am Wochenende eine längere Version davon zu machen.

Der sechzig Minuten lange *Miracle Morning* mit den Life S.A.V.E.R.S. hat für viele Menschen diese oder eine ähnliche Struktur:

**S**ilence – Stille: 10 Minuten
**A**ffirmations – Affirmationen: 10 Minuten
**V**isualization – Visualisierung: 5 Minuten
**E**xercise – Bewegung: 10 Minuten
**R**eading – Lesen: 20 Minuten
**S**cribing – Schreiben: 5 Minuten

Du kannst die Reihenfolge natürlich ändern, wenn du willst. Ich zum Beispiel lese und schreibe gern als Erstes, weil ich mich dabei am stärksten konzentrieren muss, was ich nicht so gut kann, wenn mich die Kinder dabei stören. Manche Eltern bewegen sich am liebsten zuerst, damit ihr Kreislauf in Schwung kommt und sie wacher werden. Dir ist es aber vielleicht lieber, die Bewegung ganz ans Ende der Life S.A.V.E.R.S. zu stellen, so wie ich, damit du während des *Miracle Morning* nicht verschwitzt bist. Hal fängt seinen Tag am liebsten mit einer Weile friedlicher, zielgerichteter Stille an, damit er langsam aufwachen, seine Gedanken sammeln und seine Energie konzentrieren kann. Denk daran: Der *Miracle Morning* gehört ganz dir allein. Probiere also ruhig verschiedene Abfolgen an, um die zu finden, die am besten zu dir passt.

Monica Dix, eine Mutter aus der *Miracle-Morning*-Community, die ihr Baby noch stillt, hat ihre Routine so angepasst, dass sie zuerst so schnell und leise aus dem Zimmer schleicht, wie sie kann. Ihre Zahnbürste, Kleider und alles andere, was sie braucht, hat sie sich schon am Vorabend in einem anderen Raum bereitgelegt. Sie benutzt praktisch ihr Baby als Wecker: Wenn es zwischen 3 und 6 Uhr morgens aufwacht, stillt sie es. Sobald das Kleine wieder eingeschlafen ist, macht Monica eine Stunde lang den *Miracle Morning* und schläft dann selbst wieder ein.

Sie empfiehlt das Buch *Sweet Sleep: Nighttime and Naptime Strategies for the Breastfeeding Family* von Diane Wiessinger, Diana West, Linda J. Smith, and Teresa Pitman. Es hat ihr geholfen, zu verstehen, wie sie den *Miracle Morning* am besten in einen gesunden Schlafrhythmus einbauen kann – für sie selbst und für ihr Baby.

## Ego-Depletion und dein Miracle Morning

Hast du dich schon mal gefragt, warum du einer kleinen Süßigkeit am Morgen relativ leicht widerstehen kannst, warum es aber gegen Nachmittag und Abend immer schwerer wird? Woher kommt es, dass unsere Willenskraft manchmal so unerschütterlich ist und uns dann wieder völlig im Stich lässt?

Das liegt daran, dass unsere Willenskraft wie ein Muskel ist, der müde wird, wenn man ihn benutzt. Deshalb ist es am Ende des Tages schwieriger, sich selbst davon zu überzeugen, Dinge zu tun, die gut für uns sind und solche zu vermeiden, die uns schaden. Das bedeutet auch, dass wir nachmittags und abends weniger Geduld mit unseren Liebsten haben – ausgerechnet dann, wenn sie wahrscheinlich am meisten davon gebrauchen könnten.

Die gute Nachricht ist, dass wir diesen Mechanismus verstanden haben und unseren Tag so planen können, dass uns mit Sicherheit alles gelingt. Und die wirklich großartige Nachricht? Der *Miracle Morning* ist ein wesentlicher Teil des Plans. Um zu sehen, wie das funktioniert, müssen wir uns aber erst mal über Ego-Depletion unterhalten.

In ihrem Buch *Die Macht der Disziplin: Wie wir unseren Willen trainieren können* beschreiben die Autoren Roy F. Baumeister und John Tierney Ego-Depletion als „die verminderte Fähigkeit einer Person, ihre Gedanken, Gefühle und Handlungen zu regulieren." Ego-Depletion wird gegen Ende des Tages und immer dann, wenn wir Hunger haben, müde sind oder unsere Willenskraft zu oft oder zu lange unter Beweis stellen müssen, schlimmer.

Wenn du mit den wichtigen Dingen, die dir Energie verleihen und dir helfen, die Person und der Elternteil zu werden, die du sein willst, bis zum Abend wartest, wirst du feststellen, dass deine Ausreden sich viel einleuchtender anhören und deine Motivation komplett flöten gegangen ist. Aber wenn du aufwachst und gleich als Erstes deinen *Miracle Morning* durchführst, bekommst du dein erhöhtes Energieniveau und die Achtsamkeit, die die Life S.A.V.E.R.S. dir bringen, bevor die Ego-Depletion dir in die Quere kommen kann.

Wenn du die Life S.A.V.E.R.S. gewohnheitsmäßig jeden Tag durchführst, lernst du dadurch außerdem, wie man sich eine Gewohnheit zulegt, während man die meiste Willenskraft besitzt. Dieses Wissen und die Energie, die du am Morgen gewinnst, kannst du dann dazu nutzen, dir auch zu anderen Tageszeiten kleine, machbare Gewohnheiten anzueignen.

## Abschließende Gedanken zu den Life S.A.V.E.R.S.

Alles ist so lange schwer, bis es einfach wird. Jede neue Erfahrung ist so lange unbequem, bis wir uns daran gewöhnen. Je länger du die Life S.A.V.E.R.S. anwendest, desto natürlicher und normaler werden sie sich anfühlen. Als Hal zum ersten Mal versuchte, zu meditieren, hätte er beinahe gleich wieder das Handtuch geworfen, weil seine Gedanken rasten wie ein Ferrari und völlig unkontrolliert von einem Thema zum nächsten sprangen wie die Kugel in einem Flipper. Heute liebt er Meditation, und auch wenn er immer noch kein Meister darin ist, sagt er, er sei nicht schlecht.

So ähnlich ging es mir mit den Affirmationen, als ich zum ersten Mal den *Miracle Morning* ausprobierte. Ich hatte einfach keine Ahnung, was ich mir bestätigen wollte, also benutzte ich ein paar aus *Miracle Morning: Die Stunde, die alles verändert* und dachte mir dazu selbst ein paar aus. Das war okay, aber es bedeutete mir zunächst nicht besonders viel. Mit der Zeit begegneten mir aber immer mehr Dinge, die mich ansprachen und mir wichtig vorkamen, also fügte ich sie meinen Affirmationen hinzu und passte die ursprünglichen entsprechend an. Inzwischen bedeuten mir meine Affirmationen eine Menge, und sie täglich anzuwenden, ist mir viel wichtiger geworden.

Übrigens, die Affirmation: „Ich verspreche mir selbst, dass ich *Miracle Morning für Eltern & Familien* noch dieses Jahr fertigschreiben werde, indem ich mich an meine Deadlines halten und mir die Zeit zum Schreiben nehmen werde" habe ich genutzt, um mich täglich zu motivieren, dieses Buch zu schreiben!

Ich würde dir empfehlen, sofort mit den Life S.A.V.E.R.S. anzufangen, damit du sie so schnell wie möglich als bekannt und bequem empfindest. Damit hast du schon einen Vorsprung, wenn du die 30-Tage-*Miracle-Morning*-Herausforderung in Kapitel 2 beginnst.

Wenn es immer noch dein größtes Problem ist, genug Zeit für einen *Miracle Morning* zu finden, kann ich dir helfen. Du kannst nämlich in nur sechs Minuten einen ganzen *Miracle Morning* schaffen und von allen Vorzügen der Life S.A.V.E.R.S. profitieren. Mach einfach jeden der S.A.V.E.R.S. eine Minute lang: Schließ die Augen und gönn dir einen Moment Stille, visualisiere eine Sache, die du mental für den Tag üben möchtest, sag deine Affirmationen auf (oder wiederhole deine Lieblingsaffirmation ein paar Mal). Dann machst du ein paar Hampelmänner, Liegestütze und Rumpfbeugen. Schnapp dir danach dein aktuelles Buch, lies einen Absatz und schreib ein paar Gedanken in dein Journal.

Diese sechs Minuten bereiten dich schon auf den Tag vor – und falls du später noch einmal die Gelegenheit dazu hast, dich um einen oder mehrere der S.A.V.E.R.S. zu kümmern, kannst du sie ja immer noch nachholen. Die Sechs-Minuten-Übung ist auf jeden Fall eine tolle Methode, eine Art Mini-Gewohnheit aufzubauen, die dir auch an einem stressigen Morgen Selbstsicherheit verleiht. Sagen wir, das Baby ist in der Nacht dreimal aufgewacht und du musstest es füttern, hast deshalb nicht genug Schlaf abbekommen, oder bist mit Kopfschmerzen oder sogar Fieber aufgewacht. Das sind perfekte Gelegenheiten für den Sechs-Minuten-*Miracle Morning* (wenn du dir die Gewohnheit erst einmal angeeignet hast).

Du wirst dich besser fühlen, weil du überhaupt etwas gemacht hast, und du hast die Gewohnheit aufrechterhalten, sodass du dich beim nächsten Mal nicht fühlen musst, als würdest du von vorne anfangen. Eine andere Mini-Gewohnheit, die du dir zu eigen machen kannst, ist, vorerst nur mit einem der Life S.A.V.E.R.S. anzufangen und die anderen fünf nach und nach hinzuzufügen, wenn du immer früher aufstehst. Denk daran, dass das Ziel ist, dir mehr Zeit zu verschaffen, um an deinen persönlichen Zielen und deiner Geisteshaltung zu arbeiten. Wenn du dich überfordert fühlst, kann das Ganze nicht funktionieren.

Mein persönlicher *Miracle Morning* ist inzwischen zu einem täglichen Erneuerungs- und Inspirationsritual geworden, das ich liebe. In den kommenden Kapiteln werde ich dir eine Menge Informationen an die Hand geben, die dich zu einem wirklich selbstbewussten Elternteil machen können. Ich kann es kaum erwarten, sie mir dir zu teilen.

# 4. Nicht ganz offensichtliches Elternprinzip Nr. 1:

# SELBSTFÜHRUNG

*Eltern sind Lehrer, Anführer, Vorbilder, Beschützer und Versorger ihrer Kinder.*

IYANLA VANZANT, Talkshowmoderatorin, Inspirationstrainerin und Autorin von *Peace from Broken Pieces*

Unsere Kinder beobachten uns vom ersten Tag ihres Lebens an; sie lernen ihre Welt durch unser Handeln kennen. Nur dadurch, dass sie uns reden hören, lernen sie sprechen, und sie sind unglaublich aufmerksam. Als Elternteil bis du das erste – und wahrscheinlich auch das wichtigste – Vorbild, das sie haben.

Wenn es unsere Aufgabe als Eltern ist, unsere Kinder zu erfolgreichen Erwachsenen zu erziehen, müssen wir zunächst lernen, uns selbst zu führen. Das müssen wir zuallererst tun, damit wir ihnen helfen können, zu wachsen und zu lernen. Um also die Familie zu erschaffen, die wir uns wünschen und die wir verdienen, müssen wir zunächst die Schlüsselprinzipien der Selbstführung meistern.

Andrew Bryant, der Gründer von *Self-Leadership International*, fasst es so zusammen: „Selbstführung ist eine Methode, dein Denken, deine Gefühle und dein Verhalten zielgerichtet darauf auszurichten, dass du dein(e) Ziel(e) erreichst … Es bedeutet, dass du einen Sinn dafür entwickelst, wer du bist, was du kannst, und wohin du gehst, verbunden mit der Fähigkeit, deine Kommunikation, deine Emotionen und dein Verhalten so zu beeinflussen, dass du es auch erreichst.“

Bevor ich dir die Schlüsselprinzipien der Selbstführung vorstelle, möchte ich mit dir teilen, was ich über die absolut grundlegende Rolle der *Geisteshaltung* als Basis effektiver Selbstführung gelernt habe. Deine alten Überzeugungen, dein Selbstbild und deine Fähigkeit, mit anderen zusammenzuarbeiten und dich auf sie zu verlassen, haben direkten Einfluss darauf, wie gut es dir gelingen wird, dich selbst zu führen.

## Mach dir deine selbstauferlegten Einschränkungen bewusst und betrachte sie skeptisch

Vielleicht hältst du immer noch an falschen, einschränkenden Überzeugungen fest, die dich unbewusst daran hindern, deine Erziehungsziele zu erreichen.

Zum Beispiel gehörst du vielleicht zu den Menschen, die sich immer wieder sagen: „Ich wünschte, ich wäre besser organisiert“ oder „Ich wäre so gerne besser in Mathe, damit ich meinen Kindern bei den Hausaufgaben helfen könnte.“ In Wirklichkeit kannst du aber sehr wohl Strukturen und eine inspirierende Umgebung erschaffen, die deinen Kindern helfen, die Arbeit selbst zu erledigen. Wenn du aber glaubst, du könntest es nicht, setzt du bereits voraus, dass du scheitern wirst, und nimmst dir dadurch selbst die Möglichkeit, erfolgreich zu werden. Im Leben hat man schon genug Hindernisse, also hör auf, dir noch mehr davon zu erschaffen!

Personen, die sich effektiv selbst führen, untersuchen ihre Überzeugungen kritisch, entscheiden, welche davon ihnen nützen und löschen die, die es nicht tun.

Wenn du ab sofort merkst, dass du etwas denkst oder sagst, das nach einer einschränkenden Überzeugung klingt, von „Ich habe nicht genug Zeit“ bis hin zu „Das könnte ich nie“, nimm dir einen Moment Zeit, und verwandle diese selbsteinschränkende Aussage in eine Frage, die dir hilft, dich selbst zu ermächtigen: *Wie kann ich mehr Zeit in meinem Zeitplan schaffen? Wie könnte ich das auch schaffen?*

Dadurch zapfst du deine angeborene Kreativität an und findest einen Weg, alles möglich zu machen. Wenn du dich einer Sache verschrieben hast, findest du nämlich immer einen Weg. Die Tennislegende Martina Navratilova hat es einmal so beschrieben: „Der Unterschied zwischen etwas, das man macht und etwas, dem man sich voll verschrieben hat, ist wie der Unterschied zwischen Schinken und Ei. Das Huhn macht mit, aber das Schwein ist voll dabei." Und voll dabei zu sein ist der Schlüssel dazu, etwas zustande zu bringen.

## Sieh dich selbst als besser denn je

Wie Hal in *Miracle Morning: Die Stunde, die alles verändert* schreibt, leiden wir alle am Rückspiegelsyndrom. Das bedeutet, dass wir unsere aktuellen und zukünftigen Ergebnisse dadurch einschränken, wer wir in der Vergangenheit waren. Denk daran, *wer du jetzt bist, ist zwar das Ergebnis davon, wer du in der Vergangenheit warst, aber wohin du gehst, hängt allein von der Person ab, die zu sein du dich jetzt entscheidest.* Das ist für uns Eltern besonders wichtig. Ja, du wirst Fehler machen, wenn es um deine Kinder geht. Aber lass dich durch dein schlechtes Gewissen nicht davon abhalten, nach vorne zu schauen. Lerne aus deinen Fehlern und mach es beim nächsten Mal besser.

Wenn wir Kindern diese Haltung vorleben, erhöht sich dadurch die Wahrscheinlichkeit, dass sie es genauso machen. Ich habe einmal ein Interview mit Sara Blakely gesehen, der Gründerin von *Spanx* und jüngsten Selfmade-Milliardärin in den USA. Sie führt ihren Erfolg auf die Geisteshaltung zurück, die ihr Vater ihr vermittelt hat: „Als ich klein war, ermutigte er uns, zu scheitern. Wenn wir aus der Schule kamen, fragte er uns beim Abendessen: ‚Und, woran seid ihr heute gescheitert?' und war enttäuscht, wenn wir ihm nichts zu erzählen hatten. Das war eine sehr interessante Art von umgekehrter Psychologie. Wenn ich nach Hause kam und ihm erzählte, dass ich etwas ausprobiert hatte und furchtbar schlecht darin war, gratulierte er mir." Wenn wir es zulassen, können unsere Fehler zu den besten Lebenslektionen werden.

Wir alle machen Fehler! Babys kommen nun mal nicht mit einer Gebrauchsanweisung, und Kinder können völlig unberechenbar handeln. Außerdem wird sich immer jemand finden, der dir ungefragt erzählen möchte, was du bei der Erziehung deiner Kinder besser machen könntest. Hör nicht auf solches Hintergrundrauschen! Vertraue den Entscheidungen, die du als Elternteil triffst, und such dir Rat und Hilfe, wenn du dir nicht sicher bist. Eltern haben es heutzutage nicht leicht; ständig müssen sie sich rechtfertigen – vor anderen Müttern und völlig Fremden, im wahren Leben und online. Das bricht mir manchmal das Herz. Wir müssen unser Mitgefühl für andere wiederfinden und uns in ihre Lage versetzen, bevor wir uns anmaßen, sie zu verurteilen.

Natürlich hört man immer wieder Horrorgeschichten über Eltern, die ihren Kindern absichtlich Schaden zufügen. Ich glaube aber, dass die Medien da übertreiben. Im Großen und Ganzen gilt doch: Eltern wollen das Beste für ihre Kinder, die tägliche Erziehungsarbeit hat nur selten mit Leben und Tod zu tun, und Kinder halten eine Menge aus. Ich habe als Mutter auch unzählige Fehler gemacht, aber zum Glück sind meine Kinder beide noch am Leben.

Als Tyler ein neu geborenes Baby war, vielleicht zwei Wochen alt oder so, fiel mir auf, dass er sich selbst das Gesicht aufkratzte. Also beschloss ich, dass es jetzt an der Zeit war, ihm zu ersten Mal die Fingernägel zu schneiden. Ich holte den winzigen Nagelknipser, den mir jemand zu meiner Babyparty geschenkt hatte, und machte mich ans Werk. Der erste Nagel war gleich ein Erfolg. Der nächste dann allerdings nicht. Statt des Nagels schnitt ich Tyler aus Versehen in den Finger. Natürlich begann er sofort zu brüllen und der Finger blutete wie verrückt. Ich fühlte mich wie die schlimmste Rabenmutter der Welt und fing an zu weinen, weil ich so übermüdet war. Zum Glück hatten wir zu dieser Zeit gerade Besuch von meiner Mutter, die mir in diesem Moment zur Hilfe kam. Sie beruhigte mich und zwang mich, ein Nickerchen zu machen. Alle Eltern machen Fehler (vor allem, wenn wir müde sind oder nicht aufpassen), aber wenn du dir selbst beibringen kannst, aus deinen Fehlern zu lernen, wirst du dadurch ein besserer Elternteil – ein außergewöhnlich guter Elternteil sogar.

An diesem Tag lernte ich:

- Unfälle passieren.
- Meine Liebe wird meine Kinder nicht davor schützen, körperlich oder emotional verletzt zu werden.
- Ich werde ihnen manchmal unabsichtlich Schmerzen bereiten.
- Es ist sehr wichtig, genug zu schlafen, und ein Nickerchen kann sehr hilfreich sein.

Außerdem merkte ich, dass Kinder widerstandsfähig sind, dass kleine Schnitte wieder heilen, dass man kleine emotionale Blessuren überwinden kann, und dass wir aus Schmerzen oft am meisten lernen können. Und durch ein wenig Recherche fand ich heraus, dass es besser ist, die Nägel von Neugeborenen mit einer Nagelfeile zu kürzen, nicht mit dem Knipser. Am nächsten Tag fühlte ich mich schon als bessere Mutter, weil ich diese Nervenprobe bestanden hatte.

Alle erfolgreichen Eltern haben sich irgendwann entschieden, sich selbst als besser zu betrachten, als sie es je zuvor getan hatten. Sie hörten auf, einschränkende Überzeugungen aufrechtzuerhalten, die sie in der Vergangenheit aufgebaut hatten, und ersetzten sie durch Überzeugungen, die im Glauben an ihr eigenes unbegrenztes Potenzial gründeten. Im gleichen Licht müssen wir auch unsere Kinder sehen. Auch in ihnen schlummert unbegrenztes Potenzial, aber in ihrem Fall sind *wir* es, die sie durch die Angst und das schlechte Gewissen einschränken, die wir auf sie projizieren.

Hier ist eine Geschichte über unseren Freund Jon Vroman, den Gründer der *Front Row Foundation*, und seinen Sohn Tiger. Als Tiger vier Jahre alt war, nahm Jon ihn mit auf den Rummel. Dort sah Tiger eine 12 Meter hohe Kletterwand und wollte natürlich sofort hinaufklettern, aber Jon war unsicher, ob er es erlauben sollte.

Er wollte nämlich nicht, dass sein Sohn enttäuscht wäre, wenn er es nicht bis nach oben schaffte. Also versuchte er, Tiger zu einem anderen Fahrgeschäft zu überreden, aber als Tiger nicht locker ließ, gab Jon schließlich nach.

Aufgeregt ließ Tiger sich das Sicherheitsgeschirr anlegen und begann, die Wand hinauf zu klettern, während ein Schausteller das Seil festhielt. Ungefähr neun Meter über dem Boden begann die Wand, sich nach außen zu neigen, sodass das Klettern schwieriger wurde. Als Tiger an diesem Punkt ankam, war Jon sich sicher, dass er es nicht mehr weiter schaffen würde, und wie aufs Stichwort rief der Junge: „Papa, ich kann nicht mehr!"

Jon blickte zu ihm hinauf und rief: „Das ist okay, Schatz, du hast es wenigstens versucht."

Aber der Schausteller drehte sich zu Jon um und sagte: „Ich glaube, ihr Sohn kann es schaffen." Dann rief er Tiger zu: „Hey, Junge, versuch es doch noch mal!" Nach ein wenig Ermutigung hatte der Kleine wieder genug Selbstvertrauen gefasst und versuchte die schwierige Stelle erneut.

Tiger kraxelte bis ganz nach oben und drückte dort auf einen Knopf. Lichter begannen zu blinken und der Junge strahlte übers ganze Gesicht. Jon, ein bekannter Life Coach und Motivationstrainer, freute sich zwar sehr für ihn, aber er fühlte sich gleichzeitig wie ein fürchterlicher Vater. Warum konnte der Schausteller so einfach erkennen, welches Potenzial in Tiger schlummerte, wenn es Jon selbst nicht geschafft hatte? Ganz einfach: Weil Jon am Rückspiegelsyndrom litt. In diesem Moment wurde ihm klar, dass er Tiger immer nur als das Kind sah, das er gewesen war, nicht, wie er jetzt war oder was aus ihm werden würde. Als er diesen Fehler erst einmal bemerkt hatte, gelang es ihm, seine Geisteshaltung zu ändern und diese Erfahrung zu nutzen, um anderen zu helfen. Selbst ein berühmter Motivationstrainer braucht mal Hilfe dabei, sein eigenes Kind zu motivieren.

Eine der besten Methoden, dich selbst als besseren Elternteil zu sehen, ist es, der vierstufigen *Miracle-Morning*-Affirmationsformel zu folgen und Affirmationen zu erschaffen, wie in Kapitel 3 beschrieben. Achte darauf, dass deine Affirmationen bestätigen, was dir möglich ist und dich daran erinnern, wer du werden willst. Deine Affirmationen werden sich im Lauf der Zeit verändern, also experimentiere ruhig so lange damit herum, bis du welche gefunden hast, die am besten zu dir passen.

## Suche aktiv nach Unterstützung

Kennst du die alte Weisheit, dass ein Kind vom ganzen Dorf großgezogen wird? Für Eltern ist es unentbehrlich, sich Unterstützung zu suchen. Trotzdem tun sich viele damit schwer und leiden lieber still vor sich hin, weil sie annehmen, alle anderen wären einfach besser, und sich geradezu weigern, um Hilfe und Unterstützung zu bitten.

Eltern, die sich gut selbst führen, wissen, dass sie es nicht allein schaffen können. Vielleicht brauchst du zum Beispiel jemanden, der dich moralisch unterstützt, damit du die Batterien wieder aufladen kannst, die deine Kinder nur zu gerne immer wieder leeren. Oder du brauchst eine Person, der du Rechenschaft ablegen kannst, damit du nicht immer wieder aufgibst, wenn eine Aufgabe ein bisschen schwieriger wird als gedacht. Wir brauchen alle Hilfe in verschiedenen Lebensbereichen – das verstehen Menschen, die sich am besten selbst führen, und sie nutzen es zu ihrem Vorteil.

Die *Miracle-Morning*-Community auf Facebook ist ein perfekter Ausgangspunkt auf der Suche nach Unterstützung. Ihre Mitglieder sind positiv und reaktionsfreudig. Darüber hinaus könntest du dich aber auch einer Elterngruppe bei dir vor Ort anschließen. Auf Meetup.com oder sogar Nebenan.de kannst du ganz einfach Menschen finden, denen es ähnlich geht wie dir. Ich kann dir nur empfehlen, dir einen Rechenschaftspartner und, wenn möglich, einen Life Coach zu suchen, der dir hilft.

Darüber hinaus bin ich übrigens der Meinung, dass es für Kinder enorm wichtig ist, Ansichten kennenzulernen, die anders sind als die von Mama und Papa. Wenn deine Familie in der Nähe wohnt, unterstützt sie dich bestimmt gerne. Ich habe das Glück, dass meine Eltern nur eine Viertelstunde von uns entfernt wohnen und nur zu gerne Zeit mit den Enkeln verbringen. Manchmal rufen sie uns an, nur um zu fragen, ob wir einen Babysitter brauchen. So gut geht es dir vielleicht nicht, aber wenn du es dir wirklich fest vornimmst, ist alles möglich.

Du könntest dich zum Beispiel mit Freunden oder Nachbarn zusammentun und dich mit ihnen beim Babysitten abwechseln. Oder du stellst einen Babysitter oder eine Haushaltshilfe ein oder findest eine andere kreative Lösung. Viele Fitnessstudios, Kirchen und Indoor-Spielplätze bieten zum Beispiel Abende für Eltern an, an denen du deine Kinder für ein paar Stunden Spaß und Pizza dort abgeben kannst, während du dir einen schönen Abend mit deinem Partner oder deiner Partnerin machst.

## Die fünf grundlegenden Prinzipien der Selbstführung

Um als Persönlichkeit zu wachsen und eine außergewöhnliche Mutter oder ein besonders guter Vater zu werden, musst du zunächst lernen, wie du dich am besten selbst führst. Meine Lieblingsmethode, die Lernkurve zu halbieren und schneller ein besserer Elternteil zu werden, ist es, Menschen zu finden, die deiner Ansicht nach eine besonders gute Beziehung zu ihren Kindern haben, und sie dir zum Vorbild zu nehmen.

Bei der Recherche für dieses Buch habe ich viele Bücher zum Thema Persönlichkeitsentwicklung gelesen und unzählige effektive Strategien kennengelernt. Diese fünf Prinzipien haben meines Erachtens den größten Einfluss auf die Fähigkeit zur Selbstführung:

1. Übernimm die Verantwortung zu 100 Prozent.
2. Werde finanziell unabhängig.
3. Achte auf deine Fitness.
4. Systematisiere deine Welt.
5. Handle konsequent.

## Prinzip Nr. 1: Übernimm die Verantwortung zu 100 Prozent

Es ist nicht besonders schön, aber es ist wahr: Wenn du im Leben nicht dort stehst, wo du sein möchtest, und wenn du deine Ziele nicht erreichst, ist das allein deine Schuld. Allerdings muss dabei gesagt sein, dass sich dein Erfolg als Elternteil nicht daran festmachen lässt, was deine Kinder tun und welche Entscheidungen sie treffen. Unsere Kinder sind eigenständige Wesen; sie müssen ihren eigenen Weg finden und ihre eigenen Fehler machen.

Wenn dein Kleinkind im Supermarkt einen Tobsuchtsanfall bekommt, heißt das nicht, dass du eine schreckliche Mutter oder ein furchtbarer Vater bist. Viel wichtiger ist es, wie du mit der Situation umgehst, und dafür bist du zu 100 Prozent selbst verantwortlich. Außerdem müssen wir natürlich auch daran denken, dass unsere Kinder noch sehr jung sind. Wenn du dem Kleinkind vor dem Einkaufen nichts zu essen gegeben hast, bist du zu 100 Prozent verantwortlich dafür, wenn es den ganzen Supermarkt zusammenbrüllt. Wir sind in dieser Situation die Erwachsenen und sollten uns auch so verhalten.

Je schneller du dich dieser Wahrheit stellst, desto schneller kannst du beginnen, weitere Fortschritte zu machen. Das ist nicht böse gemeint. Ich möchte dich damit wachrütteln. Erfolgreiche Menschen sind nur selten Opfer. Im Gegenteil, sie übernehmen komplett und total die Verantwortung für jeden Bereich ihres Lebens – und zwar ganz unabhängig davon, ob sie etwas dafür können oder nicht, im Arbeits- und im Privatleben, für das Gute wie das Schlechte und für ihre eigenen Aufgaben ebenso wie für die von anderen.

Mittelmäßige Eltern beschweren sich oft, tun aber nichts, um ihre Situation zu verbessern. Erfolgreiche Eltern dagegen betrachten ihre eigene Rolle in jeder Situation und analysieren, was sie besser machen können. Sie finden die richtigen Ressourcen und – noch wichtiger – sie kümmern sich aktiv darum, die nötigen Fähigkeiten zu lernen, die sie brauchen, um die gesunden Beziehungen innerhalb der Familie aufzubauen, die so wichtig sind, wenn man Kinder großzieht.

Hal sagt: „Der Moment, in dem du 100 Prozent der Verantwortung für *alles* in deinem Leben übernimmst, ist der Moment, in dem du die Macht erhältst, *alles* an deinem Leben zu verändern. Dabei ist es allerdings wichtig, festzuhalten, dass Verantwortung nicht das gleiche ist wie Schuld. Bei Schuld geht es darum, herauszufinden, wer eine bestimmte Situation verursacht hat; bei Verantwortung liegt der Fokus darauf, herauszufinden, wer die Situation verbessern wird. Wer schuld an einer Sache ist, spielt nur sehr selten eine Rolle. Alles, was zählt, ist, was du zu tun bereit bist, um deine Situation besser zu machen." Er hat recht. Und es gibt dir jede Menge Kraft, so zu handeln. Plötzlich hast du die Kontrolle über dein eigenes Leben und deine Ergebnisse.

Wenn du dein Leben wahrhaftig in Besitz nimmst, bleibt dir keine Zeit, darüber zu diskutieren, wer an irgendetwas schuld ist oder etwas verbockt hat. Wenn du deine Resultate selbst in Besitz nimmst, erschaffst du sie auch selbst. Du hast immer eine Wahl, wie du auf eine bestimmte Situation reagierst und was du daraus machst.

Hier ist ein Beispiel. Stell dir vor, du bist auf dem Weg ins Fitnessstudio, fährst durch ein Schlagloch und beschädigst dabei deinen Reifen. Du könntest jetzt anfangen, deine Zeit damit zu verschwenden, auf die Stadtverwaltung zu schimpfen und ihr die Schuld zu geben, weil sie das Schlagloch nicht repariert hat (Opfermentalität). Oder du könntest Selbstkontrolle an den Tag legen und dich darum kümmern, das Problem aus der Welt zu schaffen. Wenn dann ein Pannenhelfer kommt, um dich zu einer Werkstatt abzuschleppen, könntest du ihn anraunzen oder ihn mit Respekt und Verständnis behandeln. Du kannst dir von dem Vorfall den ganzen Tag verderben lassen oder ihn wie ein Abenteuer behandeln.

Ryland Engelhardt, der Chefvisionär bei *Café Gratitude* hat es einmal so formuliert: „Unsere wahre VerANTWORTung liegt darin, möglichst positiv zu antworten."

Wenn wir unseren Kindern die Schuld geben, dass wir nicht das Leben führen, das wir uns wünschen, führt das zu Verbitterung und einer toxischen häuslichen Umgebung. Selbst wenn du dich nicht dafür entschieden hast, ein Kind zu bekommen, oder wenn es nie deine Absicht war, ist es jetzt an der Zeit, die Verantwortung für dein Leben und deine Kinder zu übernehmen. Ihnen die Schuld für nicht erfüllte Träume anzulasten, ist nicht fair, und sie dazu zu drängen, deinen Traum zu leben, ist noch schlimmer. Nimm deine Träume in Besitz und sorge selbst dafür, dass sie wahr werden.

## Prinzip Nr. 2: Setz dir finanzielle Freiheit zum Ziel und handle entsprechend

Das US-amerikanische Landwirtschaftsministerium hat ausgerechnet, dass es eine amerikanische Mittelklassefamilie ungefähr 245.340 Dollar kostet, ein Kind, das 2013 geboren wurde, zu versorgen, bis es 18 ist. Das sind zwischen 12.800 und 14.970 Dollar pro Jahr – und damit ist noch nicht einmal die Uni bezahlt! Wie sieht es denn eigentlich mit deinen Finanzen aus? Verdienst du jeden Monat mehr, als du ausgibst, um zu überleben? Hast du genug Geld übrig, um regelmäßig zu sparen, zu investieren und zu teilen?

Mach dir keine Vorwürfe, wenn nicht; du bist damit nicht allein. Die meisten Menschen besitzen nicht mehr als 10.000 Dollar und haben im Durchschnitt 16.000 Dollar ungedeckte Schulden. Wenn deine Finanzen nicht ganz dem entsprechen, was du dir wünschst, schaue ich dich also nicht schief an. Stattdessen möchte ich dich zurück auf das erste Prinzip verweisen und dir raten, 100 Prozent der Verantwortung für deine finanzielle Situation zu übernehmen.

Wir haben schon alle möglichen Gründe und Ausreden gesehen und gehört, warum man Schulden macht, nichts spart und keine Rücklagen bildet. Darum geht es jetzt aber überhaupt nicht. Natürlich wäre die beste Zeit, einen Teil deines Einkommens anzusparen, vor fünf, zehn oder zwanzig Jahren gewesen. Aber der zweitbeste Zeitpunkt dafür ist genau jetzt. Egal, ob du 20, 40, 60 oder 80 Jahre alt bist, es ist nie zu spät, die Kontrolle über deine Finanzen zu übernehmen. Du wirst merken, dass es dir geradezu Flügel verleiht, wenn du das Steuer in die Hand nimmst. Dein angespartes Vermögen wirst du nutzen können, um noch mehr Wohlstand zu erschaffen, weil du dann tatsächlich die Mittel hast, in gute Gelegenheiten zu investieren. Klingt gut, oder?

Heutzutage ist es wichtiger denn je, auf die eigenen Finanzen zu achten, sowohl, wenn es darum geht, mehr zu verdienen (wenn möglich), als auch, wenn man entscheiden muss, was man am besten damit macht. Tatsächlich ist es nur die halbe Miete, Geld zu verdienen. Zu lernen, wie man es behält, indem man spart und klug investiert, ist die zweite Hälfte.

Finanzielle Freiheit ist nichts, was man vom einen auf den anderen Tag erschaffen kann. Sie ist das Ergebnis davon, sich die Geisteshaltung und die Gewohnheiten zuzulegen, die dich auf den richtigen Weg zur finanziellen Unabhängigkeit bringen. Das hat nichts damit zu tun, wie viel Geld man tatsächlich verdient. Es geht darum, dass man nicht über die eigenen Verhältnisse lebt, versteht, wie Geld funktioniert und Investitionsmöglichkeiten findet, die deinem Geld erlauben, für dich zu arbeiten. Wenn du ein Haushaltsbudget anlegst, es einhältst und nicht zu viel ausgibst, wird die Macht des Zinseszinses irgendwann dafür sorgen, dass du dir ein passives Einkommen zugelegt hast, das deine Grundbedürfnisse abdeckt oder sogar größer ist. Finanzielle Freiheit ist für jeden erreichbar, der bereit ist, sich darum zu bemühen und mehr über Geld zu lernen.

## Hier sind drei Schritte, mit denen du heute schon anfangen kannst, auf diesem Weg zu starten:

### 1. Schritt: Lege 10 Prozent deines Einkommens auf die Seite, um sie zu sparen und zu investieren

Ich rate dir, jetzt gleich zehn Prozent des Geldes, das du aktuell auf der Bank hast, zu nehmen und auf ein separates Sparkonto zu überweisen. Ich warte so lange hier. Pass deinen Lebensstil so an, dass es dir möglich ist, von 90 Prozent dessen zu leben, was du gerade verdienst.

Anders ausgedrückt: Bezahl dich zuerst selbst. Betrachte dein Sparbuch als Geld, das du in Zukunft haben wirst. Schaff es zuerst auf die Seite und lebe dann vom Rest. Die meisten Menschen machen es umgekehrt. Sie bezahlen zuerst alle Rechnungen und wenn dann noch etwas übrig sein sollte, legen sie es auf die hohe Kante. Aber kannst du dir schon denken, was bei dieser Methode passiert? Richtig, es bleibt nie etwas übrig!

Leg also zuerst 10 Prozent auf die Seite und lebe vom Rest. Wenn das bedeutet, dass du mal nicht pünktlich fürs Kabelfernsehen bezahlen kannst, ist das okay. Leg eine Liste deiner Prioritäten und Werte an, und wenn etwas nicht dazu passt, hör auf, dafür zu bezahlen, damit du sicherstellst, dass du Geld zum Sparen übrig hast. Wenn es zum Beispiel zu den Werten deiner Familie gehört, sich gesund zu ernähren, ihr aber jeden Monat Hunderte von Euro für Fast Food ausgebt, solltest du vielleicht noch mal über diesen Kostenfaktor nachdenken.

Wir sparen unser Geld automatisch: Wir haben einen Dauerauftrag eingerichtet, der zweimal im Monat 10 Prozent unserer Gehälter auf ein Sparbuch verschiebt. So kommen wir gar nicht erst in Versuchung, dieses Geld auszugeben. Ich habe schon von Leuten gehört, die so weit gehen, ihr Erspartes bei einer zweiten Bank anzulegen, von der sie nur abheben können, wenn sie persönlich in die Filiale gehen. So wichtig ist Sparen!

### 2. Schritt: Nimm noch mal 10 Prozent und verschenke sie

Die meisten wohlhabenden Menschen spenden einen Teil ihres Einkommens an gute Zwecke, an die sie glauben. Du musst allerdings nicht warten, bis du reich bist, um damit anzufangen. Tony Robbins sagt: „Wenn du nicht imstande bist, einen Dollar von zehn abzugeben, dann wirst du auch niemals eine Million von zehn Millionen spenden." Schaffst du es nicht, 10 Prozent deines Einkommens abzugeben, weil du dann die Miete nicht bezahlen kannst? Dann fang mit fünf, zwei oder einem Prozent an. Dabei kommt es nicht auf die Höhe deiner Spende an, sondern darauf, dass du die

Geisteshaltung entwickelst und dir eine Gewohnheit zulegst, die deine finanzielle Zukunft verändern und dir für den ganzen Rest deines Lebens dienlich sein wird. Du musst deinem Unterbewusstsein beibringen, dass du ein mehr als ausreichendes Einkommen schaffen kannst, und dass immer mehr hinzukommen wird. Diese Geisteshaltung ist wichtig – für dich und für deine Kinder. Sie nehmen nämlich wahr, wie du mit Geld umgehst. Zeig ihnen, wie man sich genug davon verschafft, und sie werden dir den Rest ihres Lebens dankbar sein.

Wir bringen unseren Kindern bei, wie man mit Geld umgeht, indem wir ihnen ein Taschengeld geben (ja, auch der Dreijährigen). Sie bekommen jede Woche 15 Dollar, aber sie müssen sie aufteilen. 7 Dollar dürfen sie ausgeben, 5 Dollar sparen sie und 3 Dollar spenden sie. Sobald sich im Sparschwein 50 Dollar angesammelt haben, gehen wir gemeinsam zur Bank und zahlen sie auf ein Sparbuch ein, wo sie Zinsen erwirtschaften. Wenn den Kindern ein guter Zweck begegnet, den sie unterstützen wollen, können sie jederzeit Geld aus ihrem Spendenumschlag nehmen. Bisher haben sie damit *1LifeFullyLived.org, Turkeybundance.org* (eine Organisation, die es Geringverdienern ermöglicht, sich zu Thanksgiving einen Truthahn zu gönnen) und unser örtliches Krankenhaus unterstützt. Wir reden mit ihnen über Geld und bringen ihnen grundlegende Finanzkonzepte, wie Zinsen und Investieren, bei.

Das Taschengeld ist übrigens nicht an ein bestimmtes Verhalten gekoppelt. Natürlich erwarten wir von ihnen, produktive Mitglieder unserer Familie zu sein und etwas beizutragen. Im Gegenzug bekommen sie Geld, das sie so managen sollen, wie es unseren Familienwerten entspricht. Dadurch verstehen sie besser, wie Geld funktioniert, lernen, die Verantwortung dafür zu übernehmen, dass immer genug davon da ist, und treffen bessere Entscheidungen, was sie damit anfangen wollen. Selbstverständlich machen kleine Kinder eine Menge Fehler mit ihrem Geld, aber es ist viel besser, diese Lektionen schon früh zu lernen, als sich davon überrollen zu lassen, wenn man entscheiden muss, ob man einen Kredit aufnehmen will, um für die Uni zu bezahlen.

In seinem Buch *Die Verwöhn-Falle: Wie man seine Kinder zu verantwortungsbewussten und glücklichen Menschen erzieht*, schreibt Ron Lieber: „Bei jedem Gespräch über Geld geht es immer auch um Werte. Taschengeld hat viel mit Geduld zu tun. Etwas zu spenden sagt etwas über Großzügigkeit aus. Arbeit steht mit Durchhaltevermögen im Zusammenhang. Verhandlungen darüber, was man will und was man braucht, und der Unterschied dazwischen, hängen mit Sparsamkeit und Umsicht zusammen." Kindern einen guten Umgang mit Geld zu vermitteln, bedeutet, dass man ihnen auch Familienwerte vermittelt, also kehr das Thema nicht unter den Teppich.

### 3. Schritt: Bilde dich zum Thema Geld weiter

Jetzt, wo du Kinder hast, ist Geld eines der wichtigsten Themenfelder, die du meistern musst. Fang am besten gleich damit an, indem du dir die folgenden Bücher auf die Leseliste setzt, die verschiedene Aspekte des Wegs zur finanziellen Freiheit behandeln:

- *Rich Dad Poor Dad: Was die Reichen ihren Kindern über Geld beibringen* von Robert Kiyosaki
- *Money: Die 7 einfachen Schritte zur finanziellen Freiheit* von Tony Robbins
- *So denken Millionäre: Die Beziehung zwischen Ihrem Kopf und Ihrem Kontostand* von T. Harv Eker
- *The Total Money Makeover: A Proven Plan for Financial Fitness* von Dave Ramsey
- *The Millionaire Fastlane: Crack the Code to Wealth and Live Rich for a Lifetime* von M.J. DeMarco
- *Die Verwöhn-Falle: Wie man seine Kinder zu verantwortungsbewussten und glücklichen Menschen erzieht* von Ron Lieber
- *The First National Bank of Dad: The Best Way to Teach Kids About Money* von David Owen
- *Earn It, Learn It: Teach Your Child the Value of Money, Work, and Time Well Spent* von Alisa T. Weinstein

## Prinzip Nr. 3: Achte auf deine Fitness

Wie geht es dir gesundheitlich? Kannst du aufwachen, bevor der Wecker klingelt, alles schaffen, was der Tag dir bringt, und dich um die unvermeidlichen Notfälle kümmern, ohne jemals aus der Puste oder ans Ende deiner Kräfte zu kommen?

Wir haben bereits über Bewegung, das „E“ in S.A.V.E.R.S., gesprochen, aber ich will es jetzt trotzdem noch einmal tun. Es ist eine Tatsache, dass dein Gesundheitszustand und deine Fitness ein riesiger Faktor sind, wenn es um deinen Energiepegel und deinen Erfolg geht – besonders für Eltern.

Anders als ein normaler Arbeitnehmer wirst du nämlich nicht für die Zeit bezahlt, die du im Büro verbringst. Mit Einfühlungsvermögen auf den stetigen Strom von Bedürfnissen, Krisen, Schulprojekten, sozialen Problemen und dringenden Wünschen, mit denen dich deine Kinder bombardieren, einzugehen, verbraucht eine Menge Energie. Tatsächlich könnte man sagen: Das Elternleben ist eine Art Sport, der ständig an deiner Energie zehrt. Und wie für jeden Sport brauchst du deshalb besonders viel Energie und Durchhaltevermögen.

Immer da zu sein, um Ratschläge zu erteilen, Mahlzeiten zuzubereiten, Unterhaltungen zu führen, emotional zu unterstützen, zu spielen, zu basteln und aufzuräumen – diese Liste könnte ich noch weiterführen, aber dann wäre sie irgendwann so lang wie das ganze Buch – kann ermüdend sein. Wenn du Übergewicht hast und außer Form bist, wenn dir ständig die Puste ausgeht, kann es meiner Meinung nach nur in Tränen enden, wenn du dir höhere Erziehungsziele setzt. Du wirst dich ständig so fühlen, als hättest du mehr Tag übrig als Energie.

Die gute Nachricht daran? Du hast es (fast) völlig selbst in der Hand!

Hier sind drei Methoden für gesunde Eltern, die du anwenden kannst, um sicherzustellen, dass deine Gesundheit, deine Fitness und dein Energieniveau voll und ganz für deine Elternziele ausreichen:

### 1. Iss und trink dich zum Gewinner!

Einfach ausgedrückt trägt alles, was du zu dir nimmst, entweder dazu bei, dass du gesünder bist, oder es schadet dir. Wenn du Wasser trinkst, kannst du ein Kreuzchen auf der Plusseite machen, ein doppelter Tequila bewirkt eher das Gegenteil. Frisches Obst und Gemüse zu essen steht auf der Plusseite. Wenn du durch den Drive-In eines Schnellrestaurants fährst und ein paar Burger mit Pommes herunterschlingst, ist das nicht so gut.

Ich weiß, du weißt genau, wie das läuft. Es ist nicht unbedingt eine komplizierte Wissenschaft, aber du musst aufhören, dir selbst in die Tasche zu lügen. Ich möchte dir dringend empfehlen, ab sofort darauf zu achten, was du isst und was es mit dir macht. Im nächsten Kapitel, wenn wir uns über Energiemanagement unterhalten, gehe ich noch mal näher darauf ein. Aber lass mich jetzt einen offensichtlichen, aber wichtigen, Punkt benennen: Deine Kinder sehen, wie du dich ernährst. Natürlich willst du, dass deine Kinder gesund leben. Das stelle ich überhaupt nicht in Frage. Aber du musst ihnen zeigen, wie das geht. Am besten fängst du gleich heute damit an!

### 2. Schlaf dich zum Gewinner!

Ich möchte dich nur schnell daran erinnern: Ein gesunder Nachtschlaf ist die Grundlage für einen Tag, an dem deine Energie auf Spitzenniveau, dein Kopf klar und deine Entscheidungen erfolgreich bleiben. Du weißt wahrscheinlich schon, wie viele Stunden Schlaf du brauchst, um dich so gut wie möglich zu fühlen, und glaub mir, die wirst du auch irgendwann wiederbekommen.

Bis dahin solltest du aber nicht aufgeben, es immer wieder zu versuchen, auch wenn dich deine Kinder zehnmal pro Nacht aufwecken. Am besten versuchst du, deinen Zeitplan so auszurichten, dass du reichlich Zeit hast, auszuschlafen, bevor du wieder Höchstleistungen erbringst. Wenn du tagsüber mit den Kindern zu Hause bist, achte doch mal auf ihre Schlafrhythmen und steuere sie so, dass ihr alle nachts so gut schlaft wie möglich. Wenn du kannst, mach ein Nickerchen, während die Kinder schlafen!

### 3. Bewege dich zum Gewinner!

Es ist kein Zufall, dass besonders energiegeladene Eltern selten außer Form sind. Die meisten von ihnen verbringen täglich 30 bis 60 Minuten im Fitnessstudio oder beim Joggen, weil sie verstehen, wie wichtig es ist, sich täglich zu bewegen, wenn man erfolgreich sein möchte.

Das „E" der S.A.V.E.R.S. sorgt zwar schon dafür, dass du den Tag mit fünf bis zehn Minuten Sport beginnst, aber ich rate dir, zusätzlich noch drei- bis fünfmal pro Woche Zeit für 30 bis 60 Minuten Bewegung einzuplanen. Dadurch stellst du nämlich sicher, dass dein Fitnessniveau die Energie und das Selbstbewusstsein unterstützt, die du als tolle Mutter oder großartiger Vater brauchst.

## Prinzip Nr. 4: Systematisiere deine Welt

Menschen, die sich effektiv selbst führen, haben *Systeme* für so gut wie alles: von geschäftlichen Dingen wie Zeitplanung, Nachfassen, Auftragserfassung und Bedankungskarten, bis hin zu persönlichen Aktivitäten wie Schlafen, Essen, Finanzplanung, Autos und Familienangelegenheiten. Diese Systeme machen das Leben leichter und sorgen dafür, dass Eltern stets auf alles vorbereitet sind.

Hier sind drei Beispiele für grundlegende Systeme:

### 1. Automatisiere, was du kannst

In unserem Haushalt ist es sehr wichtig, dass immer genug Milch da ist. Früher mussten wir ständig in den Supermarkt rennen und eine neue Flasche kaufen, was manchmal ganz schön viele Umstände machte. Dann hörten wir aber davon, dass es in der Nähe eine

Firma gibt, die noch ganz altmodisch Milch nach Hause liefert, also beschlossen wir, dass wir uns die Milch ab sofort bestellen würden, statt ständig selbst neue kaufen zu gehen. Wenn du etwas in deinem Leben findest, das dir keinen Spaß macht, versuche, es durch einen automatischen Prozess aus deinem Tagesplan zu streichen.

Ich zum Beispiel putze gar nicht gern die Toiletten; und Wäsche waschen mag ich auch nicht. Deshalb habe ich eine Haushaltshilfe eingestellt, die mir diese Aufgaben abnimmt. Ein Vorteil daran ist, dass es uns motiviert, dafür zu sorgen, dass das Haus nicht zu chaotisch wird.

Die Putzfrau kann ihre Arbeit nämlich nur dann erledigen, wenn Böden und Oberflächen frei sind. Also ist jetzt Dienstagabend „Aufräumabend". Die ganze Familie macht mit und gemeinsam machen wir das Haus bereit für die Haushaltshilfe. Ich weiß, dass sich nicht jede Familie eine Putzfrau leisten kann, aber wenn es bei euch finanziell nicht drin ist, könntest du zum Beispiel Freunde fragen, ob sie Aufgaben mit dir tauschen möchten, oder eine andere kreative Lösung finden. Eine Mutter, die ich kenne, nutzt den Sportteil ihrer Life S.A.V.E.R.S. zum Hausputz. So schafft sie jeden Morgen ein kleines bisschen.

## 2. Wickeltaschen und mehr

Hal ist nicht nur Autor, er ist außerdem häufig auf Vortragsreisen. Oft reist er wochenlang durchs Land und ins Ausland, um die frohe Kunde vom *Miracle Morning* unters Volk zu bringen. Dabei hat er gemerkt, dass es viel Zeit verschlingt und dabei auch noch ineffizient und wenig effektiv ist, jedes Mal alles zusammenzupacken, was er unterwegs braucht. Es ist ihm nämlich schon viel zu oft passiert, dass er etwas Wichtiges zu Hause oder im Büro vergessen hat.

Als er zum dritten Mal das Ladekabel für seinen Laptop zu Hause vergessen hatte und sich für 99 Dollar (autsch!) im Apple Store ein neues kaufen oder an der Rezeption nach einem Handyladekabel, einem Rasierer oder einem Paar Manschettenknöpfe fragen musste, die vielleicht an anderer Gast im Hotel vergessen hatte, hatte er die

Nase voll. Er stellte sich eine Reisetasche zusammen, in der alles drin war, was er unterwegs benötigte. Jetzt kann er jederzeit das Haus verlassen, weil er schon alle gepackt hat, was er braucht, um auf Reisen zu arbeiten: Visitenkarten, Broschüren, mehrere Ausgaben seiner Bücher, Adapter und Ladekabel für Handy und Laptop. Er hat sogar Ohrstöpsel hineingepackt, falls der Zimmernachbar im Hotel besonders laut sein sollte.

Ein System brauchst du also immer dann, wenn eine Herausforderung öfter wiederkehrt, oder wenn du feststellst, dass dir zum x-ten Mal etwas Wichtiges fehlt, weil du dich nicht ausreichend vorbereitet hast. Wenn du ab und zu gerade noch rechtzeitig aus der Tür kommst, um zum ersten Ziel des Tages zu hetzen, nur um dann festzustellen, dass du vergessen hast, das Auto aufzutanken, brauchst du ein System, das dir erlaubt, früher aus dem Haus zu kommen.

Hier sind ein paar Ideen, was du gut vorausplanen könntest:

- Pack das Mittagessen für die Kinder und deine Sporttasche abends zusammen.
- Leg eine Tasche mit Wechselkleidern ins Auto. Früher oder später machen sich die Kinder garantiert nass oder schmutzig.
- Stell ein Erste-Hilfe-Set mit Sonnencreme, Pflastern, Insektenspray und Feuchttüchern zusammen.
- Bereite gesunde Snacks für Tage vor, an denen du viel unterwegs bist (Äpfel, Grünkohlchips, Möhren, usw.), damit du nicht unterwegs beim Bäcker etwas Ungesunderes holen musst.

Anders ausgedrückt: Immer, wenn es dir schwerfällt, die Kurve zu kriegen, brauchst du für diese Sache ein System. Ein Leben ohne Systeme ist ein Leben voll unnötigem Stress.

Das gilt ganz besonders für vielbeschäftigte Eltern.

## 3. Flexible Zeitblöcke

Ich teile jetzt etwas mit dir, das deine Fähigkeit, mit den Kindern regelmäßig spektakuläre Erfolge zu erzielen, komplett umkrempeln wird. Viele von euch werden sich mit der Hand vor die Stirn schlagen, wenn ihr das hört, weil es etwas ist, das eigentlich alle Eltern wissen, das aber fast niemand konsequent und effektiv durchzieht: *Du brauchst einen vorab festgelegten Aktionsplan mit allen Aktivitäten, die dich zum gewünschten Ziel bringen. Dann schreibst du all diese Aktivitäten in einem täglichen Zeitplan mit Zeitblöcken zusammen und versuchst, dich so gut wie möglich daran zu halten.*

Kindern geht es besonders gut, wenn sie einem festen Zeitplan folgen können; je vorhersehbarer ihre Routine ist, desto sicherer fühlen sie sich. Das bedeutet aber nicht, dass du völlig auf Flexibilität verzichten musst. Im Gegenteil, ich würde dir empfehlen, reichlich Freiraum einzuplanen, besonders, wenn deine Kinder noch klein sind. Wenn du Zeitblöcke richtig nutzt, ist die Frage nicht mehr, ob du deine Ziele erreichst, sondern nur noch wann.

Wie oft ist es dir schon passiert, dass du dein Kind dreimal gebeten hast, die Schuhe anzuziehen, aber immer noch nichts passiert ist, sodass du gleich für den ersten Termin des Tages zu spät dran bist? In solchen Fällen läuft dir höchstwahrscheinlich im Lauf des Tages immer mehr die Zeit davon, und du hast abends nur einen kleinen Teil deiner To-do-Liste geschafft. Mike kann seine Zeitblöcke auf eine traditionellere Weise setzen, weil er das für die Arbeit sowieso tun muss, aber als Vollzeitmutter und -hausfrau muss ich für die Kinder mehr Flexibilität einplanen. Kinder werden krank oder haben Albträume, und sie wollen nicht immer gerade dann etwas essen, wenn es Zeit dafür wäre, damit sie rechtzeitig in die Schule kommen. Also habe ich einen generellen Zeitplan, dem ich folge, keine unverrückbaren Blöcke.

Mein Zeitplan ist um eine ideale Woche herum strukturiert. Aktuell ist nämlich jeder Tag ein bisschen anders als die anderen, deshalb orientiere ich mich lieber an der idealen Woche als am idealen Tag. Mein idealer Montag sieht zum Beispiel so aus:

- 6:30 Uhr: Ich stehe auf und mache meinen *Miracle Morning*.
- 7:30–8:45 Uhr: Die Kinder wachen auf und wir machen uns für den Tag fertig.
- 8:45 Uhr: Wir brechen zur Schule auf.
- Dann gehe ich ins Fitnessstudio, während Tyler in der Schule ist und Ember im Studio in der Kinderbetreuung spielen kann.
- Nach dem Sport gehe ich mit Ember einkaufen, und wir essen unterwegs zu Mittag.
- Wenn wir heimkommen, räume ich die Einkäufe weg und lege Ember für den Mittagsschlaf hin.
- Dann habe ich ungefähr zwei Stunden Zeit für die Dinge auf meiner To-do-Liste.
- Wenn die Kinder wach bzw. wieder zu Hause sind, spiele ich mit ihnen oder erlaube ihnen, fernzusehen, wenn ich noch ein bisschen mehr Zeit für meine To-do-Liste brauche.
- Um 17:30 Uhr fange ich an, das Abendessen vorzubereiten, und die Kinder helfen mir dabei.
- Wenn das Essen fertig ist, wird gegessen.
- Danach räume ich die Küche auf und Mike kümmert sich um die Kinder.
- Um 20:00 Uhr schalten wir alle elektronischen Geräte aus, baden oder verbringen ein bisschen ruhige Zeit zusammen, dann bringen wir die Kinder ins Bett und lesen ihnen vor.
- Wenn die Kinder schlafen, verbringe ich etwas Zeit mit Mike und gehe dann ins Bett.

Dir ist bestimmt aufgefallen, dass manche Dinge zu einer bestimmten Zeit passieren, andere in bestimmten Situationen: Zuerst mache ich dieses, dann jenes, dann das nächste Ding. Das ist mein *idealer* Zeitplan, für den ich natürlich noch ein zweites Planungssystem brauche, in dem die To-do-Liste zusammengestellt wird (am besten nach Wichtigkeit sortiert, damit ich immer das angehen kann, was am dringendsten ist).

Während des Tages achte ich außerdem darauf, wie lange wir für bestimmte Dinge brauchen. Die Kinder brauchen zum Beispiel immer 10 Minuten, um ihre Schuhe zu finden und anzuziehen, bevor wir aus der Tür kommen. Wenn wir also um 8:45 Uhr aus dem Haus müssen, um irgendwohin zu kommen, weiß ich, dass ich ihnen spätestens um 8:35 Uhr sagen muss, dass sie damit anfangen sollen. Ich muss allerdings auch flexibel bleiben, für den Fall, dass etwas Unerwartetes passiert. Falls meine Tochter zum Beispiel mit Fieber aufwacht, obwohl ich vorhatte, sie mit ins Fitnessstudio zu nehmen, damit ich ein bisschen trainieren kann, muss ich schnell den Gang wechseln. Weil das dann natürlich nicht mehr geht, trainiere ich stattdessen zu Hause, während sie ihren Mittagsschlaf macht.

Hier ist noch ein Beispiel: Ich weiß, dass ich ungefähr zwei Stunden brauche, um zum Supermarkt zu fahren, alle Einkäufe zu erledigen und wieder nach Hause zu kommen. Wenn Ember auf dem Weg zum Laden jammert, dass sie müde ist, fahre ich stattdessen nach Hause und lege sie dort für ein Nickerchen hin, während ich mich um meine To-do-Liste kümmere. Einkaufen kann ich immer noch, wenn sie ausgeruht ist. Ich kann einfach die Zeitblöcke für den Mittagsschlaf und das Einkaufen vertauschen.

In seinem Buch *The One Thing: Die überraschend einfache Wahrheit über außergewöhnlichen Erfolg* schreibt Gary Keller, der Gründer von *Keller Williams Realty International*: „Manchmal muss etwas wirklich sofort erledigt werden. Dann musst du dieser einfachen Regel folgen: Austauschen, nicht auslöschen. Verschiebe den ursprünglich geplanten Zeitblock sofort auf eine feste, neue Zeit." Ein müdes Kindergartenkind kann man meiner Meinung nach nicht einfach ignorieren. Es ist viel besser, es nach Hause zu bringen, wo es sich ausruhen kann, und erst später einkaufen zu gehen.

Alles, was bereits automatisiert ist, lässt sich ebenfalls ganz einfach in die ideale Woche integrieren, also wird am Dienstag nach dem Abendessen nicht nur die Küche, sondern das ganze Haus aufgeräumt. Und am Mittwoch kommt die Putzfrau.

Man muss nicht immer gleich das Rad neu erfinden, wenn man ein System erschafft. Tatsächlich stehen die Chancen sogar sehr gut, dass sich schon mal jemand mit dem gleichen Problem herumgeschlagen hat wie du, und dass er eine Lösung gefunden hat. Such online oder in deiner Umgebung nach solchen Leuten. Wenn du absolut keine Idee hast, was du tun sollst, finde eine Person, die das, an dem du selbst scheiterst, mühelos schafft, und bitte sie um Rat. Vielleicht seid ihr sogar auf dem gleichen Weg, aber die andere Person ist schon ein bisschen weiter als du. So hast du schon bald alle Systeme zusammen, die du brauchst, und profitierst von der zusätzlichen Energie, die sie dir verschaffen.

## Prinzip Nr. 5: Handle konsequent

Wenn es einen nicht ganz offensichtlichen Schlüssel zum Erfolg gibt, dann ist es dieser: Handle immer konsequent. Wenn du dir ein Ergebnis wünschst – von körperlicher Fitness über Wachstum für deine Firma bis hin zu mehr Familienzeit – musst du es konsequent verfolgen, um es zu erreichen.

Konsequente Erziehung steht anscheinend außerdem mit weniger Verhaltensauffälligkeiten bei Kindern in Verbindung. „Beständigkeit unter den Eltern und anderen Bezugspersonen ist sehr wichtig“, sagt Dr. med. Bernard Arons, der Direktor des *Center for Mental Health* in Washington, D.C. „Kinder lernen die Welt kennen, indem sie das Verhalten und die Werte der Menschen beobachten, die sie umgeben. Je berechenbarer die Reaktionen sind, die ihnen begegnen, desto sicherer fühlen sie sich. Ohne Beständigkeit fällt es Kindern schwer, sich selbst zu kontrollieren.“ Studien haben gezeigt, dass eine autoritative Herangehensweise am effektivsten ist. Eltern und Bezugspersonen, die Kinder dazu ermutigen, sich an Versprechen und Absprachen zu halten, eigenständig zu denken und sich die Gründe für bestehende Regeln klar zu machen, verleihen Kindern gleichzeitig Freiheit und Eigenverantwortung.

Eltern, die dafür sorgen wollen, dass ihre Kinder konsequent handeln, brauchen es nur selbst vorzuleben. Falls ihr zum Beispiel die Hausregel habt, dass die Kinder sich erst anziehen und frühstücken müssen, bevor sie elektronische Geräte in die Hand nehmen oder den Fernseher einschalten dürfen, ist es verwirrend für die Kleinen, wenn diese Regel plötzlich an einem Tag außer Kraft gesetzt wird. Du kannst nicht nur dann darauf bestehen, dass deine Kinder sich an die Regeln halten, wenn dir gerade danach ist, sie durchzusetzen oder wenn du dich inspiriert fühlst. Stattdessen musst du deine Erwartungen als Elternteil und die Familienwerte klar definieren und konsequent und für längere Zeit jeden Tag danach handeln, damit die Kinder sie verinnerlichen und wissen, was sie erwartet.

Viele Eltern lesen Elternratgeber, probieren die Tipps darin eine Woche lang aus und verwerfen sie dann wieder, weil sie beschließen, dass sie nicht funktionieren. Entweder fallen sie auf ihren natürlichen Erziehungsstil zurück oder sie wenden sich dem nächsten Buch zu, probieren das für eine Woche aus und wundern sich, dass es keine oder nur wenige Früchte trägt. In unserer Kultur der unmittelbaren Befriedigung befinden wir immer wieder schnell, dass etwas nicht funktioniert, nur weil es keine unmittelbaren Ergebnisse liefert. Wir geben unserem gewählten Prozess nicht genug Zeit, die Resultate, die wir uns an unseren Kindern wünschen, auch zu erbringen.

In den kommenden Kapiteln werde ich dir helfen, die Einsicht und die richtige Richtung zu finden, die du brauchst, um konsequent zu handeln. Für den Moment reicht es, wenn du dich geistig darauf einstellst, das Durchhaltevermögen zu zeigen, das du brauchst, um jede Menge Ablehnung und Enttäuschung durch deine Kinder auszuhalten, während sie sich auf ihre neue Mama oder ihren neuen Papa einstellen – auch wenn dir die Ergebnisse, die du dir wünschst, oft nicht schnell genug kommen werden. Die besten Eltern bleiben konsequent, beständig und unermüdlich dabei, jeden Tag zu handeln. So musst du auch werden.

## Wie steht es um dein Selbstwertgefühl?

Der amerikanische Dramatiker August Wilson hat einmal gesagt: „Stell dich deinen dunklen Seiten und arbeite daran, sie mit Licht und Vergebung zu vertreiben. Deine Bereitschaft, mit deinen Dämonen zu kämpfen, bringt deine Engel zum Singen.“ Selbstwertgefühl verleiht dir den Mut, Neues auszuprobieren, und die Kraft, an dich selbst zu glauben.

Es ist enorm wichtig, dass du dir erlaubst, stolz auf dich selbst zu sein. Wir müssen zwar realistisch bleiben, was unsere Schwächen betrifft, und ständig versuchen, uns zu verbessern, aber zögere auch nicht, stolz auf deine Stärken zu sein und deine Siege ein wenig zu genießen. Kinder großzuziehen ist oft ein undankbarer Job. Wenn wir unseren Kindern zu ihrem eigenen Besten Einschränkungen auferlegen, werden sie das erst viel später im Leben zu schätzen wissen. In der Zwischenzeit werden sie dir an vielen Tagen die Ohren volljammern, deshalb ist es umso wichtiger, dass du dich selbst liebst. Wenn du dein Bestes gibst, lobe dich auch dafür. Ich habe in meinem Tagebuch ein paar Extraseiten, die ich nutze, um mir selbst kleine Liebesbriefe zu schreiben. An Tagen, an denen ich ein bisschen mehr Ermutigung brauche, schreibe ich alles auf, was ich an mir liebe und schätze.

Ein unaufhaltsames Selbstwertgefühl ist ein mächtiges Werkzeug. Du weißt wahrscheinlich schon, dass dich eine negative Einstellung nicht weiterbringt – und das ganz schön schnell. Mit der richtigen Geisteshaltung kannst du das Gejammer der Kinder einfach an dir abperlen lassen. Du bleibst ruhig und kannst mit ihnen auf einer tieferen Ebene Kontakt aufnehmen. Wenn du deinen Fähigkeiten als Elternteil vertraust und dir vornimmst, immer konsequent zu handeln, wird sich dein Verhalten ändern, und das deiner Kinder ebenfalls.

## Abschließende Gedanken zur Selbstführung

Betrachten wir die Konzepte, um die es in diesem Kapitel ging, noch einmal. Wir haben darüber gesprochen, wie wichtig Selbstführung ist, wenn man sein Familienleben verbessern will. Das ist aber noch nicht alles: Wenn du dich selbst besser führst, nimmst du dadurch in deinem ganzen Leben das Steuer in die Hand. Verabschiede dich von der Opferrolle und lerne die Werte, Glaubensgrundsätze und Visionen besser kennen, die du deinen Kindern mitgeben willst.

**Schritt 1:** Lies dir die fünf Schlüsselprinzipien der Selbstführung noch einmal durch und verinnerliche sie:

1. **Übernimm die Verantwortung zu 100 Prozent.** Denk daran, der Moment, in dem du die Verantwortung für alles in deinem Leben übernimmst, ist der Moment, in dem du die Kontrolle über alles übernimmst, was du im Leben ändern möchtest. Dein Erfolg hängt zu 100 Prozent von dir selbst ab.

2. **Werde finanziell unabhängig.** Fang an, Überzeugungen und Gewohnheiten zu entwickeln, die dich unaufhaltsam zu einem Leben in finanzieller Freiheit führen. Spare 10 Prozent deines Einkommens und mach dich schlau zum Thema Geld.

3. **Mach Fitness zu deiner obersten Priorität.** Wenn tägliche Bewegung nicht bereits eine Priorität in deinem Leben ist, ändere das. Nimm dir drei- bis fünfmal pro Woche Zeit für 30 bis 60 Minuten Sport, zusätzlich zur Bewegung am Morgen.

4. **Systematisiere deine Welt.** Erschaffe dir Systeme und flexible Zeitblöcke, damit das, was du jeden Tag tust, vorab festgelegt ist und du so gut wie garantiert erfolgreich sein wirst. Dann brauchst du nur noch morgens aufzustehen und den Plan umzusetzen.

5. **Handle konsequent.** Kinder brauchen Strukturen. Entscheide dich dafür, konsequent mit deinen Kindern umzugehen und die Familienwerte und -erwartungen einzuhalten. Wenn du eine neue Herangehensweise ausprobierst, gib ihr genug Zeit, um wirklich wirken zu können, bevor du die Flinte ins Korn wirfst und etwas Neues anfängst.

**Schritt 2:** Nimm deine Affirmationen und Visualisierungen zu Hilfe, um deine Selbstkontrolle und dein Selbstbild zu verbessern. Achte darauf, sie so schnell wie möglich auf deine Bedürfnisse anzupassen – es dauert eine Weile, bis sie Früchte tragen, und je schneller du damit anfängst, desto früher siehst du Resultate.

Ich hoffe, du hast jetzt einen Einblick bekommen, wie wichtig deine Persönlichkeitsentwicklung für deine ganze Familie ist. Während du dieses Buch liest (idealerweise mehrmals), solltest du dir systematisch die Bereiche vornehmen, von denen du weißt, dass du sie verbessern und erweitern musst. Wenn dein Selbstwertgefühl ein bisschen mehr Auftrieb gebrauchen könnte, schlage ich vor, die nötigen Schritte einzuleiten, es zu verbessern. Überlege dir Affirmationen, die es mit der Zeit steigern und weiterentwickeln. Visualisiere, wie du selbstbewusster handelst, deine persönlichen Standards erhöhst und dich selbst mehr liebst.

Das klingt jetzt vielleicht nach einer Menge, aber erinnere dich an die Macht der kleinen Schritte. Du musst nicht alles auf einmal machen. Und ich habe noch eine gute Nachricht für dich: Im nächsten Kapitel erkläre ich dir, wie du dir mehr als genug Energie erschaffst, um diese Veränderungen umzusetzen und so erfolgreich zu werden, wie du willst.

# ELTERNPROFIL

## Gary Keller

Gary ist Autor von mehreren *New-York-Times*-Bestsellern, Immobilienmakler und Unternehmer. Er hat *Keller Williams Realty International* gegründet, das größte Immobilienfranchise der Welt mit Firmensitz in Austin in Texas.

Gary ist verheiratet und hat einen 24-jährigen Sohn.

### Erziehungsphilosophie

Letzten Endes ist es unsere Persönlichkeit, die beeinflusst, wer wir sind. Ich glaube, dass es die wichtigste Aufgabe aller Eltern ist, ihrem Kind dabei zu helfen, selbst zu verstehen und zu entscheiden, wer es sein will. Ein Teil davon liegt im Selbstbild, das wir vermitteln. Ein anderer in den Fähigkeiten des Kindes. Auch Standards und Werte sind wichtig. Werte zu erschaffen beginnt mit kleinen Dingen: Man lügt nicht. Man schummelt nicht. Man hält sein Wort. Für Eltern ist es wichtig, festzulegen, in welche Richtung diese Werte gehen sollen, damit das Kind sie irgendwann selbst verinnerlichen kann.

### Die besten Erziehungstipps

**Deine Familie kommt als Erstes.** Als mein Sohn geboren wurde, war das vermutlich Einfachste, aber auch Effektivste, was ich machte, meine privaten Verpflichtungen zuerst in den Kalender zu schreiben und die Arbeit darum herum zu planen. Das mache ich auch heute noch; ich plane im wahrsten Sinne des Wortes zuerst mein Privatleben und reserviere dabei gleich alle wichtigen Daten: Feiertage, Geburtstage, Ferien und so weiter.

**Sei anwesend.** Mein Sohn hat mir sehr früh beigebracht, dass es einfach nicht möglich ist, körperlich bei deinem Kind, aber geistig woanders zu sein. Du kannst nicht über die Arbeit nachdenken, wenn du gerade mit deinem Kind Dinosaurier-Mau-Mau spielst. Das klappt nicht. Du musst vollständig anwesend sein. So wurde es schnell zu meiner Philosophie: „Wo auch immer ich bin, da bin ich."

**Achte auf die soziale Umgebung deines Kindes.** Die Menschen, mit denen dein Kind seine Zeit verbringt, während du ihm dabei hilfst, herauszufinden, wer es ist, was es will und was ihm gefällt, sind sehr wichtig. Ich habe festgestellt, dass eine meiner Möglichkeiten als Vater darin bestand, meinem Sohn die besten Menschen, die ich finden konnte, vor die Nase zu setzen. Ich begann, sie sorgfältig auszuwählen. Dafür suchte ich nach besonders guten, lustigen Trainern und Lehrern für ihn, die gleichzeitig positive Werte, gute Standards und angemessene moralische Standpunkte hatten. So lernte unser Sohn nicht nur die Fähigkeiten, die sie ihm beibrachten, er wurde nebenbei auch noch von Menschen erzogen, auf die er vielleicht sogar hörte.

**Öffne dein Zuhause.** Unser Ziel war es, dass die Freunde unseres Sohnes Mary und mich als ein zweites Elternpaar wahrnehmen sollten. Also öffneten wir ihnen unser Haus. Heute klopft der beste Freund unseres Sohnes nicht mal mehr an, bevor er hereinkommt. Daran haben wir richtig hart gearbeitet.

**Individualsportarten sind wichtig.** Als unser Sohn noch klein war, konnte ich den Wert von Mannschaftssportarten gut verstehen, also ermutigte ich ihn, daran teilzunehmen. Eines Tages merkte ich aber, dass Mannschaftssportarten zwar cool sind, dass Menschen, die als Kinder daran teilnehmen, aber sehr oft damit aufhören, wenn sie erwachsen sind. Dagegen schienen Menschen, die Individualsportarten betrieben, ihr ganzes Leben lang damit weiterzumachen. Als eine für mich viel wichtigere Erkenntnis wurde mir klar, dass wir auch ein Leben lang mit unserem Sohn gemeinsam Individualsportarten betreiben konnten. So ist es dann auch gekommen.

**Bau das Selbstvertrauen deines Kindes auf.** Ich habe beobachtet, dass Menschen, die besonders viel Selbstvertrauen haben, das meiste aus ihrem Leben machen. Die Frage ist aber: Woher bekommt man Selbstvertrauen? Ich habe entdeckt, dass man es entweder in die Wiege gelegt bekommt oder es entwickelt. Wir wollten nicht einfach annehmen, dass unser Sohn von Geburt an zu den selbstsicheren Menschen gehörte, also arbeiteten wir daran, es mit ihm gemeinsam zu entwickeln.

Das taten wir, indem wir ihm halfen, bestimmte Dinge besonders gut zu lernen. Dadurch entwickelte er Selbstvertrauen, das schon bald begann, auf sich selbst aufzubauen. So entstand eine Kettenreaktion, bei der mehr Selbstvertrauen dazu führte, dass er noch mehr Selbstvertrauen entwickelte, und so weiter. Darauf hatten wir hingearbeitet und dabei darauf geachtet, dass keine seiner Errungenschaften so klein war, dass wir sie übersahen.

## Elternerfolgsstory

Lenke deine Kinder. Viele Eltern sagen: „Ich will mein Kind nicht beeinflussen. Es soll seine eigenen Entscheidungen treffen." Dann muss man sich aber fragen: Warum ist Bob Dylans Sohn Musiker? Warum sind die Söhne von Tom Hanks Schauspieler? Vermutlich haben sie sich so entschieden, weil ihre Eltern sie in ihre eigene Welt mitgenommen und ihnen geholfen haben, sich in sie zu verlieben.

Ich wünschte mir, dass meine Beziehung zu meinem Sohn für immer hält. Wie das aussehen sollte, wusste ich zwar nicht, aber ich beschloss, dass ich ihm zumindest vermitteln wollte, wie die Businesswelt funktioniert. Im besten Fall sollte das bei ihm zu einer Neigung führen, sich ebenfalls dafür zu interessieren, vielleicht sogar zu der Chance, dass wir eines Tages gemeinsam ins Geschäft einsteigen würden. Deshalb gab ich ihm das Buch *Rich Dad, Poor*

*Dad* zu lesen, als er noch jung war. Letzten Endes hat er sich entschieden, ebenfalls Geschäftsmann zu werden.

## Abschlussgedanken

Gestatte dir, Freude zu erleben. Kinder erfahren Freude ganz natürlich, das war eines der ganz großen Geschenke, die ich bekam, als ich Vater wurde. Im gesamten Verhalten von Kindern drückt sich Freude aus, und sie finden sie in den kleinsten Dingen. Wenn wir älter werden, treibt uns das Leben irgendwie die Freude aus. Ich habe gelernt, dass es nicht schlimm ist, fröhlich zu sein. Im Gegenteil, es ist sogar wichtig, dass wir es irgendwie schaffen, Freude in allem zu finden. Das ist nicht immer leicht, aber ich habe gelernt, dass in allem irgendwo Freude stecken kann. Manchmal ist sie groß, manchmal winzig, aber sie ist immer da. Zu wissen, dass sie da ist, und sie zu finden, ist eine der ganz großen Lektionen, die ich durch meine Vaterschaft gelernt habe.

# ELTERNPROFIL

## Honorée Corder

Honorée Corder hat insgesamt 19 Bestseller geschrieben, darunter auch die *Successful Single Mom*-Serie.

Honorée war sieben Jahre lang alleinerziehend, hat aber inzwischen wieder geheiratet. Ihre Tochter ist 16 Jahre alt.

### Erziehungsphilosophie

Deine Kinder gehen ihren eigenen Weg. Ich glaube, dass es meine Aufgabe als Mutter ist, meiner Tochter bedingungslose Liebe und Unterstützung zukommen zu lassen. Außerdem schaffe ich Raum für sie, um ihren eigenen Weg zu finden und ihre eigenen Fehler zu machen. Ich bin für sie da, um ihr zuzuhören und Ratschläge zu geben.

Egal, wie sehr du dir etwas Bestimmtes für deine Kinder wünschst oder hoffst, dass sie einen bestimmten Weg einschlagen werden, letzten Endes müssen wir Eltern dafür sorgen, dass sie die Werkzeuge, Fertigkeiten und Problemlösungsfähigkeiten haben, die sie für den Rest ihres Erwachsenenlebens brauchen werden.

#### Wie hat der Miracle Morning deinen Erziehungsstil beeinflusst?

Ich habe ein Dutzend Affirmationen, in denen es darum geht, wer ich als Frau bin und welches Vorbild ich für meine Tochter als Ehefrau, Geschäftsfrau, Freundin und natürlich auch als Mutter darstelle.

Ich visualisiere unsere täglichen Begegnungen als freundlich, liebevoll und von meiner Seite von so viel Geduld geprägt, wie ich habe.

Die Life S.A.V.E.R.S. haben mir geholfen, enormes privates und wirtschaftliches Glück zu finden, sodass ich außergewöhnlich oft mein bestes Ich sein kann.

Die täglichen Übungen bereiten jedem Tag eine Bühne, auf der er zauberhaft und wunderbar werden kann, und wenn man nur genug von diesen Tagen hat, wird irgendwann dein ganzes Leben (und dadurch auch automatisch deine Erziehung) zauberhaft und wunderbar.

## Die besten Erziehungstipps (für Alleinerziehende)

Mutter zu sein hat mein Leben auf alle möglichen Arten beeinflusst. Ich rede anders (bestimmte Dinge sage ich nicht mehr, andere ganz oft) und sogar mein Zeitplan sieht ganz anders aus (zum Beispiel, wann ich ins Bett gehe, damit ich vor der Schule noch etwas Zeit mit meiner Tochter verbringen kann).

**Es sieht zwar nicht so aus, als würden sie zuhören und zuschauen, aber das stimmt nicht!** Ich kann nicht die einzige Mutter sein, die das Gefühl hat, ständig gegen die Wand zu reden. Aber je älter meine Tochter wird, desto besser kann ich die guten und weniger guten Auswirkungen meiner Erziehung in ihr erkennen. Sie kann sich hervorragend benehmen, weil mir das sehr wichtig war – ich wollte, dass andere Menschen gern in der Nähe meines Kindes sind, weil es respektvoll und fröhlich ist.

Ich muss sie tausendmal ermahnt haben, Bitte und Danke zu sagen, bevor ich das Gefühl hatte, dass sie es verinnerlicht hat, aber sie ist bis heute unglaublich höflich und hilfsbereit. Allerdings weiß ich auch, dass das daran liegt, dass ich selbst höflich und hilfsbereit bin, nicht daran, dass ich ihr gesagt habe, sie solle es sein, mich dann aber selbst ganz anders verhalten habe.

Deine Kinder werden das nachmachen, was du tust, nicht das, was du sagst – vor allem, wenn dazwischen ein Unterschied besteht.

**Ein großartiger Elternteil reicht vollauf.** Alleinerziehende stellen oft extrem hohe Ansprüche an sich selbst. Eine Sorge, die ich als Solo-Mutter hatte, und die ich auch schon oft von anderen gehört habe, war, dass es dazu beitragen könnte, das Leben meines Kindes zu einer Katastrophe verkommen zu lassen. Heute möchte ich dem vehement widersprechen:

Ich glaube, dass ein toller Elternteil – insbesondere einer, der sich seiner selbst bewusst genug ist, um sich um seine Persönlichkeitsentwicklung zu kümmern – unglaubliche Kinder großziehen kann und wird, die ihre Welt auf unzählige positive Arten beeinflussen können.

**Achte besonders gut auf dich selbst.** Die Life S.A.V.E.R.S. sind wichtig, besonders für Alleinerziehende, weil du damit deinen Kindern vorlebst, dass du auch wichtig bist. Eltern, die sich ganz für ihre Kinder aufopfern, werden früher oder später erleben, dass das, was sie tun – und das, was sie lassen –, nach hinten losgeht.

Wenn du dich um deine eigenen Bedürfnisse kümmerst, zeigst du deinen Kindern, dass das nicht verhandelbar ist, und dass ihre Gesundheit, ihr Glück und ihr allgemeines Wohlbefinden davon abhängen, wie gut sie es hinbekommen.

**Konzentriere dich auf das wirklich Wichtige.** Wenn du die Wahl hast, entweder die Spülmaschine auszuräumen und dich um die Wäsche zu kümmern, oder Zeit mit deinen Kindern zu verbringen, ihnen vorzulesen oder etwas anderes Lustiges mit ihnen zu machen, kann die Hausarbeit warten.

Deine Kinder werden sich später nicht daran erinnern, wie aufgeräumt die Schränke waren, oder dass der Küchenfußboden immer sauber war. Woran sie sich aber sehr wohl erinnern werden, ist, wie du ihnen in die Augen geschaut und sie gefragt hast, wie ihr Tag war, oder wie du ganz bewusst dein Handy zur Seite gelegt hast, um mit ihnen zu kuscheln, während ihr euch zusammen einen Film angeschaut habt.

## Abschlussgedanken

Ich möchte alle Mütter, alleinerziehend oder nicht, ermutigen, sich selbst und ihren Liebsten das Geschenk der Life S.A.V.E.R.S. zu machen. Das hat einfach keine Nachteile; es sorgt nur dafür, dass dich ein unglaubliches Leben erwartet, wenn du durch den *Miracle Morning* entdeckst, wer du werden kannst, und zu dieser Person wirst.

# 5. Nicht ganz offensichtliches Elternprinzip Nr. 2:

# ENERGIEMANAGEMENT

*Ich weiß gar nicht, was am Elterndasein anstrengender ist: früh aufzustehen oder den ganzen Tag so zu tun, als wüsste man, was man tut.*

JIM GAFFIGAN, Stand-up-Comedian und Autor von *Schlafenszeit oder Verhandeln mit Terroristen*

Wenn alles gut läuft, ist es wundervoll, Nachwuchs zu haben. Man hat Spaß, man fühlt sich den Kindern verbunden, alle verstehen sich gut und man fühlt sich voller Hoffnung und Zuversicht.

Das Problem daran ist allerdings, dass du das nicht immer selbst beeinflussen kannst. An manchen Tagen – und ich weiß genau, dass es dir auch manchmal so geht – wacht man auf und hat einfach nicht genug Energie und Motivation, um sich den Herausforderungen zu stellen, von denen man genau weiß, dass sie auf einen zukommen. Das Leben als Elternteil ist oft anstrengend, körperlich wie geistig – und das schon an den guten Tagen. Manchmal muss man als Mutter oder Vater Unsicherheit, Ablehnung, Widerstand und Enttäuschung aushalten. An den guten Tagen brauchst du Energie, Begeisterung und Durchhaltevermögen. An den schlechten Tagen? Das Gleiche, und noch viel mehr davon.

*Eltern brauchen ausreichend Energie.* Daran führt kein Weg vorbei. Du kannst die liebsten Kinder, den besten Partner und den perfekten Plan für den Tag haben – wenn dir die *Energie* fehlt, das Beste daraus zu machen, kannst du dich auch gleich darauf vorbereiten, dass du scheitern wirst. Wenn du so viel wie möglich aus der Zeit mit deinen Kindern herausholen möchtest, brauchst du Energie – je *mehr*, desto besser, und je *anhaltender*, desto besser.

- Energie hilft dir, Tag für Tag für deine Kinder da zu sein.
- Energie ist ansteckend. Sie springt von dir auf deine Familie über wie ein positives Virus, das überall Begeisterung und Zustimmung auslöst.
- Energie ist die Grundlage von allem.
- Energie ist der entscheidende Faktor, wenn es darum geht, Erfolg anzuziehen.

Die Frage ist also: Wie erschaffst und erhältst du dir dauerhaft jede Menge nachhaltiger Energie, auf die du jederzeit zurückgreifen kannst?

Wenn wir Probleme mit unserem Energiepegel haben, können wir sie eine Weile mit Kaffee und anderen anregenden Mitteln ausgleichen. Das funktioniert aber nicht ewig und endet unweigerlich in einem Crash. Das ist dir bestimmt auch schon einmal passiert.

Wenn du bisher nur auf Kaffee und purer Willenskraft läufst, hast du noch nicht einmal angefangen, zu entdecken, was du alles schaffen kannst, wenn du dein Leben auf optimales Energiemanagement ausrichtest.

## Der natürliche Energiekreislauf

Als Erstes musst du verstehen, dass das Ziel beim Energiemanagement nicht ist, die ganze Zeit mit voller Kraft zu laufen. Es ist praktisch nicht möglich, immer nur Leistung zu erbringen. Bei uns Menschen unterliegt der Energiepegel natürlichen Gezeiten. Für Eltern sieht es tatsächlich nicht viel anders aus. Vielleicht bist du morgens immer müde, aber deine Kinder scharren schon längst mit den Hufen. Oder du hast abends besonders viel Energie, aber deine Kinder sind erschöpft von allem, was sie den ganzen Tag gemacht haben.

Auch übers Jahr haben wir bestimmte Muster. Wenn die Schule nach den Sommerferien wieder anfängt, sind deine Kinder wahrscheinlich aufgeregt oder ängstlich – und so oder so voller Energie. Vielleicht haben sie eine Menge Hausaufgaben oder Konflikte mit anderen Kindern zu bewältigen, von denen sie dir erzählen werden oder auch nicht. Und wenn die Sommerferien dann wieder anfangen, brauchst du vielleicht so viel Energie, wie du kriegen kannst.

Der Trick ist, deinen natürlichen Energiekreislauf möglichst genau an den Rhythmus deiner Kinder anzupassen. Beobachte deine Kinder und lerne ihre Rhythmen kennen. Zu besonders stressigen Zeiten wirst du besonders tief aus deiner inneren Energiequelle schöpfen müssen, also nimm dir Zeit, um dich auszuruhen und aufzutanken, wenn der Stress nachlässt.

Eine wichtige Weisheit, die Eltern nur zu oft vergessen: So wie eine Topfpflanze Wasser braucht, müssen auch unsere Energiereserven regelmäßig neu aufgefüllt werden. Du kannst eine ganze Weile unter Volldampf laufen, aber irgendwann musst du deinem Gehirn, deinem Körper und deinem Geist eine Pause gönnen. Stell dir dein Leben als ein Gefäß voll Energie vor. Wenn du nicht ordentlich mit seinem Inhalt umgehst, ist das, als hätte es ein Loch. Egal, wie viel du hineinschüttest, es wird nie ganz voll und du wirst dich nie von Energie erfüllt fühlen.

Wäre es nicht besser, dein Energieniveau proaktiv anzugehen und ein automatisches Wiederaufladesystem zu finden, statt immer wieder bis kurz vor den Punkt der völligen Erschöpfung oder des Burnouts zu kommen? So stopfst du die Löcher in deinem Gefäß und hilfst ihm, sich mit der Energie zu füllen, die du brauchst.

Wenn du dich damit abgefunden hast, dich müde, grantig, außer Form, immer ein bisschen hinterher auf deiner To-do-Liste und unglücklich zu fühlen, habe ich jetzt eine tolle Nachricht für dich.

Ständig erschöpft zu sein ist nicht nur inakzeptabel, *du musst dich auch nicht in dein Schicksal fügen.* Es gibt ein paar einfache Methoden, die dir bringen, was du brauchst und willst: mehr Ruhe, Zeit zum Auftanken, inneren Frieden und Glück. Ist das eine Menge? Ja. Unmöglich? Auf keinen Fall!

Hier geht es darum, wie du dein Leben strategisch so einrichtest, dass du möglichst viel und anhaltende körperliche, geistige und emotionale Energie erhältst. Ich folge diesen drei Prinzipien, um meine Energiereserven so voll zu halten, wie ich kann, damit sie mir jederzeit zur Verfügung stehen, wenn ich sie brauche.

## 1. Schlaf schlauer

*Schlaf mehr, dann erreichst du mehr.* Das ist vielleicht das am wenigsten offensichtliche Mantra, das du je hören wirst, aber es ist wahr. Der Körper braucht jede Nacht genug Erholung, um richtig zu funktionieren und sich nach einem anstrengenden Tag zu regenerieren. Schlaf spielt außerdem eine wichtige Rolle für unser Immunsystem, unseren Stoffwechsel, unser Gedächtnis, unsere Lernfähigkeit und andere wichtige Körperfunktionen. In dieser Zeit heilt und repariert sich unser Körper, ruht sich aus und wächst.

Wenn man nicht genug schläft, treibt man Raubbau an sich selbst und hindert sich daran, in irgendeinem Lebensbereich zu wachsen.

### Schlaf und genug Schlaf

Wie viel Schlaf ist genug? Der Unterschied zwischen gerade genug Schlaf, um über die Runden zu kommen, und der Schlafmenge, die man braucht, um optimal zu funktionieren, ist gewaltig. Forscher an der *University of California* in San Francisco haben entdeckt, dass manche Menschen über ein Gen verfügen, das ihnen erlaubt, mit weniger als sechs Stunden Schlaf pro Nacht klarzukommen. Allerdings ist dieses Gen sehr selten: Es kommt nur in weniger als drei

Prozent der Bevölkerung vor. Für die restlichen 97 Prozent von uns sind sechs Stunden nicht einmal annähernd genug. Zwar schaffst du es manchmal, mit nur fünf bis sechs Stunden Schlaf auszukommen, aber das bedeutet nicht, dass du dich nicht viel besser fühlen und mehr schaffen könntest, wenn du dir ein oder zwei Stunden länger im Bett gönnen würdest.

Das klingt jetzt vielleicht etwas unlogisch. Du denkst bestimmt: „Mehr schlafen und trotzdem mehr schaffen? Wie soll das gehen?“ Es ist aber gut belegt, dass genug Schlaf dem Körper erlaubt, höhere Leistungen zu erbringen. Du arbeitest dadurch nicht nur besser und schneller, es verbessert außerdem deine Einstellung.

Wie viel Schlaf jeder einzelne von uns braucht, ist von Mensch zu Mensch unterschiedlich, aber Studien zeigen, dass Erwachsene im Durchschnitt ungefähr sieben bis acht Stunden Schlaf brauchen, damit sie genug Energie tanken können, um mit dem Stress des täglichen Lebens umzugehen. Kinder sollten länger schlafen: Neugeborene brauchen bis zu 16 Stunden Schlaf pro Tag, Teenager zwischen acht und neun Stunden.

Die beste Methode, um herauszufinden, ob man genug schläft, ist es, darauf zu achten, wie man sich im Lauf des Tages fühlt. Wenn du genug Schlaf bekommst, fuhlst du dich den ganzen Tag energiegeladen und wach, von dem Moment, in dem du morgens die Augen aufschlägst, bis zu deiner üblichen Schlafenszeit. Wenn es dir anders geht oder du am Vor- oder Nachmittag – oder beides – irgendwann Koffein oder Zucker brauchst, hast du nicht genug geschlafen.

Wenn es dir so geht wie den meisten Leuten, kannst du dich nur schwer konzentrieren, klar denken oder dich an Dinge erinnern, wenn du nicht genug Ruhe bekommst. Vielleicht fällt dir auf, dass du zu Hause oder bei der Arbeit nicht effektiv oder konzentriert genug bist, vielleicht schiebst du das sogar darauf, dass du eben viel zu tun hast. Je mehr Schlaf dir fehlt, desto klarer treten diese Symptome zutage.

Darüber hinaus kann ein Mangel an Ruhe und Entspannung deine Stimmung gewaltig beeinflussen. Eltern dürfen aber niemals grantig sein! Unterschätze nicht, wie wichtig Schlaf ist, selbst wenn es mit Kindern schwieriger geworden ist, die ganze Nacht durchzuschlafen. Bei Menschen, die nachts nicht genug schlafen, verändert sich die ganze Persönlichkeit: Sie sind insgesamt schlechter gelaunt, ungeduldiger und schnauzen ihre Mitmenschen öfter an. Wenn du dir nicht genug wohlverdiente Ruhe gönnst, wirst du dadurch ein bisschen zum Monster, was für niemanden gut ist – auch nicht für dich selbst.

Wenn du dagegen genug schläfst, läuft dein Körper so, wie er soll, es macht Spaß, in deiner Nähe zu sein, und dein Immunsystem ist stärker. Und genau aus diesem Grund kannst du dann bessere Entscheidungen für und mit deinen Kindern treffen und eine stärkere Familie aufbauen. Gesunder Schlaf ist wie die Zeit, in der du dein inneres Licht einschaltest. Wenn du ausgeruht und gut gelaunt aufwachst und deine Laune durch die Life S.A.V.E.R.S. noch verbesserst, wirst du allen täglichen Herausforderungen positiver und kreativer begegnen können.

### Die wahren Vorzüge des Schlafens

Vielleicht ist dir nicht klar, wie wichtig Schlafen wirklich ist. Im Schlaf verstärkt dein Körper Erinnerungen, erholt sich von Anstrengungen und heilt Verletzungen, reduziert Stress und verbessert deine Reaktionsfähigkeit.

## 2. Ruh deinen Geist aus

*Ausruhen* ist das bewusste Gegenstück zum Schlafen. Manche Leute benutzen die beiden Wörter zwar so, als würden sie das Gleiche bedeuten, aber in Wirklichkeit bezeichnen sie ganz unterschiedliche Dinge. Du bekommst vielleicht jede Nacht acht Stunden Schlaf, aber wenn du in deiner wachen Zeit ständig auf dem Sprung bist, hast du trotzdem keine Zeit zum Nachdenken, und um deine Batterien aufzuladen. Wenn du den ganzen Tag arbeitest, nach Feierabend mit den Kindern von einer Aktivität zum nächsten Hobby sprintest, und das Ganze dann noch mit einem schnellen Abendessen und spätem Zubettgehen abschließt, nimmst du dir nicht genug Ruhezeiten.

So ähnlich sieht es mit den Wochenenden aus: Wenn du sie damit verbringst, die Kinder zum Fußball-, Volleyball- oder Basketballtraining zu bringen, dann selbst ins Stadion gehst, oder in die Kirche, im Chor singst, mehrere Geburtstagspartys besuchst und so weiter, kann dir das mehr schaden, als es dir nützt. Jede dieser Tätigkeiten ist toll, aber ein vollgepackter Kalender erlaubt dir einfach nicht genug Zeit, um dich auszuruhen.

Wie wäre es, wenn du zielgerichtete Ruhezeiten, heilige Räume und gezielte Stille wertschätzen könntest, statt immer auf dem Sprung zu sein? Wie würden sich dein Leben, deine körperliche und geistige Verfassung und deine Fähigkeit, Erfolge im Familienleben zu erzielen, dadurch verbessern?

Es widerspricht zunächst mal der eigenen Intuition, sich Zeit zu nehmen, wenn man eine ellenlange To-do-Liste hat, aber es ist wahr: Wenn man wirklich produktiv arbeiten möchte, muss man sich mehr ausruhen.

Studien haben gezeigt, dass Ruhezeiten Stress geradezu dahinschmelzen lassen. Methoden wie Yoga und Meditation senken Puls, Blutdruck und Sauerstoffverbrauch. Einen Gang zurückzuschalten und die Stille zu genießen bedeutet, die Weisheit und das Wissen deiner inneren Stimme wieder zu hören und deinem elterlichen Bauchgefühl zu vertrauen.

Und ja, falls du dich das jetzt schon fragst, du wirst dadurch auch produktiver, netter zu deinen Freunden und deiner Familie (von deinem Partner oder deiner Partnerin ganz zu schweigen) und rundum glücklicher. Wenn wir uns ausruhen, tun wir nicht viel anderes als ein Bauer, der sein Feld eine Weile brachliegen lässt, statt ständig zu pflanzen und zu ernten. Unsere inneren Batterien müssen sich aufladen. Und am einfachsten geht das, indem wir uns ausruhen.

## Einfache Ruhemethoden

Die meisten von uns verwechseln Ausruhen mit Freizeit. Deshalb gehen wir wandern, arbeiten im Garten, treiben Sport oder feiern sogar Partys, um uns auszuruhen. Leider können solche Aktivitäten aber nur als „Ausruhen" bezeichnet werden, weil sie eine Auszeit von der Arbeit darstellen. In Wirklichkeit haben sie nichts mit Ruhe zu tun, und wir sollten sie auch nicht so nennen.

Ruhe könnte man als eine Art „wachen Schlaf" bezeichnen, den man erlebt, während man wach und bei Bewusstsein ist. Ruhe ist die Brücke hin zum Schlaf, deshalb kommen wir auf die gleiche Art zur Ruhe, wie wir auch einschlafen: indem wir Platz dafür machen und es einfach kommen lassen. Jedes Lebewesen braucht Ruhe, auch du. Wenn du dir nicht die Zeit dafür nimmst, wirst du irgendwann feststellen, dass dieser Mangel sich auf deinen Körper auswirkt.

- Wenn du jetzt schon jeden Morgen bei deinen Life S.A.V.E.R.S. fünf oder mehr Minuten meditierst oder still dasitzt, ist das ein großartiger Anfang.
- Reserviere dir einen Tag der Woche zum Ausruhen. An diesem Tag könntest du zum Beispiel lesen, einen Film schauen, entspannte Familienzeit verbringen oder dir sogar ein bisschen Zeit für dich allein nehmen. Probiere doch mal aus, etwas Schönes zu kochen, mit deinen Kindern ein Brettspiel zu spielen oder einfach nur die Zeit zusammen zu genießen.
- Wenn du im Auto unterwegs bist, achte darauf, dass es um dich herum still ist. Schalte das Radio aus und steck dein Handy weg.
- Mach einen Spaziergang, aber lass deine Kopfhörer zu Hause. Zeit in der Natur zu verbringen, ohne dabei ein Ziel zu verfolgen (z. B. nicht an die Kalorien zu denken, die du gerade verbrennst), kann sehr entspannend sein.
- Mach den Fernseher und andere elektronische Geräte aus und nimm dir stattdessen Zeit für Stille.

- Trink ganz bewusst eine Tasse Tee, lies ein wenig, schreib in dein Tagebuch oder nimm ein warmes Bad.
- Geh in Klausur, mit deinem Partner oder deiner Partnerin, einer Gruppe von Freunden, deiner Kirche, einer anderen Gruppe, in der du aktiv bist, oder sogar ganz allein.

Schon ein einfaches Nickerchen kann eine sehr mächtige Methode sein, sich auszuruhen und die Batterien wieder aufzutanken. Wenn ich mich im Lauf des Tages aus irgendeinem Grund erschöpft und ausgelaugt fühle, zögere ich nicht, mir ein kurzes Schläfchen von 30 oder 45 Minuten zu gönnen.

Es ist hilfreich, eine bestimmte Zeit für das Nickerchen festzulegen. Setze Grenzen um diese Zeit herum, damit du sie dir auch nehmen kannst.

### Die Ausruhgewohnheit

Uns auszuruhen bekommen wir leider nicht in der Schule beigebracht, und es kann gut sein, dass es dir am Anfang schwerfällt. Wahrscheinlich wirst du es erst lernen und dich daran gewöhnen müssen. Yoga Nidra und andere erholsame Praktiken können dir helfen, zu dir selbst zu finden und dich tief zu entspannen.

Verschiedene Achtsamkeitsmethoden zu lernen und sie in deinen Alltag einzubauen, ist eine besonders effektive Möglichkeit, deinen Körper, deinen Geist und deine Seele zur Ruhe kommen zu lassen. Stell dir nur mal vor, wie gut es dir und deiner Familie tun wird, wenn du dir Zeit nimmst, dich um dich selbst und deine Bedürfnisse zu kümmern.

## 3. Iss für Energie

Eine Mutter oder ein Vater mit zu wenig Energie bleibt weit hinter dem möglichen Potenzial zurück, und für dein Energiemanagement ist es wahrscheinlich am allerwichtigsten, was du isst. Wenn es dir geht wie den meisten Menschen, suchst du dir dein Essen nach dem Geschmack aus und denkst erst in zweiter Linie an die Folgen (wenn überhaupt). Leider ist das, was uns im entsprechenden Moment glücklich macht, nicht immer das Gleiche wie das, was uns Energie für den ganzen Tag spendet.

Es ist völlig in Ordnung, Dinge zu essen, die gut schmecken, aber wenn du wirklich gesund leben und Energie für Höchstleistungen haben willst, musst du lernen, dass *die Folgen unserer Ernährung für unseren Energiepegel wichtiger sind als der Geschmack.* Unseren Körper kostet es nämlich mit die meiste Energie, etwas zu verdauen – denk nur einmal daran, wie erschlagen du dich nach einer großen, schweren Mahlzeit wie einem Weihnachtsessen, fühlst. „Lebende" Lebensmittel zu essen, die deinem Körper mehr Energie verleihen, als er braucht, um sie zu verdauen, ist das Geheimnis dahinter, wie wir den ganzen Tag lang ein besonders hohes Energieniveau halten können.

Brot, Fleisch, Milchprodukte und verarbeitete Produkte zu verdauen verbraucht mehr Energie, als sie deinem Körper zuführen, also hast du unterm Strich ein Energiedefizit. Nahrungsmittel wie rohes Obst, Gemüse, Nüsse und Samen verleihen dir dagegen in aller Regel mehr Energie, als sie verbrauchen, und verschaffen dir einen Energieüberschuss, mit dem du deine besten Leistungen erbringen kannst.

Ich habe mir abgewöhnt, Lebensmittel als eine kleine Belohnung oder einen Trost zu betrachten. Stattdessen sehe ich sie jetzt als Treibstoff. Ich möchte mich gerne lecker und gesund ernähren, von Dingen, die meinen Energiepegel erhöhen und mir erlauben, so lange alles zu geben, wie ich muss und will.

Versteh mich bitte nicht falsch. Ich esse auch gerne mal etwas, was nicht unbedingt gesund ist, aber ich achte strategisch darauf, das zu Zeiten zu tun, an denen ich nicht so viel Energie wie möglich brauche, zum Beispiel abends oder am Wochenende.

Bessere Entscheidungen über deine Ernährung zu treffen ist leichter, wenn du darauf achtest, wie du dich fühlst, nachdem du bestimmte Dinge gegessen hast. Ich habe angefangen, nach jeder Mahlzeit einen Wecker auf 60 Minuten zu stellen und mein Energieniveau zu betrachten, wenn er klingelt. Mit dieser Methode brauchte ich nicht lange, um zu merken, welche Lebensmittel mir eine Menge Energie gaben und welche nicht. Tage, an denen ich Sushi oder einen Salat esse, fühlen sich deutlich anders an als Tage, an denen ich einknicke und mir ein Hühnchensandwich oder die Pizza, die so gut riecht, gönne.

Ich habe gemerkt, dass ich viel weniger ungesunde Snacks esse, wenn ich so viele der „guten" Lebensmittel in meinen Speiseplan integriere wie möglich. Das Mittagessen für meine Kinder zu packen (oder es sie selbst packen zu lassen) und sicherzustellen, dass im Auto immer ein paar gesunde Snacks liegen, hilft ebenfalls dabei, nicht mehr so oft anzuhalten und etwas weniger Gesundes zu kaufen. Das ist zwar ein bisschen Aufwand, aber das Ergebnis rechtfertigt die Energie, die es kostet. Wenn man es richtig macht, lebt man dadurch nicht nur gesünder, sondern gibt auch noch weniger Geld aus, als wenn man sein Essen unterwegs kauft.

Dahinter steckt die Idee, das zu essen, was du brauchst, um deinen Körper immer wieder neu aufzutanken und dir genau das zu geben, was du brauchst, um dauerhaft ein hohes Energieniveau zu halten. Wie wäre es, wenn du deinem Körper genau das geben könntest, was er braucht, um so lange zu arbeiten und die Freizeit zu genießen, wie du willst? Wie wäre es, wenn du dir genau das gönnst, was du verdienst? Schenk dir selbst hervorragende Gesundheit, indem du dich bewusst dafür entscheidest, was du essen und trinken willst.

Wenn du den ganzen Tag lang fast vergisst, etwas zu dir zu nehmen und irgendwann total ausgehungert einen Stopp im Schnellrestaurant einlegst, solltest du unbedingt anfangen, über eine neue Strategie nachzudenken.

Diese Fragen solltest du dir stellen:

- Kann ich anfangen, bewusst über die Folgen dessen nachzudenken, was ich esse – sowohl für meine Gesundheit als auch für meine Energie – und sie höher bewerten als den Geschmack?

- Kann ich jederzeit ein Glas oder eine Flasche Wasser griffbereit haben, damit ich mir zielgerichtet Flüssigkeit zuführen kann und vermeide, mich zu dehydrieren?
- Kann ich meine Mahlzeiten (und gesunden Snacks) so im Voraus planen, dass ich dadurch alle Muster durchbreche, die mir nicht gut tun?

Ja, das kannst du, und noch viel mehr. Stell dir vor, wie viel besser dein Leben – und das Leben deiner Familie – sein wird, und wie viel mehr Energie du für deine Familie haben wirst, wenn du dir deine Ess- und Trinkgewohnheiten bewusst machst und sie zielgerichtet veränderst. Das alles auf einmal umzusetzen sieht erst mal wie eine ziemliche Riesenaufgabe aus. Am besten fängst du mit einer kleinen Umstellung pro Monat an. Bevor du es dich versiehst, hast du Schritt für Schritt all deine Ernährungsgewohnheiten umgekrempelt.

- Du wirst öfter und länger bewusst über deine Ernährung nachdenken und das, was du isst, wirklich genießen.
- Du wirst weniger Geld für Essen ausgeben.
- Du wirst deinen Kindern vorleben, wie man sich gesund ernährt.
- Du wirst gesünder sein und dich viel besser fühlen.
- Bonus: Du wirst dich mühelos auf dein Idealgewicht einpendeln.
- Bester Bonus von allen: Du wirst toll aussehen und dich auch so fühlen!

Eine Kombination aus Bewegung, Meditation, Ruhe und gesunder Ernährung ist ein Riesenschritt in die richtige Richtung auf deinem Weg zum herausragenden Elternteil und Vorbild für deine Kinder.

Ich weiß, was du jetzt denkst. „Das klingt ja alles toll, aber wie kann ich meine Kinder dazu bringen, ebenfalls gesund zu essen?" Die Ernährungsexpertin Ellyn Satter vertritt die Philosophie, dass es wichtig ist, Kinder innerhalb der Struktur, die du vorgibst, verschiedene Ernährungsoptionen erforschen zu lassen. „Die Eltern sind verantwortlich dafür, *was*, *wann* und *wo* gegessen wird. Das Kind ist verantwortlich dafür, *wie viel* und *ob* es etwas isst." Diese Strategie finde ich sehr hilfreich. Sie zeigt uns ganz klar, dass unsere Aufgabe als Eltern darin besteht, eine Struktur und eine gesunde Auswahl zu bieten, dass wir unseren Kindern aber soweit vertrauen sollten, ihnen zu erlauben, sich selbst zu entscheiden und auf ihr Bauchgefühl zu hören.

Ein anderer hilfreicher Tipp: Mach deine Kinder zu einem Teil des Ablaufs. Nimm sie mit in den Supermarkt (oder, noch besser, auf den Wochenmarkt) und lass sie selbst aussuchen, was ihr kochen wollt. Bring ihnen bei, woher ihre Lebensmittel kommen, damit sie eine Beziehung dazu entwickeln. Pflanze im Garten oder in Kübeln Gemüse und Kräuter an, die du dann in der Küche verwenden kannst. Sprossen kannst du sogar drinnen innerhalb von nur ein paar Tagen ziehen; passende Pflanzsets findest du im Fachhandel oder online. Fahr mit deinen Kindern auf einen Bauernhof, um die Tiere zu sehen und zu erfahren, wie wichtig die Landwirtschaft für unsere Gesundheit ist. Lass sie beim Kochen helfen. Unser Sohn ist mein Hilfskoch und platzt immer fast vor Stolz, wenn er das Gemüse fürs Abendessen geschnitten hat. Und, ganz wichtig: Vergiss den Spaß dabei nicht! Wie wäre es zum Beispiel mal mit lila Smoothies aus Spinat, Erdbeeren und Heidelbeeren zum Nachtisch statt Eis? Je weiter du deine Kinder in den Prozess einbindest, desto mehr Akzeptanz werden sie dir entgegenbringen.

Vergiss nicht, den ganzen Tag lang auf deinen Flüssigkeitshaushalt zu achten. Dein erstes Glas Wasser trinkst du ja schon als Teil deines *Miracle Morning* gleich morgens am Anfang des Tages. Ich empfehle dir, zusätzlich zu jeder Mahlzeit ein großes Glas Wasser zu dir zu nehmen, weil du so viel einfacher auf die empfohlenen acht bis zehn Gläser pro Tag kommst.

Wir haben es uns angewöhnt, im Lauf des Tages alle drei bis vier Stunden aufzutanken. Unsere regelmäßigen Mahlzeiten bestehen aus irgendeiner Art von Protein und Gemüse. Dazwischen gönnen wir uns häufig kleine Snacks wie frisches Obst, Nüsse und grüne Smoothies. Die besten Mahlzeiten versuche ich für Tage einzuplanen, wenn ich im Voraus schon weiß, dass wir besonders viel Energie brauchen werden.

Ich glaube, dass die Tatsache, dass wir uns meistens sehr gesund ernähren, in Kombination mit regelmäßiger Bewegung dafür sorgt, dass wir ab und zu auch essen können, was wir wollen – nur vielleicht nicht immer so viel davon, wie wir gerne möchten. Es geht nicht darum, uns irgendetwas zu versagen, was wir gerne essen, sondern darum, in Maßen und achtsam zu genießen. Es geht darum, die Energie zu schätzen, die unsere Nahrung uns verleiht, und uns gleichzeitig bewusst zu machen, woher unsere Lebensmittel kommen. Wenn wir sorgfältig auswählen, was wir essen, finden wir dabei heraus, was uns gut tut und zu unserem Körper passt.

Letzten Endes musst du dir nur eine einfache Sache merken: Essen ist Treibstoff. Wir sollten es nutzen, um vom Anfang des Tages bis zum Ende zu kommen, uns dabei großartig zu fühlen und möglichst viel Energie zu haben. Du solltest deine Ernährung also zu deinem Vorteil nutzen, um die endlose Energie zu erhalten, die du brauchst, um der großartige Vater oder die wunderbare Mutter zu werden, die du sein kannst.

## Üben, üben, üben

Denk daran, dass es sich zunächst ein wenig ungewohnt anfühlen kann, diese drei Methoden – besser zu schlafen, auszuruhen und zu essen – in die Praxis umzusetzen. Es fühlt sich vielleicht ein bisschen so an, als würdest du in 10.000 Metern Höhe mit dem Flugzeug fliegen: Die Landung ist fast immer ein wenig holprig.

Die Erfahrung, die du mit deinem Körper und Geist machst, kann ganz ähnlich sein, vielleicht fühlst du dich dabei auch ein wenig turbulent. Viele von uns finden es so ungemütlich, dass sie so schnell wie möglich davor fliehen und sich wieder in die Arbeit stürzen. Bitte widersteh diesem Impuls, so gut du kannst.

Je weiter und besser du Ausruh- und Stillezeiten in deinen Tagesablauf integrierst, desto größer sind die Vorzüge, die du dadurch genießen kannst. In ruhigeren Zeiten musst du dich vielleicht nicht ganz so viel ausruhen, aber wenn das Leben dir viel abverlangt (zum Beispiel, wenn ein Familienfest oder ein Feiertag ansteht, oder wenn du viel Stress bei der Arbeit hast), brauchst du wahrscheinlich noch mehr Ruhe und Stille als sonst. Das klingt jetzt vielleicht nicht ganz einleuchtend, aber der große Meister der Meditation, Mahatma Gandhi, hat es einmal so ausgedrückt: „Heute muss ich so viel schaffen, dass ich zwei Stunden meditieren muss, statt nur einer."

## Abschließende Gedanken zum Energiemanagement

Wenn du Kinder hast, bist du ständig gefordert. Deshalb musst du Ruhe, Stille, Aufladezeiten und Zeit für dich selbst ebenso einplanen wie alle anderen wichtigen Termine in deinem Leben. Die Energie, die du dadurch erhältst, wird sich immer wieder für dich auszahlen. Also denk daran, was wir in diesem Kapitel besprochen haben, um dein Energieniveau und deine Gesundheit zu verbessern:

**Schritt eins:** Mach Schlaf zu deiner Priorität, indem du dir und deinen Kindern eine regelmäßige Schlafenszeit angewöhnst. Geh dabei von der Zeit aus, zu der du aufstehen musst, um deinen *Miracle Morning* zu machen, und rechne zurück, wann du ins Bett gehen musst, damit du genug Schlaf bekommst. Um deinen Körper an den neuen Rhythmus zu gewöhnen, gehst du am besten ein paar Wochen lang konsequent um die gleiche Zeit schlafen, sogar am Wochenende. Nach ein paar Wochen kannst du anfangen, ein bisschen an der Stundenzahl, die du schläfst, herumzuspielen, um die Dauer herauszufinden, die für deinen Energiehaushalt am besten ist. Wenn du Probleme mit dem Einschlafen hast, versuch es doch mal mit einer Einschlafmeditation.

**Schritt zwei:** Schreib dir Zeiten in den Kalender, in denen du dich ausruhst und deine Batterien wieder auflädst. Hal macht zum Beispiel jeden Tag eine zwei Stunden lange Mittagspause, in der er genug Zeit hat, Basketball zu spielen – ein Hobby, das er liebt und das ihm viel Energie gibt. Was möchtest du in deinen Tag einplanen, das dir wieder mehr Energie verleiht? Schreib dir zusätzlich zu deinem *Miracle Morning* täglich Phasen auf, in denen du dich ausruhst und regenerierst. Ich selbst gönne mir alle zwei Wochen eine professionelle Massage, weil das meine Batterien zuverlässig wieder auflädt.

**Schritt drei:** Plane auch ein paar längere Zeitspannen für Entspannung ein, zum Beispiel einen Pärchenabend pro Woche, einen Wochenendausflug alle drei Monate oder einen Urlaub im Jahr. Viele von uns haben bestimmte Zyklen im Jahresablauf, sowohl im Familien- als auch im Arbeitsleben. Plane deine Entspannungszeiten so, dass sie zu diesen Abläufen passen. Wenigstens ein paar Mal pro Jahr, idealerweise einmal pro Quartal, solltest du ein paar Wochen Ferien einplanen. Mach die Termine im Voraus fest (und bezahle dafür), damit du sie dir auch nimmst.

**Schritt vier:** Fang an, für deine Energie zu essen. Probiere jeden Tag eine neue gesunde Mahlzeit aus. Wenn du schon eine gesunde Mahlzeit auf deinem Speiseplan stehen hast, versuche dich an einer zweiten oder lerne ein paar neue gesunde Snacks kennen. Denk außerdem daran, immer Wasser bei dir zu haben, damit du dich um deinen Flüssigkeitshaushalt kümmern kannst. Ich habe je eine Flasche Wasser neben meinem Bett und im Auto.

**Für Fortgeschrittene:** Finde eine Möglichkeit, verschiedene Methoden miteinander zu kombinieren. Zum Beispiel könntest du mit Freunden oder der Familie Wandern gehen oder einen Pärchenabend dazu nutzen, gemeinsam mit deinem Partner oder deiner Partnerin ein gesundes Essen zu kochen.

Aber was machst du mit all der endlosen Energie, wenn du sie erst mal hast? Ziellose Energie kann genauso schädlich sein wie gar keine Energie. Deshalb ist unser nächstes Prinzip, unerschütterliche Konzentration, so wichtig. Darüber erzähle ich dir im nächsten Kapitel mehr.

# ELTERNPROFIL

## Rock Thomas

Rock ist nicht nur ein erfolgreicher Unternehmer und Autor, sondern darüber hinaus auch noch ein gefragter Inspirationsredner und Motivationscoach. Sein Buch heißt *The Power of Your Identity*.

Rock hat drei Kinder: einen 24-jährigen Sohn und zwei Töchter, die 22 und 21 Jahre alt sind.

### Erziehungsphilosophie

Ich stamme aus einem Elternhaus, in dem ich nicht viel Ermutigung erfahren habe, deshalb versuche ich so gut wie möglich, der größte Fan meiner Kinder zu sein. Man hört niemals auf, sich zu wünschen, dass Papa stolz auf einen ist. Versuch zu sehen, was deine Kinder machen, lobe sie dafür und nimm ihre Erfolge wahr. Ich glaube, wir leben alle mit vier Urängsten: Wir sind nicht genug, wir sind wertlos, wir sind nicht wichtig und wir können etwas nicht. Wenn uns jemand sagt: „Du hast die Möhren völlig falsch geschnitten" oder „Warum hast du eigentlich keinen besseren Job?" oder „Du solltest endlich mal anfangen, mehr Geld zu sparen", füttert das diese Ängste weiter an.

Als Mutter oder Vater ist es deine Aufgabe, deinen Kindern Sicherheit zu geben. Das versuche ich auch mit meinen Kindern. Ich tue mein Bestes, sie wahrzunehmen und zu bestätigen. Ihnen zu sagen, dass ich stolz auf sie bin. Dinge mit ihnen zu unternehmen. Sie zu überraschen. Mit meinen Mädels auszugehen. Ich möchte ein sicherer Ort für sie sein und ihnen das Gefühl geben, dass sie alles richtig machen. Sie werden im Leben schon genug schwere Lektionen lernen müssen. Ich muss es ihnen nicht auch noch zusätzlich schwer machen, indem ich sie ständig zu korrigieren versuche.

### Wie sieht deine Morgenroutine aus?

Mein Morgenritual ist schon seit Jahren meine Geheimwaffe. Ich hatte das Glück, von erfolgreichen Menschen umgeben zu sein, die es auch alle praktizierten. Als Erstes muss ich mich beim Aufwachen von den Spinnweben des Schlafs befreien, also bringe ich fast immer zunächst meinen Körper in Schwung. Häufig mache ich hundert Liegestütze, wenn auch nicht am Stück. In den Pausen zwischen den Sets fülle ich meinen Geist mit neuen, inspirierenden Gedanken. Ich liebe es, in mein Tagebuch zu schreiben, also schreibe ich auf, wofür ich dankbar bin und versuche dabei, die Dankbarkeit auch zu spüren. Ich glaube, diesen Fehler machen viele Menschen: Man muss versuchen, die Emotion richtig zu fühlen, ganz bewusst.

### Agierst du oder reagierst du eher?

Mit anderen Worten: Hast du einen Plan für die Rolle, die du in deinem Leben spielen wirst, oder reagierst du immer nur auf äußere Einflüsse und spielst eher defensiv? Wenn du dich entscheidest, dir ein Morgenritual zuzulegen, kannst du den ganzen Tag lang aktiv handeln. Das sehen dann auch deine Kinder, und es ist nun mal so, dass Kinder eher das tun, was sie dich tun sehen, als das, was du ihnen sagst.

## Die besten Erziehungstipps

**Bring deinen Kindern bei, wie man lernt.** Ich habe mich schon als sehr junger Mensch für Persönlichkeitsentwicklung interessiert, also habe ich meinen Kindern Bücher zu lesen gegeben und ihnen unter anderem beigebracht, nach dem Zehnfingersystem zu tippen, solche Sachen.

Ein tolles Buch, das ich entdeckt habe, heißt *Im Dutzend billiger* und ist von Frank Bunker Gilbreth Junior und Ernestine Gilbreth Carey. Es geht darin um eine Familie mit zwölf Kindern und darum, wie der Vater ihnen zum Beispiel Sprachen beibringt, indem er ihnen Schallplatten vorspielt – während sie sich die Zähne putzen.

Diese Kinder sind ständig im Lernmodus, und genau das Gleiche habe ich auch bei meinen Kindern versucht. Wenn man wirklich gut lernen kann, hat man einen Vorteil gegenüber allen anderen, deshalb ist lernen so wahnsinnig wichtig.

**Respektiere die Mutter deiner Kinder.** Meiner Meinung nach sind Respekt und Vertrauen zwei der wichtigsten Säulen für eine gute Beziehung. Deshalb ist es wichtig, dass ihr euch gegenseitig großen Respekt zeigt, auch in der Öffentlichkeit.

Erzähle deinen Kindern oft, wie großartig ihre Mutter ist. Natürlich hat sie vermutlich Seiten, die dir nicht so gut gefallen, aber ich glaube, dass es wirklich sehr wichtig ist, sich auf die guten Eigenschaften des jeweils anderen zu konzentrieren. Das macht einen Riesenunterschied, wenn es darum geht, Kindern Respekt beizubringen.

**Bring deinen Kindern bei, andere zu respektieren.** Es fühlt sich sehr gut an, wenn man einen echten Berührungspunkt mit einem anderen Menschen gefunden hat. Das Gegenteil davon ist es, andere Menschen zu verurteilen, sie nicht zu respektieren und sie ins Unrecht zu stellen. Wenn man so etwas macht, geht es dabei meistens um Dinge, bei denen man mit sich selbst nicht im Reinen ist. Bring deinen Kindern also bei, dass man manchmal selbst Wert auf andere Dinge legt als andere Menschen, dass sie aber trotzdem versuchen sollten, andere Leute zu verstehen und nicht zu verurteilen.

**Gib keine Ratschläge, wenn du nicht darum gebeten wirst.** Wenn meine Kinder zu mir kommen und mich fragen: „Was ist hiermit? Was ist damit?", sage ich: „Weißt du, ich würde dir gern meine Meinung dazu sagen. Willst du sie hören?"

Ich bitte sie fast um Erlaubnis, bevor ich ihnen einen Rat gebe. Ansonsten versuche ich ihnen zu vermitteln, dass sie schon alles richtig machen.

**Denk daran, dass deine Kinder die Botschaften verinnerlichen, die du ihnen sendest.** Es heißt, dass man quasi eine Videokamera ist, die alles aufsaugt, was man ihr vorsetzt, bis man sieben Jahre alt ist. Wenn man in dieser Zeit zum Beispiel eine Mutter und einen Vater sieht, die sich ständig über Geld streiten, entwickelt man vielleicht die Überzeugung, dass Geld für Schmerzen und Verletzungen steht, weil das kindliche Gehirn versucht, uns so gut wie möglich zu schützen. Wenn man dann aufwächst, versteht man nicht, warum man jedes Mal, wenn man ein bisschen Geld zusammen hat, anfängt, es zu verschenken, zu verlieren, zu verspielen oder schlecht zu investieren. Dabei ist das nichts anderes als das eigene Gehirn, das einem sagt, man müsse Geld ablehnen.

**Bring ihnen bei, wie Geld funktioniert.** Wir treffen uns einmal im Monat und machen etwas, das ich die „Thomas Legacy" nenne: Ich bringe ihnen die sieben Stufen bei, die man erklimmen muss, um Wohlstand zu erlangen. Dabei nehme ich sie an der Hand und führe sie durch alle Stufen: Wie man ein Budget macht, wie man über die Runden kommt, wie man spart, wie man sein Leben vereinfacht, wie man investiert und so weiter. So können sie das große Ganze sehen und müssen nicht warten, bis sie vierzig sind und zwei Kinder haben, bevor sie eines Tages aufwachen und denken: „Oh Gott, ich habe gar keine Lebensversicherung!"

**Sorge dafür, dass deine Kinder gute Beziehungen untereinander haben.** Ich war der Jüngste von sechs Geschwistern und fühlte mich immer abgekoppelt von den anderen. Das habe ich bei meinen eigenen Kindern nie zugelassen. Es ist schon komisch: Oft erzählen mir Leute, dass sie noch nie Kinder gesehen haben, die so liebevoll miteinander umgehen. Sie zeigen sich ihre Liebe körperlich und reden niemals schlecht übereinander. Inzwischen sind sie alle über zwanzig, aber sie unterstützen sich immer noch gegenseitig. Die Aufgabe von Eltern ist es, einen sicheren Ort für ihre Kinder zu schaffen, aber meine Kinder haben das auch untereinander und füreinander getan.

**Stell sie ein, wenn sie alt genug sind.** Zwei meiner Kinder arbeiten mit mir zusammen – und wollen das auch. Wie wundervoll ist es, dass ich erleben darf, wie sie sich im Arbeitsleben verhalten, wie sie wachsen, wie sie ihren Beitrag leisten? Dass ich von anderen höre, wie großartig sie vorankommen und meine eigenes kleines bisschen dafür tun kann, dass ihre Führungsqualitäten sich entwickeln, wenn sie mich darum bitten? Für mich war das ein absoluter Durchbruch in unserem Familienleben.

## Abschlussgedanken

Als Elternteil kannst du deinen Kindern sagen: „Es gibt Teile von mir, die echt gut funktionieren. Andere meiner Teile tun es nicht. Nimm die besten und mach sie noch besser." Deine Kinder wiederum können das Gleiche tun und damit die Menschheit weiter voranbringen. Wenn wir das tun, wird es zu ihrer Verpflichtung, den Staffelstab zu übernehmen und das Rennen noch besser zu laufen als wir selbst.

Unsere Verantwortung für unsere Kinder endet übrigens nicht, wenn sie achtzehn werden. Die bleibt für immer. Wenn wir heute an uns selbst arbeiten, zahlt sich das ein Leben lang für unsere Kinder aus. Ich versuche unablässig, ein besserer Mensch zu werden, damit meine Kinder ein glücklicheres, erfüllteres Leben führen können.

# ELTERNPROFIL

## Marci Lock

Marci ist auf der ganzen Welt als „Ultimate Life Catalyst“ bekannt und hilft als Mentorin den einflussreichsten Menschen der Welt, den treibenden Kräften und produktivsten Anführern, ein in jedem Sinne episches Leben zu führen. Ihr *Average to Awesomeness Movement* und ihr *Body Breakthrough Program* haben bereits Tausende von Leben verwandelt.

Marci ist alleinerziehende Mutter von zwei Söhnen, 10 und 13 Jahre alt.

### Erziehungsphilosophie

Du bekommst nicht, was du verdienst, du bekommst das, worauf du dich eingelassen hast. Ergebnisse lügen nicht. Wenn wir die Ergebnisse in unserem Leben betrachten, können wir sehen, auf welche Dinge wir uns eingelassen haben. Wenn du dich mit einem Körper herumschlägst, der übergewichtig, fett und frustriert ist, wenn du keine Energie hast und nicht mit den Kindern spielen kannst, dann liegt es daran, dass du dich darauf eingelassen hast. Wenn in deiner Beziehung eine Distanz entsteht, wenn du leidenschafts- und ziellos lebst, wenn du deine Umstände tolerierst, akzeptierst oder Opfer bringst, dann ist es das, worauf du dich eingelassen hast.

### Die besten Erziehungstipps

**Frage, wie es Spaß machen kann.** Eine Frage, die ich immer stelle, ist, wie man Dinge einfacher und angenehmer machen könnte. Wenn wir im Einklang mit dem Göttlichen leben, fühlt sich das gut an. Wenn sich etwas nicht gut anfühlt, ist es vermutlich nicht im Einklang. Die Sonne muss sich nicht bemühen, um zu scheinen, Vögel strengen sich nicht an, um zu fliegen, das Gras wächst nicht mit Mühe, und du musst dich nicht anstrengen, um zu atmen. Wir erschaffen ständig mühelos Dinge. Als Kinder wissen wir das, aber dann wird es uns aberzogen. Wir vergessen, wie wichtig Spaß ist, und wie uns Freude hilft, zu erkennen, was wir wirklich wollen und was sich gut anfühlt. Deshalb frage ich meine Kinder ständig: „Wie können wir dafür sorgen, dass es einfach ist und Spaß macht?"

**Formuliere die Frage neu.** Eine andere Frage, die ich gerne stelle, ist: „Was würdest du gerne erschaffen?" Manchmal beschweren sich meine Kinder bei mir über irgendetwas. Dann sage ich ihnen: „Ich kann hören, dass du unglücklich bist. Was willst du erschaffen? Wie kannst du es so erschaffen, dass es einfach ist und Spaß macht?" Wir versuchen immer, zu einem Gefühl von Freude und Licht zurückzufinden. Wenn wir keine Freude und kein Licht verspüren, wissen wir, dass es in uns etwas gibt, das wir betrachten oder um das wir uns kümmern müssen.

**Betrachte deine Kinder als Lehrer.** Ich habe in meinen Söhnen zwei großartige Wachstumspartner. Als ich begann, mir klarer darüber zu werden, wann meine Kinder bei mir negative Gefühle auslösten, fand ich einen Weg, die Frage auf den Kopf zu stellen: Was ging da wirklich in mir vor? Ich fühlte mich vielleicht ungehört oder nicht genug respektiert, alles Dinge, die ich aus meiner Vergangenheit mitgebracht hatte.

Damals war ich das kleine Mädchen, das nie etwas zu sagen hatte oder gehört wurde. Diese kleinen Dinge lösen bei uns negative Gefühle aus, aber wenn wir uns dessen bewusst werden, können wir daran wachsen. Wenn du hinterfragst, wie du eigentlich zu dir selbst und dem, was in dir vorgeht, stehst, fängst du an, deine Beziehungen zu verbessern. Als ich begann, meine Kinder als Wachstumspartner zu betrachten und zu erkennen, dass wir gemeinsam auf dem gleichen Weg waren, verwandelte sich meine Erfahrung als

Mutter von Grund auf. Sie entwickelte sich in einen authentischen, bewussten Dialog.

**Erhalte dir eine positive Perspektive.** Ich erinnere mich daran, wie ich einmal abends mit meinem Sohn in einem Restaurant zusammensaß. Wir lachten und hatten Spaß, aber plötzlich sagte er: „Mom, die Leute da drüben starren uns an. Ich glaube, sie verurteilen uns.“ Und ich antwortete: „Das ist ein interessanter Gedanke. Wie wäre es, wenn du stattdessen gedacht hättest, dass sie uns sehen und merken, wie glücklich du bist? Dass sie sich wünschen, sie könnten ebenso glücklich sein?“ Dann redeten wir darüber, wie man seine eigene Wahrnehmung ändert, wie man präsent ist und wie man sein eigenes Glück erschafft.

**Geh regelmäßig mit deinen Kindern aus.** Eine andere Möglichkeit, sich viel Spaß zu erschaffen, ist, regelmäßig zu zweit auszugehen. Ich gehe mit jedem meiner Söhne einmal pro Woche aus, und einmal mit mir selbst. Das war ein wichtiger Wendepunkt für unsere Beziehung. Wir nehmen uns Zeit für Spiel, Spaß und Dinge, die wir tun wollen.

**Mach es sofort.** Ich erinnere mich daran, wie ich an den Punkt gelangte, an dem mir klar wurde, dass ich etwas ändern musste, wenn ich eine tolle Beziehung zu meinen Kindern aufbauen wollte. Ich wollte keine dieser Unternehmerinnen werden, die sagen: „Irgendwann, wenn das Unternehmen aufgebaut ist, eines Tages, wenn das Geld da ist, irgendwann werden wir in Urlaub fahren, irgendwann werden wir spielen.“

Die Zeit, dich auf deine Kinder einzulassen, ist jetzt! Ich habe angefangen, indem ich einen Tag pro Woche ausgesucht habe, an dem ich um 15 Uhr zwei Stunden Spielzeit eingetragen habe, weil die Jungs da aus der Schule kommen. Daraus wurden schnell zwei Stunden an jedem Tag. Darauf haben wir aufgebaut und uns einen Lebensstil erschaffen, den du bekommst, wenn du glaubst, dass du ihn wert bist. Du erschaffst dir die Balance selbst.

**Erschaffe dir das Leben, das du willst.** Ich habe eine Freundin, die sagt: „Zeig mir deinen Kalender, dann sage ich dir, wo deine Prioritäten liegen." Das finde ich eine sehr kraftvolle Aussage. Deshalb glaube ich daran, dass alles an deinem Leben großartig und wundervoll sein darf.

Sag dir selbst: „Ich bin es wert, tolle Beziehungen zu haben. Wie kann ich das erschaffen? Was muss ich loslassen? Wie kann ich mich selbst besser ehren und mir selbst wertvoller werden?"

Erschaffe dir das Leben, das du willst. Gestatte dir, ein Leben zu führen, das du liebst, und erschaffe das gleiche Leben mit deinen Kindern.

## Elternerfolgsstory

Ich lehre meine Kinder, nach Wegen zu suchen, wie sie andere Menschen glücklich machen können. Wir haben eine „Kolumbien-Tasche" eingeführt (der Name kommt daher, dass ich sie angefangen habe, als wir nach Kolumbien gezogen sind), in die wir jede Menge Spielzeug und Geld werfen, das wir Obdachlosen schenken.

Immer, wenn wir ins Restaurant oder zum Einkaufen gehen, nehmen wir die Tasche mit und suchen nach kleinen Kindern, denen wir Spielzeug oder Sticker schenken, oder Obdachlosen, die von uns Geld, Süßigkeiten oder etwas zu essen bekommen.

Sie fragen uns oft: „Was machen Sie da?" und wir antworten: „Wir wollen Ihnen etwas schenken."

Davon sind sie immer völlig überrascht. Daran kann man sehen, wie stark wir uns von dieser Art von Interaktion abgeschottet haben.

Es gibt immer einen Weg, wie man die negativen Dinge, die im Lauf des Tages in der Schule passieren, verwandeln kann. Wir stellen sie auf den Kopf und konzentrieren uns auf neue Verhaltensweisen. Das ist absolut unbezahlbar.

## Abschlussgedanken

Neunzehn von zwanzig Menschen scheitern an dem, was sie sich wünschen, und das hat einen Grund. Sie gestatten sich nämlich nicht, die Möglichkeiten zu sehen. Es ist wunderschön zu sehen, wenn Menschen erkennen, dass ihr Leben großartig sein kann.

Der *Miracle Morning* zeigt dir, was du gemeinsam mit deiner Familie finden kannst, wenn du beginnst, die Dinge anders anzugehen. Er bietet dir ein völlig neues Lernsystem und erschafft ein neues Persönlichkeitsmodell. Ich bin sehr froh, dass ich ein Teil davon sein darf.

# 6. Nicht ganz offensichtliches Elternprinzip Nr. 3: UNERSCHÜTTERLICHE KONZENTRATION

*Es reicht nicht, fleißig zu sein, das sind Ameisen auch.*
*Wofür bist du fleißig?*

HENRY DAVID THOREAU, amerikanischer Autor, Naturforscher und Transzendentalist

Wir kennen alle so einen Menschen. Du weißt schon, diese Person. Die einen Marathon läuft, den Baseballnachwuchs trainiert, sich freiwillig beim Schulessen ihres Sohns engagiert, großartige Mahlzeiten auf den Tisch zaubert und nebenbei vielleicht noch ihre Memoiren schreibt. Und darüber hinaus? Ist sie auch noch eine großartige Mutter, Vorsitzende des Elternbeirats, Preisträgerin und unerklärlicherweise permanent erfolgreich, wenn es um ihr Familienleben geht.

Ich wette, du kennst so jemanden – einen Menschen, der unerklärlich produktiv zu sein scheint. Was du aber vielleicht nicht weißt, ist, wie solche Leute das hinbekommen. Möglicherweise denkst du, es wäre einfach Glück. Oder ein besonderes Talent. Die besten Verbindungen. Die richtige Persönlichkeit. Oder eine angeborene Superheldenfähigkeit.

Das sind natürlich alles Dinge, die helfen, wenn man Kinder hat, aber ich weiß aus Erfahrung, dass die wahre Superheldenfähigkeit, die in jedem unglaublich produktiven Elternteil steckt, *unerschütterliche Konzentration* ist.

Dabei handelt es sich um die Fähigkeit, die obersten Prioritäten dauerhaft klar zu sehen, all die Energie, die man sich geschaffen hat, zu nehmen, sie in die entscheidenden Dinge zu kanalisieren, die am wichtigsten sind, und auch dort zu halten – egal, was um dich herum passiert oder wie du dich im Moment fühlst. Diese Fähigkeit ist der Schlüssel dazu, ein außergewöhnlich guter Vater oder eine phänomenale Mutter zu werden.

Wenn du dir die Kraft der Konzentration zu eigen machst, wirst du dadurch kein Superheld, aber du kannst scheinbar Übermenschliches erreichen. Die Gründe dafür sind überraschend einleuchtend:

- **Unerschütterliche Konzentration macht dich effektiver.** Effektiv zu sein bedeutet nicht, dass du die meiste Arbeit schaffst oder am schnellsten bist. Es bedeutet, dass du die richtigen Dinge tust. Du machst, was nötig ist, um dich deinen Lebenszielen mit Schwung zu nähern.
- **Unerschütterliche Konzentration macht dich effizienter.** Effizient zu sein bedeutet, alles zu erreichen, was du erreichen musst, und dafür so wenig Ressourcen wie Zeit, Energie oder Geld einzusetzen wie möglich. Jedes Mal, wenn du dich von deinen Familienzielen ablenken lässt, kostet es dich genau diese Dinge, vor allem Zeit. Für Eltern ist Zeit aber immer knapp, also ist jeder Moment, in dem du die Konzentration verlierst, ein verlorener Moment.
- **Unerschütterliche Konzentration macht dich produktiver.** Wenn du dich auf deine obersten Prioritäten konzentrierst und das Richtige auf die richtige Weise tust, schaffst du mit weniger Aufwand viel mehr. Wir verwechseln Produktivität viel zu oft mit dem Gefühl, viel zu tun zu haben – dabei tun wir aber meistens eine Menge Dinge, die uns keine Ergebnisse bringen, ordnen zum Beispiel unsere DVD-Sammlung alpha-

betisch oder räumen hinter unseren Kindern her, obwohl sie sehr wohl in der Lage wären, selbst aufzuräumen. Indem du dir die Schritte aneignest, die ich dir gleich vorstelle, lernst du, wie man sich unerschütterlich konzentriert und sich mit den produktivsten Eltern der Welt in eine Reihe stellt.

Wenn du diese Vorzüge miteinander kombinierst, wirst du in der Lage sein, eine Menge mehr zu erreichen. Der vielleicht größte Vorteil, den unerschütterliche Konzentration mit sich bringt, ist aber wahrscheinlich die Tatsache, dass du dadurch aufhören kannst, deine Energie auf vielen verschiedenen Gebieten deines Lebens zu verschleudern und überall nur mittelmäßige Resultate zu erzielen. Stattdessen erschließt sie dir dein ungenutztes Potenzial und macht dein ganzes Leben besser.

Wenden wir also deinen *Miracle Morning* auf diese Aufgabe an. Hier sind vier Schritte, die du ihm hinzufügen musst, um dich nachhaltig besser und länger konzentrieren zu können.

## 1. Finde die beste Umgebung für unerschütterliche Konzentration

Fangen wir hier an: *Du brauchst eine Umgebung, die es dir ermöglicht, dich unerschütterlich zu konzentrieren.* Das kann dein Gästezimmer oder dein Garten sein. Egal, wie klein er sein mag, du brauchst einen Ort, an dem du dich konzentrieren kannst.

Zum Teil geht es dabei nur um Logistik. Wenn dein Material irgendwo zwischen deinem Kofferraum und deinem Esstisch verstreut liegt, kannst du nicht erwarten, effektiv zu sein. Viel wichtiger ist allerdings die Tatsache, **dass du viel leichter anfangen kannst, Fokus aufzubauen, wenn du einen Ort hast, an dem du dich gewohnheitsmäßig konzentrierst.** Wenn du dich jeden Tag zur gleichen Zeit an den gleichen Schreibtisch setzt, um Großes zu leisten, wirst du bald merken, dass du dich innerlich und äußerlich darauf einzustellen beginnst, sobald du dich niederlässt.

Wir haben ein Zimmer in unserem Haus, das nur dazu dient, unseren *Miracle Morning* zu machen. Es ist unsere Zuflucht, und wir haben festgestellt, dass es uns immer wieder in dieses Zimmer zieht, wenn wir unseren *Miracle Morning* machen wollen. Darin stehen unsere Lieblingssessel zum Meditieren, und bevor wir ins Bett gehen, legen wir dort unsere Tagebücher, Bücher und alles andere, was wir brauchen, ab, damit wir es schnell zur Hand haben. Auch im Lauf des Tages gehen wir immer wieder in dieses Zimmer, um kurz innezuhalten und zu meditieren, und sei es nur für ein paar Minuten, damit wir uns wieder klar machen können, was wichtig ist. Dafür brauchst du nicht unbedingt ein ganzes Zimmer. Ein bestimmter Sessel in einer Ecke deines Wohnzimmers funktioniert genauso gut.

## 2. Räum auf mit dem Chaos

Unordnung schadet deinem Fokus, deshalb geht es ihr in diesem Schritt an den Kragen. Ich weiß, was du jetzt denkst. „Wo Kinder sind, ist auch Chaos, daran kann man nichts ändern." Das stimmt aber nicht! Zuerst musst du dir klar machen, dass es zwei Arten von Unordnung gibt, unter denen wir alle leiden.

In unserem Gehirn tragen wir Gedanken wie diese herum: *Meine Schwester hat bald Geburtstag. Ich muss noch ein Geschenk und eine Karte für sie kaufen. Das Abendessen vor ein paar Tagen war toll. Ich muss unbedingt eine Bedankungskarte an meinen Gastgeber schicken. Bevor ich heute aus dem Büro gehe, muss ich noch die E-Mail von meinem neuen Kunden beantworten.*

Auf der anderen Seite haben wir alle Dinge, die sich in unserem Leben ansammeln: Spielsachen, die wir nicht mehr brauchen, kaputte Sachen, Papierstapel, alte Zeitschriften und Post-Its, Kleidung, die wir nie wieder anziehen werden, den ganzen Kram in der Garage, Staubfänger, Nippes und Schnickschnack.

Beide Arten von Unordnung sind wie ein dichter Nebel. Um uns konzentrieren zu können, müssen wir erst mal klar *sehen*. Puste den Nebel weg, indem du die geistige Unordnung erst einmal aus deinem Kopf bekommst und an einem sicheren Ort sammelst. So erlaubst du dir, den mentalen Stress abzulegen, dich ständig daran erinnern zu müssen. Und dann sind die anderen Dinge dran, die dir im Weg stehen.

Mit diesem einfachen Prozess verscheuchst du den Nebel und schaffst dir die Klarheit, die du brauchst, um dich zu konzentrieren.

- **Schaff dir eine Haupt-To-do-Liste an.** Du hast wahrscheinlich eine Menge Dinge noch gar nicht aufgeschrieben. Fang mit denen an. Und was ist mit den ganzen Post-Its und Notizen auf deinem Schreibtisch, an deinem Monitor, in deinem Kalender, auf deinen Küchenarbeitsplatten, an deinem Kühlschrank … und an anderen Stellen? Nimm diese Notizen und schreib das, woran sie dich erinnern sollen, auf deine Hauptliste an einem einzigen Ort – zum Beispiel in dein Journal oder in eine Listenapp auf deinem Handy –, damit du sie ein für alle Mal aus deinem Hirn verbannen kannst. Fühlst du dich schon besser? Dann mach gleich weiter! Wir fangen gerade erst an.
- **Mach deinen Arbeitsplatz frei.** Nimm dir einen halben (oder ganzen) Tag Zeit, um all die Papierstapel, mit Dokumenten vollgestopften Ordner und von ungeöffneter Post überquellenden Ablagefächer in deinem Büro anzugehen. Du weißt schon, was ich meine. Wirf alles weg, was du nicht mehr brauchst, oder steck es in den Aktenvernichter. Scanne alles Wichtige oder leg es ordentlich ab. Notiere alles, was angegangen werden muss und was du nicht delegieren kannst, auf der Liste in deinem Journal. Dann such dir im Kalender eine Zeit aus, in der du dich darum kümmern wirst.
- **Entrümple dein Leben**. Leere, wo immer es möglich ist, jede Schublade, jeden Schrank und jeden Koffer, die dir kein Gefühl von Ruhe und Frieden geben, wenn du sie siehst. Das betrifft auch dein Auto. Es kann ein paar Stunden oder Tage dauern, bis du damit fertig bist. Nimm dir jeden Tag ein wenig Zeit dafür, bis du es geschafft hast. Zu sagen: „Ich brauche nur ein Wochenende, um einmal gründlich aufzuräumen“, bedeutet, dass du es mit ziemlicher Sicherheit niemals ange-

hen wirst. Such dir eine einzige Schublade aus und fang damit an. Du wirst überrascht sein, wie groß der Unterschied ist, den kleine, regelmäßige Arbeitsschritte in deiner Umgebung ausmachen. Bei uns verbringt die ganze Familie jeden Abend 15-20 Minuten damit, Sachen an ihren Platz zurück zu räumen. Die Kinder einzubinden bringt ihnen bei, Verantwortung zu übernehmen, und es heißt nicht umsonst: „Viele Hände, schnelles Ende". Je mehr Spaß es macht, desto besser! Im Buch *10-Minute Declutter: The Stress-Free Habit for Simplifying Your Home* von S.J. Scott und Barrie Davenport findest du ein paar tolle Ideen.

Physisch und geistig organisierter zu werden, wird dir helfen, dich besser zu konzentrieren, als du es dir je erträumt hast – und für deine Kinder ist es auch besser. Es lenkt deine Energie in genau die Bahnen, wo du sie am dringendsten brauchst, weil ihr gar nichts anderes übrigbleibt.

## 3. Bau dir unerschütterliche Konzentration auf

Sobald du weißt, an welchem Ort du dich am besten konzentrieren kannst, und angefangen hast, dein Leben zu entrümpeln, solltest du relativ schnell merken, wie sich der Nebel in deinem Hirn verflüchtigt und deine Konzentrationsfähigkeit steigt.

Jetzt wird es Zeit, die Dinge auf die nächste Stufe zu heben. Ich nutze drei Fragen, um meinen Fokus jeden Tag zu verbessern, und zwar diese:

- Was funktioniert gut? Womit sollte ich unbedingt *weitermachen* (oder sogar mehr davon tun)?
- Womit muss ich *anfangen*, wenn ich schnell bessere Resultate sehen will?
- Womit sollte ich sofort *aufhören*, weil es mich davon abhält, die nächste Stufe zu erklimmen?

Wenn du diese drei Fragen beantworten und die Antworten in die Tat umsetzen kannst, wirst du ein vollkommen neues Produktivitätsniveau entdecken, das du bisher nicht einmal für möglich gehalten hast. Betrachten wir die Fragen also einmal genauer.

## Womit solltest du weitermachen (oder mehr davon tun)?

Seien wir ehrlich, nicht alle Erziehungsstrategien und -taktiken sind gleich gut. Manche funktionieren besser als andere. Manche sind eine Weile lang super, verlieren aber mit der Zeit an Wirksamkeit. Und manche machen eigentlich alles nur schlechter.

Im Moment machst du wahrscheinlich schon eine Menge richtig und wirst immer wieder zustimmend nicken, wenn du die Kapitel über die außergewöhnlichen Elternfähigkeiten liest. Wenn dir jetzt schon Dinge einfallen, die bei dir gut funktionieren, schreib sie auf. Vielleicht bist du zum Beispiel ständig auf der Suche nach spielerischen Lernmethoden für deine Kinder. Also schreibst du das auf die Liste. Oder du bist in einer Elterngruppe, in der du immer tolle Tipps bekommst – schreib das ebenfalls auf.

Achte aber darauf, dass du nur Dinge aufschreibst, die wirklich dazu beitragen, dich als Elternteil nach vorne zu bringen. Es ist ganz leicht, einfach mit den Dingen weiterzumachen, die du *gerne* tust, aber hier musst du sicherstellen, dass das, was du tust, sich direkt positiv auf deine Aufgaben als Elternteil auswirkt: starke, gesunde Kinder zu erziehen, deine Familie und deine Elterncommunity zu stärken und so viel wie möglich schöne Zeit miteinander zu verbringen. Viele Eltern glauben zum Beispiel, dass es eine gute Erziehungsmethode ist, Kinder in eine Auszeit zu schicken, aber Studien haben ergeben, dass diese Methode langfristig nicht dazu führt, dass Kinder ihr Verhalten ändern. Es ist viel effektiver, Kinder einzubinden, sich also zu ihnen zu setzen, ihnen erst zu helfen, sich zu beruhigen, und ihnen dann einen Ausweg aus der Situation zu zeigen.

Am Ende dieses Kapitels wirst du die Möglichkeit bekommen haben, alles, was funktioniert, in deinem Journal festzuhalten (darunter hoffentlich auch die Tatsache, dass du mit den Life S.A.V.E.R.S. angefangen hast). Jeder Punkt auf dieser Liste steht für etwas, das du *weitermachen* solltest, bis du es durch etwas noch Effektiveres ersetzen kannst.

Betrachte die „Weitermachen"-Punkte noch einmal und sei ganz ehrlich zu dir: Welche dieser Dinge solltest du *öfter* oder *mehr* machen (mit anderen Worten, was machst du noch nicht oft oder gut genug)? Wenn es sich dabei um etwas handelt, von dem du glaubst, du solltest es machen, das dich aber auf dem Weg zum Ziel nicht weiterbringt (zum Beispiel die Bastelsachen sortieren oder die Unterwäsche falten), gehört es nicht auf die Liste. Perfektion ist hier keines der Ziele. Wenn du dich überarbeitest, ist das letzten Endes unproduktiv und lenkt dich nur von den wichtigen Dingen ab.

Mach mit allem weiter, was funktioniert, oder mach *mehr* davon, wenn du in bestimmten Bereichen mehr erreichen willst.

## Womit solltest du anfangen?

Wenn du alles festgehalten hast, was gut funktioniert, und entschieden hast, wovon du mehr machen solltest, wird es Zeit, herauszufinden, was du sonst noch tun kannst, um schneller zu mehr Erfolg zu gelangen.

Ich habe ein paar erstklassige Elterntipps für dich, mit denen du deine Kreativität ankurbeln und schnell loslegen kannst:

- Mach die Pausenbrote und Schultaschen deiner Kinder schon am Abend vorher fertig (oder lass es deine Kinder selbst machen, wenn sie alt genug sind).
- Plane Zeit zu zweit mit deinem Partner oder deiner Partnerin.
- Halte jede Woche ein Familienmeeting ab.
- Plane einmal im Vierteljahr Zeit ein für eine „Familien-Aufsichtsratssitzung" (Zeit, in der je ein Elternteil und ein Kind sich unter vier Augen unterhalten können).
- Räum jeden Tag ein bisschen auf.

- Kocht alle gemeinsam.
- Melde dich freiwillig für ein Ehrenamt an der Schule deiner Kinder oder arbeitet gemeinsam für einen guten Zweck eurer Wahl.
- Gib den Kindern Verantwortungsbereiche, die ihrem Alter entsprechen.
- Mach das Familienabendessen zu einer Priorität, legt die Handys und Tablets weg und stellt euch gegenseitig großartige Fragen.
- Schreib einen Speiseplan für die ganze Woche auf und geht gemeinsam einkaufen.
- Plant Zeit für Spieleabende mit der ganzen Familie ein.

Pass bitte auf, dass du dich nicht überforderst. Denk daran, Rom wurde auch nicht an einem Tag erbaut. Du brauchst jetzt nicht 58 Punkte zu finden, bei denen Handlungsbedarf besteht, und sie bis morgen in die Tat umzusetzen. Das Tolle daran, dass du bereits jeden Tag schreibst, ist, dass du mit der Zeit alles festhalten kannst. Und dann suchst du dir einfach immer wieder einen oder zwei Punkte aus und setzt sie so lange um, bis sie zur Gewohnheit geworden sind. Mit der Zeit wird nämlich auch aus winzigen Schritten wie von Zauberhand eine ganze Reise.

## Womit solltest du aufhören?

Inzwischen hast du wahrscheinlich eine ganz schöne Liste von Dingen, mit denen du anfangen solltest. Wenn du dich fragst, woher du die Zeit dafür nehmen sollst, ist das hier vermutlich der schönste Schritt für dich. Jetzt darfst du dich nämlich von einigen Dingen trennen, die du bisher gemacht hast, die dir und deiner Familie aber nichts bringen, um dich stattdessen auf Nützlicheres zu konzentrieren.

Ich bin mir ziemlich sicher, dass du eine Menge täglicher Aufgaben hast, die du nur zu gerne aufgeben oder an andere delegieren wirst.

Warum hörst du nicht auf,

- dich ungesund zu ernähren und Dinge zu essen, die dir Energie, Lebenskraft und Motivation rauben?
- unnötige Dinge im Haushalt zu machen?
- SMS und E-Mails sofort zu beantworten?
- ans Telefon zu gehen? Lass stattdessen die Mailbox rangehen und ruf zurück, wenn es dir gerade passt.
- auf Facebook und anderen sozialen Medien Posts zu lesen oder zu schreiben?
- jeden Tag stundenlang fernzusehen?
- dich selbst schlechtzureden oder dir Sorgen um Dinge zu machen, die du nicht ändern kannst?
- mit deinen Kinder zu schimpfen?

Wenn du deine Konzentration in nur einem einfachen Schritt radikal verbessern willst, versuch es doch mal mit diesem Trick: *Hör auf, wie ein dressierter Affe jedes Mal zu reagieren, wenn etwas summt oder piept!*

Musst du es wirklich wissen, wenn du eine SMS, eine E-Mail oder eine Benachrichtigung aus den sozialen Medien bekommst? Nein, dachte ich mir. Geh auf deinem Handy, deinem Tablet und deinem Rechner in die Einstellungen und schalte dort alle Benachrichtigungen ab.

Technik existiert, um dir zu dienen, und du kannst genau jetzt, in dieser Sekunde, die Kontrolle darüber übernehmen. Wie oft du auf dem Handy deine Nachrichten, SMS und E-Mails checkst, kannst und solltest du selbst entscheiden. Seien wir doch mal ehrlich: Die meisten von uns haben keine Jobs, bei denen es ständig um Leben und Tod geht. Wir müssen nicht ständig erreichbar sein (außer für unsere Kinder) und sofort reagieren, jeden Tag des Jahres und 24 Stunden lang.

Eine effektive Alternative ist es, ab und zu während des Tages Zeiten einzuplanen, zu denen du nachschaust, was gerade passiert, worum du dich sofort kümmern solltest, was du auf deine To-do-Liste oder in deinen Kalender schreiben musst und was du getrost löschen, ignorieren oder vergessen kannst. Ich selbst bin zwar Vollzeitmutter, aber ich habe trotzdem eine Babysitterin, die einmal pro Woche ein paar Stunden lang mit den Kindern spielt, damit ich mich auf meine To-do-Liste konzentrieren kann. Wenn deine Kinder schon zur Schule gehen oder noch Mittagsschlaf machen, kannst du auch diese Zeit nutzen, um dich um die Liste zu kümmern.

## Abschließende Gedanken zur unerschütterlichen Konzentration

Die meisten Eltern wären schockiert zu erfahren, wie wenig Zeit sie tatsächlich jeden Tag für die wichtigen Dinge aufwenden, die zu echtem Wachstum führen. Als Mutter oder Vater passiert es uns nur zu oft, dass wir uns um tausend kleine Dinge kümmern, die im entsprechenden Moment wichtig zu sein scheinen, die aber letzten Endes Zeit kosten, die wir nicht haben.

Plane heute oder in den nächsten 24 Stunden 60 Minuten Zeit ein, in denen du dich auf nur eine Aufgabe konzentrierst, nämlich auf die wichtigste, die du hast. Du wirst überwältigt davon sein, wie produktiv du bist und wie gut es sich anfühlt.

Konzentration ist wie ein Muskel, den man mit der Zeit aufbauen muss. Und wie beim Muskeltraining ist es auch hier wichtig, dass du dir die Zeit dafür nimmst und die Arbeit machst, sonst wächst nichts. Sei nicht zu hart zu dir, wenn es mal nicht so richtig klappt, aber treib dich weiter an. Es wird irgendwann einfacher. Du brauchst vielleicht eine Weile, bis du gelernt hast, dich richtig zu konzentrieren, aber mit jedem Tag, an dem du es versuchst, wirst du ein bisschen besser darin.

Letztendlich geht es hier darum, eine Person zu werden, die sich konzentriert, und das beginnt damit, dass du dich selbst als eine solche Person siehst. Ich würde dir empfehlen, ein paar Zeilen darüber in deine Affirmationen aufzunehmen, wie sehr du dir vornimmst, unerschütterliche Konzentration aufzubauen, und was du jeden Tag dafür tun wirst.

Denk an die Schritte, die wir in diesem Kapitel zum Thema „unerschütterliche Konzentration und wie du mehr davon im Leben bekommst“ besprochen haben.

**Schritt eins:** Mach dir den Kopf frei, indem du alles Unnötige herausleerst, schreib die vielen kleinen Dinge in deinem Hirn auf und erschaffe eine Haupt-To-do-Liste (zum Beispiel in deinem Life S.A.V.E.R.S.-Journal).

**Schritt zwei:** Fang an, deine drei „Unerschütterliche Konzentrations-Listen“ zu füllen:

- Womit sollte ich weitermachen oder mehr davon tun?
- Womit sollte ich anfangen?
- Womit sollte ich aufhören?

**Schritt drei:** Schreib eine Woche lang alles, was du tust und wie lange du dafür jeweils brauchst, auf eine Liste. Was kannst du automatisieren, outsourcen oder delegieren? Wie viel Zeit verwendest du auf wirklich produktive, wichtige Dinge? Wiederhole diesen Prozess, bis du genau weißt, wie dein idealer Ablauf aussieht. Dann richte deinen Tag so ein, dass du um die 80 Prozent deiner Zeit auf Aufgaben konzentrieren kannst, die deinem Leben Harmonie und Freude bringen. Delegiere den Rest an andere.

Jetzt hast du schon einige Ansätze und Bereiche, auf die du dich konzentrieren solltest, in deinem Elternwerkzeugkasten. Im nächsten Kapitel werde ich dir helfen, deine Elternfähigkeiten zu stärken und auf Arten mit den Life S.A.V.E.R.S. zu kombinieren, die du dir jetzt noch gar nicht vorstellen kannst!

# ELTERNPROFIL

## Seth Campbell

Seth ist Vorstandsvorsitzender und einer der Gründer von *Five Doors Real Estate Team* in Baltimore, Maryland. Außerdem ist er Regionaldirektor für die Region Maryland und Washington, DC, bei *Keller Williams Realty.*

Er hat einen 14-jährigen Sohn aus einer vergangenen Beziehung und drei Kinder mit seiner Frau: einen sechsjährigen Sohn, eine vier Jahre alte Tochter und einen Sohn, der noch ein Baby ist.

### Erziehungsphilosophie

Es gibt immer zwei Wege, die man gehen kann: den „Nein, warum?"-Weg und den „Ja, wie?"-Weg. Wir sind „Ja, wie?"-Menschen. Hier ist ein Beispiel. Mein Sohn sieht im Laden ein Spielzeug, das er unbedingt haben will und bekommt zuerst mal einen Wutanfall, wie er für Vierjährige typisch ist. Ich stelle ihm eine Frage wie: „Wie würde es dir gefallen, wenn du es dir selbst kaufen könntest?"

Dadurch verändert sich seine Denkweise sofort und er fängt an, das Problem für sich zu lösen. „Ja, ich könnte es mir kaufen. So würde ich es machen: Ich würde es auf meine Zielliste setzen. Dann spare ich 70 Prozent meines Geldes, bis ich es kaufen kann."

Das ist der Erziehungsstil bei meiner Frau und mir. Wenn unser Kind sagt: „Ich will länger aufbleiben und dies oder jenes machen", sagen wir: „Ja, das kannst du machen. Und zwar so." Es müsste ein Freitag sein und das Kind müsste bestimmte Dinge schon erledigt haben.

### Wie stellst du dich innerlich vom CEO zum Vater um?

Das gehe ich sehr zielgerichtet an. Es läuft über meinen Zeitplan und meine Prioritäten. Ich habe Fünfjahresziele und Ziele für das laufende Jahr. Mit meiner Familie habe ich einiges ausprobiert, um herauszufinden, was ihnen am wichtigsten ist und was den größten Effekt bei ihnen erzielt.

Dann schreibe ich genau diese Dinge in meinen Kalender und setze sie um. Ich schaffe Zeitblöcke für diese Aufgaben, damit ich nicht aus dem Gleichgewicht gerate und mich zu viel um meine Arbeit kümmere. Früher habe ich mir zum Beispiel Zeit für die Kinder genommen, wenn ich abends von der Arbeit nach Hause kam, aber ich habe gemerkt, dass ich nicht so gut darin war, wie ich wollte. Ich war von meinem langen Arbeitstag zu müde und erschöpft. Also habe ich die Kinderzeit auf den Morgen gelegt. Bevor ich jetzt morgens aus dem Haus gehe, nehme ich mir vorher Zeit für jedes einzelne meiner Kinder.

## Die besten Erziehungstipps

**Nimm dir Zeit für Kommunikation.** Ich habe jedem meiner Kinder bei ihrer Geburt eine E-Mail-Adresse angelegt. Ich schicke ihnen E-Mails, Bilder und Videos von ihnen, wie sie etwas Lustiges machen. Außerdem habe ich ihnen Zugriff auf mein *Evernote*-Journal gegeben, damit sie später, wenn sie groß sind, Zugang zu einem ganzen Archiv haben, das sie sich durchlesen können.

**Gib jeden Tag alles.** Ich will so ein Vater sein, der jeden Tag alles gibt und dabei gewissermaßen das ganze Glas leert, damit ich es immer wieder auffüllen kann. Ich will nicht, dass das Wasser darin absteht. Ich will es nicht für mich allein horten. Stattdessen mache ich mir ganz klar, was die Lektion des Tages ist, und gebe am gleichen Tag alles für meine Kinder und meine Arbeit. Wenn ich mich abends ins Bett lege, will ich wissen, dass ich mein Bestes getan habe.

**Bring deinen Kindern bei, wie Geld funktioniert.** Wenn du meine Kinder fragst, was Geld ist, werden sie dir antworten: „Es ist ein Mittel zum Zweck, wie ein Hammer. Man könnte jemanden damit verletzen, man kann damit aber auch etwas bauen und jemanden davor bewahren, obdachlos zu werden."

Ich nutze die 70-30-Regel, die ich von Gary Keller und anderen gelernt habe. Siebzig Prozent ihres Geldes dürfen sie ausgeben. Zehn Prozent sparen sie, zehn Prozent werden investiert und die letzten zehn Prozent spenden sie. Sie haben vier verschiedene Umschläge, die sie jedes Mal füllen, wenn sie Geld bekommen.

**Unterschätze deine Kinder nicht.** Es ist unglaublich, was schon kleine Kinder verstehen können. Viel mehr, als sie in der Sendung mit der Maus lernen!

Vermutlich sieht man daran, dass wir uns alle selbst unterschätzen, stimmt's? Wir können alle viel mehr, als wir uns zutrauen. Es ist wichtig, dass wir uns klar machen, dass wir das auch auf unsere Kinder projizieren, wenn wir nicht aufpassen.

**Leg dein Handy weg.** Es ist mir schon öfter passiert, dass meine Kinder abends zu mir laufen und ich mein Handy in der Hand halte – als hätte ich eine Mini-Mauer zwischen uns aufgebaut. Was für eine Botschaft vermittle ich meiner Tochter, wenn sie mich anschaut und ich nur auf das Gerät starre, das zwischen uns steht?

Sei bereit, alles stehen und liegen zu lassen und präsent zu sein, deinen Kindern in die Augen zu schauen und wirklich zuzuhören.

**Nutze Systeme.** Ein System, das ich nutze, will ich mit dir teilen. Ich habe meinen Kindern je 12 Karteikarten gegeben, auf die sie schreiben sollten, was sie am allerliebsten mit ihrem Papa machen würden.

Diese Karten haben sie in Schachteln gelegt und ziehen immer am ersten Samstag im Monat eine heraus. Wenn wir dann in diesem Monat etwas zu zweit unternehmen, machen wir das, was auf der Karte steht.

**Erschaffe eine Beziehung zum Schöpfer.** Am Anfang aller Führungsqualitäten steht die Fähigkeit, sich selbst zu führen, richtig? Wir glauben, dass das aus unserer ersten Beziehung zu unserem Schöpfer entsteht. Aus dieser Beziehung ziehen wir die Weisheit, uns selbst so gut wie möglich zu führen. Keine andere Beziehung auf der Welt wird besser werden als unsere erste zu unserem Schöpfer.

**Pass deine Perspektive an.** Ich muss meine Perspektive ständig ändern. Jedes Mal, wenn ich merke, dass ich anfange, in Stress zu geraten, sage ich mir: „Weißt du was? Du siehst das Ganze gerade aus der Froschperspektive, von ganz unten. Wie sähe es aus, wenn du aufsteigen und deinen Blickwinkel erweitern könntest? Wenn du bis zur Vogelperspektive klettern würdest und den ganzen Kontext sehen könntest, nicht nur den Trotzanfall, der hier gerade stattfindet? Wenn du die ganze Woche, den Monat oder das Jahr in den Blick nehmen könntest? Dann wäre das hier nur ein winziger Ausreißer."

**Setze Ziele.** Uns gefällt die Idee, uns große, hochtrabende Ziele zu setzen und dann jeden Tag ein kleines bisschen darauf hin zu arbeiten. Wir kommen ihnen jeden Tag einen Schritt näher und lernen dabei, dass man so im Leben gewinnt, durch diese Perspektive.

**Zögere nicht, zu spielen.** Meine Kinder haben mir beigebracht, wie wichtig Spaß ist. Irgendetwas ist mit mir passiert, als ich älter wurde. Ich vergaß, wie man Spaß hat und nahm mein Leben plötzlich sehr ernst. Die Kinder haben mir beigebracht, alles loszulassen, Spaß zu haben und zu lachen, so wie sie es tun. Das hat mir geholfen, ruhiger, glücklicher und entspannter zu werden und jeden Moment bewusst zu genießen.

## Abschlussgedanken

Ob man scheitert, hängt von der Perspektive ab. Manches, was sich jetzt wie ein Fehlschlag anfühlt, stellt sich in ein paar Jahren als Teil der Lernkurve heraus. Wir haben alle Angst davor, als Eltern zu scheitern – schließlich geht es hier um etwas besonders Wichtiges.

Ich möchte dir raten: Lass los. Mach Fehler. Aber tu es. Lehn dich aus dem Fenster und finde heraus, was den größten Einfluss auf deine Kinder hat, was ihre Augen zum Leuchten bringt. Ich glaube, als Eltern müssen wir uns von dem ganzen Stress, perfekte Eltern sein zu wollen, frei machen. Lass das alles von dir abfallen und lerne aus deinen Fehlern.

# ELTERNPROFIL

## Cheryl Lowery

Cheryl ist Hausfrau und Mutter. Sie hat zwei Söhne, Connor, sechs Jahre alt, und Colton, drei. Sie wohnt in der Nähe von Philadelphia. Ihr Mann Shawn ist Makler. Connor, ihr älterer Sohn, befindet sich im Autismus-Spektrum.

### Wie hat der Miracle Morning deinen Erziehungsstil beeinflusst?

Ich bin, ehrlich gesagt, nicht mit allzu viel Geduld gesegnet. Einfallsreich und widerstandsfähig, ja, das bin ich, aber geduldig … eher nicht. Meditation, Stille und Affirmationen können uns Geduld lehren. Lesen übrigens auch.

Ich habe kürzlich das Buch *Warum ich euch nicht in die Augen schauen kann* von Naoki Higashida gelesen, einem 13-jährigen Jungen mit Autismus, der so gut wie gar nicht sprechen kann. Das hat mich daran erinnert, geduldiger mit meinem Sohn zu sein, weil er sich manchmal einfach nicht zu helfen weiß; sein Gehirn ist anders verdrahtet.

Ich hätte dieses Buch niemals gelesen, wenn ich mir nicht während des *Miracle Morning* Zeit dafür genommen hätte. Ein paar Tage, nachdem ich damit fertig war, hatte Connor einen Wutanfall und warf dabei mit einem halbfertigen Kunstprojekt voll nasser Farbe um sich. Alles war voll mit dunkelblauer Farbe: die Wände, der Boden, der Esstisch und ein Beistelltisch. Ich schaffte es, mich zusammenzureißen und schrie ihn nicht an.

Stattdessen schickte ich Connor und seinen Bruder zu Connors Betreuerin, wo sie ein Spiel spielen konnten, während ich die nächste halbe Stunde damit verbrachte, alles sauberzumachen, was Farbflecken hatte. In diesem Moment war ich eine gute Mutter, die sich in Geduld übte, was mir früher nicht so leicht gefallen wäre.

### Wie wurdest du zu einer zielgerichteten Mutter?

Meine Erziehung ist viel zielgerichteter, seit ich meinen Kindern den *Miracle Morning* gezeigt habe. Wir fangen mit Affirmationen an und machen uns gegenseitig Komplimente. Außerdem helfen uns die Affirmationen, festzustellen, in welchen Bereichen Bedürfnisse bestehen. So können wir ihnen einen positiven Dreh geben. Eine von Coltons Affirmationen ist zum Beispiel: „Ich probiere gerne, etwas Neues zu essen."

Wie du dir vielleicht vorstellen kannst, war das vorher gar nicht sein Ding, aber nachdem wir die Idee erst einmal eingeführt hatten, zeigte er sich immer offener dafür, und inzwischen mag er sogar ab und zu etwas. Eine andere von Coltons Affirmationen lautet: „Ich benutze meine nette Stimme." Connor dagegen isst so ziemlich alles, was man ihm hinstellt, aber er hat Probleme damit, flexibel auf Situationen zu reagieren. Eine seiner Affirmationen ist: „Ich bin flexibel und spiele schön mit anderen." Außerdem teilen sich beide Jungs ein paar Affirmationen, zum Beispiel: „Ich höre gut zu" und „Ich treffe gute Entscheidungen."

### Wie bleibst du als Mutter verspielt?

Das fiel mir überraschend schwer. Als ich jünger war, konnte ich von Natur aus gut mit Kindern umgehen. Ich stand auf allen Babysitterlisten ganz oben und wurde immer wieder zur beliebtesten Betreuerin im Feriencamp gewählt. Deshalb glaubte ich, ich würde auch ganz automatisch eine gute Mutter werden. Aber sobald ich eigene Kinder hatte und am eigenen Leib erfuhr, wie einen das erschöpft (das ist jetzt, dank *Miracle Morning*, deutlich besser), merkte ich, dass ich nicht so viel mit ihnen spielte, wie ich könnte oder sollte.

Daran habe ich seither viel gearbeitet. Ich gehe jeden Tag mit ihnen auf den Spielplatz, schubse sie auf der Schaukel an, lasse sie Steine ins Wasser werfen, gehe mit ihnen in den Zoo, ins Museum, in Konzerte und zum Musik-, Sport- und Schwimmunterricht – und ich genieße es, wirklich *sie* zu sehen, nicht mein Handy.

Wenn ich meine Kinder ignorierte, würde ich kleine, aber wichtige Momente verpassen, zum Beispiel den Tag, als Connor mich bei der Hand nahm, um mich zu einem Ort zu führen, wo ich um mehr Wasser für ihn bitten konnte. Das war ein echter Meilenstein für meinen Sechsjährigen, auch wenn sein kleiner Bruder das schon mit zwei oder drei immer wieder gemacht hatte. Zum Glück war ich geistig anwesend und achtete auf Connors Signale.

Shawn macht ebenfalls eine gute Figur, indem er mit den Jungs Frisbee, Fußball, Basketball und Baseball spielt und zum Bowling geht. Er ist derjenige, der mit ihnen auf dem Spielplatz die Rutsche hinuntersaust, im Fast-Food-Restaurant *Chuck E. Cheese's* den Indoorspielplatz erkundet oder Minigolf spielen geht, wenn sie allein mit Papa ausgehen (die Jungs dürfen sich abwechselnd einmal pro Woche wünschen, was sie an diesem Abend mit Papa unternehmen wollen).

### Welche Perspektive(n) findest du besonders wichtig für gute Eltern?

Dankbarkeit. Wertschätzung. Anerkennung. Autismus ist eine Belastung, sowohl für den Betroffenen als auch für seine Umwelt, aber er beeinträchtigt die Gesundheit nicht. Connor ist nicht krank. Er hat keine niedrigere Lebenserwartung als andere. Wir haben keine ernsthaften gesundheitlichen Probleme.

Mein Sohn hat es zwar nicht leicht, aber er hat keinen Krebs oder andere lebensbedrohliche Krankheiten. Seine Diagnose ist ein Teil von ihm, aber sie definiert ihn nicht. Wie jeder andere hat er Stärken und Schwächen. Die Diagnose ist nicht mehr und nicht weniger als ein Werkzeug, das uns Zugang zu verschiedenen Hilfen verschafft, um seine Schwächen auszugleichen. Wir wollen das Gleiche wie alle Eltern: dass unsere Kinder glücklich sind. Und wir hoffen, dass wir ihnen ein Erbe hinterlassen können, auf das sie einmal stolz sind.

### Welche Ressourcen würdest du mit anderen Eltern teilen?

Wir lassen uns von einer Sozialarbeiterin in einer auf Entwicklungsstörungen spezialisierten Kinderarztpraxis in unserer Nähe dabei unterstützen, die besten Hilfsangebote zu finden, und bitten sie oft um ihre Einschätzung. In unserer Familie wird viel Wert auf Naturwissenschaften und Forschung gelegt, also versuchen wir, so oft wie möglich aktuelle Artikel aus zuverlässigen Quellen, wie den *National Institutes of Health*, zu lesen. Diesen Artikel vom NIH fanden wir besonders hilfreich: „Complementary and Alternative Medicine Treatments for Children with Autism Spectrum Disorders" von Dr. Susan E. Levy. Von ziellosem Googeln im Internet raten wir unbedingt ab.

Wir mögen diese Bücher und Ressourcen:

- *Fill a Bucket: A Guide to Daily Happiness for Young Children* von Carol McCloud, Katherine Martin und David Messing
- *Wie schön! So viel wirst du sehn!* von Dr. Seuss
- *Pete the Cat and his Magic Sunglasses* von Kimberly & James Dean (oder die anderen *Pete the Cat*-Bücher)
- *The Verbal Behavior Approach: How to Teach Children with Autism and Related Disorders* von Mary Lynch Barbera
- *Einzigartig anders – und ganz normal: Kinder mit Autismus respektieren statt therapieren* von Dr. Barry M. Prizant, PhD
- *Life, Animated: A Story of Sidekicks, Heroes, and Autism* von Ron Suskind
- Dieser Artikel über Autismus ist toll – ich muss jedes Mal weinen, wenn ich ihn lese: http://momastery.com/blog/2014/07/21/letter-about-autism/
- Meiner Meinung nach trifft diese Podcastfolge für alle Eltern mit Kindern im autistischen Spektrum ins Schwarze: http://www.radiolab.org/story/juicervose/

## Hat es in anderen Lebensbereichen geholfen, den Miracle Morning mit Connor gemeinsam zu machen?

Ja. Ich habe gemerkt, dass es jedes Mal einen positiven Effekt hat, wenn wir Connors Stärken in den Mittelpunkt stellen können. Wir wollen ihn bestärken, aber wir müssen trotzdem jede Woche unzählige Stunden lang an seinen Schwächen arbeiten. Das ist ein schwieriges Leben für einen Vier- bis Sechsjährigen.

In letzter Zeit ist er beim Spielen viel kreativer geworden. Besondere Stärken hat er unter anderem, wenn es um seine Ernährung und seine Grobmotorik geht, also habe ich das Gefühl, dass er seine körperliche Gesundheit gut im Griff hat. Durch die Affirmationen wird er sich seiner guten Eigenschaften zunehmend bewusst. Er liest sehr gern und ist mittlerweile ziemlich gut darin. In Zukunft würde ich mich gern mit ihm auf die Meditation konzentrieren, weil ich glaube, dass es ihm nur gut tun kann, achtsamer und anwesender zu werden.

## Elternerfolgsstory

Mithilfe des Buches *Teach Your Child to Read in 100 Easy Lessons* von Siegfried Engelmann (in dem die bekannte und von der *Science Research Associates, Inc.* nachgewiesene DISTAR-Methode für Eltern und Kinder adaptiert wird) war ich in der Lage, Connor auf die Lesestufe eines Zweitklässlers zu bringen, bevor er auch nur in den Kindergarten kam.

Das ist aus zwei Gründen besonders wichtig. Zum einen kann der Junge, der Probleme mit Sprache hat, jetzt lesen; das ist ziemlich cool. Zum anderen kann Connor nicht gut damit umgehen, wenn ihm etwas abverlangt wird, das kann bei ihm Wutanfälle auslösen. Nachdem er jetzt in der Schule nicht mehr Lesen lernen muss, wird ihm dort eine ganze Menge weniger abverlangt und die Lehrer können sich auf andere Bereiche konzentrieren, in denen er Unterstützung braucht, zum Beispiel seine sozialen Fähigkeiten.

Als Connor noch im Kindergarten war, schrieb ich einmal eine fünfseitige E-Mail dorthin, um dafür zu *plädieren*, dass mein Sohn eine Integrationskraft zur Seite gestellt bekam. Innerhalb von 48 Stunden bekam ich diese Antwort:

„Wir haben Ihre Argumente besprochen und werden sie in Connors IEP (*Individualized Education Program*, ein Dokument für die

Schulbildung von Kindern mit besonderen Bedürfnissen) aufnehmen. Außerdem wird seine Erzieherin seine Unterstützung dahingehend modifizieren, dass er ab sofort für die Kindergartenzeit eine Integrationskraft zur Seite gestellt bekommt."

Das war ein echter Elternsieg und eine gute Definition für das Wort „plädieren".

## Die besten Erziehungstipps

**Umgib dich mit gut informierten Menschen.** Einen angesehenen und kompetenten Kinderarzt zu finden, der bereit ist, sich die nötige Zeit zu nehmen, ist sehr wichtig. Ich habe das Glück, dass meine Schwester Kinderärztin ist. Sie ist zwar auf ansteckende Krankheiten spezialisiert, nicht auf kindliche Entwicklung, aber sie ist trotzdem Kinderärztin!

Außerdem habe ich Freunde, die ebenfalls hilfreich sind. Eine meiner Freundinnen hat auch ein Kind mit besonderen Bedürfnissen (Prader-Willi-Syndrom) und einen Bachelor in Verhaltensforschung. Eine andere Freundin ist Sonderpädagogin im Grundschulbereich und hat Drillinge. Und eine Freundin habe ich bei einem IEP-Treffen kennengelernt.

**Such dir ein hilfreiches Team.** Um ein neurotypisches Kind großzuziehen, braucht man ein ganzes Dorf, aber ein Kind im autistischen Spektrum oder mit einer anderen Entwicklungsstörung muss man mit einem Team großziehen. Das Personal in der Schule, die Integrationskräfte, Therapeuten und Verhaltensspezialisten, die mit uns zusammengearbeitet haben, waren alle sehr geduldig und haben uns geholfen, Connor auf den richtigen Weg zu bringen. Unser erstes (umfassendes) Team war unersetzlich, als es darum ging, Connors Kommunikationsfähigkeit zu verbessern. Jetzt haben wir ein Team, das unglaublich hilfreich dabei ist, seine Flexibilität und seine spielerischen und sozialen Fähigkeiten auf die nächste Stufe zu heben.

**Versuch nicht, das Rad neu zu erfinden.** Natürlich ist jedes Kind anders, aber lerne von denen, die vor dir den gleichen Weg gegangen sind. Wir haben besonders darauf geachtet, den Ratschlägen unseres Kinderarztes zu folgen. Darunter war auch Susan Chaplicks Vorschulprogramm, ein privat finanziertes frühkindliches Interventionsprogramm am *Bryn Mawr College*, das enormen Anteil an Connors beeindruckenden Fortschritten hatte.

**Nutze Online-Ressourcen.** Die Organisation *Autism Speaks* hat ein wundervolles „First 100 Days Kit", eine Ausrüstung für die ersten drei Monate, nachdem das Kind die Diagnose erhalten hat. Viele Online-Ressourcen können hilfreich sein; zum Beispiel findet man auf Facebook ganz leicht lokale Gruppen von und für Eltern von Kindern mit besonderen Bedürfnissen. So kannst du sogar bessere Freunde für deine spezielle Situation und fürs ganze Leben finden.

## Abschlussgedanken

Autismus ist natürlich nur eine Facette der zahlreichen besonderen Bedürfnisse, die Kinder haben können, aber wir fühlen uns trotzdem in den entsprechenden Gruppen als Familie gut aufgehoben. Ein Kind mit besonderen Bedürfnissen großzuziehen, ist anders. Es ist nicht besser. Es ist nicht schlechter. Ich bin nicht besser. Ich bin nicht schlechter. Es ist nur anders.

Ich muss mich oft daran erinnern, geduldiger zu sein. Wenn ich es schaffe, kann ich die Momente, in denen sich die harte Arbeit lohnt, besser genießen, und wir feiern unsere Erfolge gemeinsam. Wenn dein Kind im autistischen Spektrum ist, versuchst du ständig, es in „unsere" Welt zu ziehen und gleichzeitig seine eigene Welt zu verstehen. Um aus einem unserer Lieblingsbücher, *Wie schön! So viel wirst du sehn*! von Dr. Seuss, zu zitieren: „Das Leben ist ein großer Drahtseilakt".

Das ist im wahrsten Sinne des Wortes unser Familienmotto.

# 7. AUSSERGEWÖHNLICHE ELTERNFÄHIGKEIT NR. 1: ZIELSTREBIGKEIT

*Eltern leiten ihre Kinder als Vorbilder an, nicht durch Worte. Sie hören uns nämlich nur dann nicht zu, wenn wir mit ihnen reden.*

ROBERT BRAULT, Autor von *Round up the Usual Subjects: Thoughts on Just About Everything*

Wenn du beginnst, den *Miracle Morning* auf deine Erziehungsaufgaben anzuwenden, passiert etwas Wundervolles: Du wirst feststellen, dass du anfängst, Ziele und Vorhaben zu formulieren und dich darauf zu konzentrieren, ein wirklich außergewöhnlicher Vater oder eine großartige Mutter zu werden.

Eltern, die ein Ziel vor Augen haben, können dadurch auch ihre Familien effektiver führen.

Du wärst überrascht, wenn du wüsstest, wie viele Eltern, die es eigentlich gut meinen, einen großen Fehler machen: Sie lassen den Tagesplan von den Kindern bestimmen. Im Gegensatz dazu gestalten zielstrebige Eltern die Ereignisse des Tages selbst, statt nur auf diese Ereignisse zu reagieren. Das bedeutet nicht, dass sie immer alles unter Kontrolle haben; das würde auch niemand, der selbst Kinder hat, von ihnen erwarten. Nein, zielstrebige Eltern ergreifen die Initiative und legen den Grundton des Tages fest – angefangen mit dem *Miracle Morning.*

Zielgerichtete Eltern bleiben immer informiert und nutzen alle Ressourcen, die ihnen für die Erziehungsarbeit zur Verfügung stehen. Sie legen Wert auf eine gute Verbindung zu ihren Kindern und arbeiten strategisch darauf hin, sie zu erhalten und zu schützen. Sie schätzen klare Kommunikation mit den Kindern und miteinander. Und sie wissen, wie viel es wert ist, sich mit anderen Eltern, Lehrern, Bezugspersonen, Ärzten (und anderen Experten), mit dem Partner und den Kindern zusammenzutun. Zuallererst musst du allerdings eine Vision zu erschaffen, wie dein perfektes Familienleben aussehen soll, wenn du zielgerichteter werden willst.

## Erschaffe eine zielgerichtete Vision

Deine Vision eines idealen Familienlebens sieht vielleicht völlig anders aus als meine. Schließlich ist jede Familie anders. In deinem perfekten Familienleben spiegeln sich deine Werte, deine Ziele und deine Prioritäten wider, deshalb ist der Plan, der dich diesem Idealbild näher bringt, ganz leicht auf dich anpassbar. Du denkst jetzt vielleicht: „Schön für dich, dass du deiner Vision folgst, aber wie soll ich es hinbekommen, meine eigene Vision zu finden und zu formen?"

Das ist einfacher, als du denkst! Wenn du dem vierstufigen Visionsprozess folgst, erschaffst du dir dadurch ein klares Bild davon, wie dein ideales Familienleben aussieht und welche Schritte nötig sind, damit du diesen Traum wahr werden lassen kannst.

Nimm dir ruhig ein wenig Zeit für den Prozess. Wenn er sich zunächst überwältigend anfühlt, mach langsam einen Schritt nach dem anderen. Es läuft alles darauf hinaus, die wichtigsten Fragen zu stellen, die Antworten darauf zu finden und zielgerichtet dafür zu sorgen, dass dein Leben in die richtige Richtung läuft. Ich gebe Bill Gates recht, wenn er sagt: „Die meisten Menschen überschätzen, was sie in einem Jahr schaffen können und unterschätzen, was sie in zehn Jahren hinbekommen." Denke groß, sei zielstrebig und arbeite rückwärts vom Ergebnis aus.

## In vier Schritten zum idealen Familienleben

### Schritt eins: Erschaffe eine Vision

Im ersten Schritt denkst du darüber nach, welche Art von Familienleben für dich am erfüllendsten wäre. Nimm dein Tagebuch zur Hand und stell dir selbst einige Fragen, die dich zum Denken anregen. Wie sieht dein ideales Familienleben aus? Was gibt dir Energie und bringt dein Herz zum Singen? Was würdest du mit deiner Zeit anfangen, wenn du dich nicht von Ängsten aufhalten lassen müsstest? Wo siehst du deine Familie in fünf Jahren? Deine Ausstrahlung zieht bestimmte Menschen an, mit wem umgibst du dich dann also in Zukunft? Wo wohnst du und welche Umgebung hast du in deinem Zuhause geschaffen? Was tust du, um einen Unterschied in der Welt zu machen?

Mach eine Reise in die Zukunft. Beginne deine Vision, indem du dir ein Datum aussuchst, das drei bis fünf Jahre in der Zukunft liegt. Schließ die Augen und stelle dir dein Leben bis ins kleinste Detail so vor, wie du es haben willst. Wenn du die Zukunft sehen, hören und spüren kannst, schreib sie so detailgetreu wie möglich auf, als würdest du bereits so leben. Nimm die Perspektive deines zukünftigen Ichs ein und beschreibe, wer du geworden bist und was du getan hast, um dein perfektes Leben zu erschaffen. Wenn ich meine Vision aufschreibe, fange ich immer so an: „Heute ist der ________, und mein Leben ist großartig, weil …“ Zum Abschluss schreibe ich immer: „Entweder es wird so oder noch besser.“

Während du die Fragen durchgehst, solltest du dir Zeit nehmen und jede einzelne Antwort aufschreiben. Diesen Prozess kannst du zu einem Teil deiner täglichen Schreib- oder Visualisierungsübungen machen. Du kannst dir aber auch eine bestimmte Zeit aussuchen, in der du dich darauf konzentrierst, dich ganz in den Visionsprozess zu versenken. Wenn du eine geführte Meditation zu Hilfe ziehen möchtest, die dir hilft, fünf Jahre in die Zukunft zu reisen, empfehle ich dir Jenai Lanes kostenlosen Onlinekurs unter www.spiritcoachtraining.com/freecourse/

Es ist sehr wichtig, dass du verstehst, was du dir wünschst, was dich motiviert und was wirklich hinter deinen Antworten auf diese Fragen steht. Ich rate dir, deine Vision immer weiter zu hinterfragen. Wie sieht sie spezifisch aus? Möchtest du mit deiner Familie zusammen reisen? Könntet ihr jeden Abend zusammen essen? Wenn nicht, wie sähe es dann mit einem gemeinsamen Frühstück aus? Würde ein Familienmeeting euch helfen, besser miteinander zu kommunizieren? Warum ist es so wichtig für dich, diese spezielle Vision zu erschaffen? Wie wirst du dich fühlen, wenn du das Leben deiner Träume führst?

Versuche, beim Schreiben so umfassend wie möglich zu sein, dich aber gleichzeitig auf das zu konzentrieren, was dir wichtig ist. Dieser Schritt soll dazu führen, dass du darüber nachdenkst, wie ein gesundes, erfolgreiches und spielerisches Familienleben aussehen könnte. Setz dir keine Grenzen darin, welche Fragen du stellst. Wichtig ist, dass dabei eine Vision herauskommt, die euch inspiriert und euch erlaubt, als Familie mehr von dem zu tun, was euch Spaß macht.

Eine andere Sache, die ich im Visionsprozess als hilfreich empfinde, ist ein sogenanntes „Vision Board" (auch Zielcollage oder Traumcollage genannt), das du entweder allein oder gemeinsam mit der ganzen Familie (oder beides) erschaffen kannst. Wir basteln jedes Jahr gemeinsam ein großes Vision Board, das uns daran erinnert, was im entsprechenden Jahr besonders wichtig ist. Das ist nicht nur eine Menge Spaß für die ganze Familie, es sorgt auch dafür, dass unser Unterbewusstsein sich ganz von selbst darauf ausrichtet, diese Vision anzuziehen. Dass Vision Boards – Affirmationen und Visualisierungen übrigens auch – so wirksam sind, liegt daran, wie unser Gehirn verdrahtet ist.

Wir haben alle ein lose verbundenes Neuronennetz im Gehirn, das man „Aufsteigendes Retikuläres Aktivierendes System" (abgekürzt ARAS) nennt. Das ARAS filtert Informationen, damit unsere Sinne nicht überlastet werden, und lenkt unsere Aufmerksamkeit auf das, was wirklich zählt. Wenn du zum Beispiel auf der Autobahn unterwegs bist, kommst du ständig an Geschwindigkeitsbeschränkungsschildern vorbei, die du gar nicht wahrnimmst. Aber wenn du ein Polizeiauto überholst und auf einmal ganz sicher gehen willst, dass du nicht zu schnell fährst, fallen sie dir alle paar Kilometer auf.

Für diesen Effekt ist dein ARAS verantwortlich. Das Konzept ist zum Beispiel auch in Werbung und Marketing wichtig. Wie wäre es also, wenn du die perfekte Werbeanzeige für das Familienleben erschaffen könntest, das du dir wünschst, und dann dein Gehirn durch dein ARAS ganz bewusst darauf programmierst, es anzuziehen? Genau so funktioniert ein Vision Board, eine Werbeanzeige für dein ideales Familienleben.

Ein Vision Board zu erschaffen ist einfach, und die gute Nachricht ist, dass man dabei nichts falsch machen kann. Ich persönlich fange gern mit großen Bildern an. Landschaftsaufnahmen von schönen Orten, die ich gerne einmal besuchen würde, funktionieren zum Beispiel besonders gut für den ersten Schritt. Dann fülle ich die Zwischenräume mit kleineren Bildern, die mich ansprechen.

Wenn du keine klare Vorstellung von deiner Vision hast, kann es auch Spaß machen, die Entscheidung über deine Bilder dem Universum zu überlassen. Leere deinen Geist wie bei einer Meditation und lass dann eine Seitenzahl in deinen Gedanken entstehen. Blättere in einer Zeitschrift oder einem Buch zur entsprechenden Seite, schneide das aus, was dich dort besonders anspricht, und klebe es auf dein Board.

Es ist okay, materielle Dinge auf dem Vision Board zu haben, aber ich würde dir empfehlen, dich stärker darauf zu konzentrieren, wer du werden willst und was du gern mit deiner Familie erleben willst, als auf das, was du besitzen willst.

Manchmal sind wir zu besessen von den Dingen, die wir besitzen, und am Ende kann man sie sowieso nicht mitnehmen. Versuche, die Gefühle und die Symbolwirkung hinter den Bildern zu ergründen, statt sie wörtlich zu nehmen. Am Ende von Schritt eins solltest du ein klares Bild davon haben, was ein ideales Familienleben für dich bedeutet.

### Schritt zwei: Finde heraus, was du tun musst, um dich in diese Richtung zu bewegen

Antworten haben die Angewohnheit, oft genau dann aufzutauchen, wenn man anfängt, danach zu suchen. Vielleicht fallen dir sogar mehrere verschiedene Wege ein, deine Familienziele zu erreichen, wenn du erst einmal weißt, was sie überhaupt sind. Brich deine Vision in ihre Einzelteile herunter, wenn nötig, und formuliere dann einen schriftlichen Plan dafür, wie du deine Familie in die richtige Richtung führen kannst.

Vielleicht bist du der Meinung, dass eine erfolgreiche Familie jeden Tag zwei Stunden schöne Zeit miteinander verbringt, aber deine Kinder hängen jede Minute ihrer Freizeit am Computer. Wie planst du, sie dazu zu bringen, dass sie weniger Zeit am Bildschirm verbringen? Würde es helfen, es ihnen von jetzt an zu verbieten? Oder bietet es sich eher an, sie langsam an die Idee heranzuführen? Das hängt von deiner Familie ab. Wichtig ist, dass du darüber nachdenkst, wohin du willst, und dann einen Plan entwickelst, wie du dorthin kommst.

Für diesen Schritt ist es vielleicht hilfreich, Informationen aus verschiedenen Quellen zu sammeln. Nutze dein Familiennetzwerk. Frag andere Eltern, Ärzte oder deine Verwandtschaft nach Tipps und Ratschlägen. Bücher und das Internet sind ebenfalls gute Ressourcen, die du nutzen kannst.

### Schritt drei: Halte deine Fortschritte fest

Eine Familienkultur zu verändern kann sich anfühlen wie eine Kurskorrektur bei einem großen Kreuzfahrtschiff: Es geschieht langsam und schrittweise. Am besten hältst du deine Fortschritte fest, damit du dich über jeden kleinen Erfolg freuen kannst. Probier manche Dinge ruhig mehrmals.

Was an einem Tag gar nicht klappt, funktioniert vielleicht an einem anderen Tag viel besser. Denk daran, dass Familien aus Menschen bestehen, die gute und schlechte Tage haben. Schreib auf, was gut funktioniert und was gar nicht. Und vergiss nicht, geduldig zu bleiben.

Du kannst deinen Plan in deine täglichen Affirmationen und Visualisierungen einbeziehen, damit du motiviert und begeistert bleibst. Denk daran, du arbeitest auf die ideale Familiensituation hin, die du dir in Schritt eins ausgemalt hast. Dieses Ziel ist alle Mühen wert!

### Schritt vier: Pass deine Herangehensweise immer wieder an

Während du nach und nach alle Schritte auf dem Weg zu einem idealen Familienleben in die Tat umsetzt, solltest du keine Angst davor haben, deine Herangehensweise zu ändern, wenn du merkst, dass etwas nicht so funktioniert, wie du es dir vorgestellt hast. Nehmen wir zum Beispiel das Familienfrühstück aus Schritt eins. Das ist eine kreative Alternative, das Zusammensein als Familie zu bekommen, das die meisten Familien in einem gemeinsamen Abendessen finden. Wenn es bei euch abends nicht geht, ist das Frühstück ein guter Ersatz.

## Die zielgerichtete Vision in der Praxis

Um den Prozess zu illustrieren, erzähle ich dir jetzt, wie wir als Familie viel zielgerichteter wurden. Mike und ich reisen gern. Als ich zum ersten Mal schwanger wurde, schworen wir uns, dass wir einen Weg finden würden, weiterhin als Familie zu verreisen. Tatsächlich stiegen wir (nachdem mein Arzt es abgesegnet hatte) zusammen auf den Kilimandscharo, als ich im vierten Monat schwanger war, weil wir bereits für diesen einmaligen Trip bezahlt hatten und die Gelegenheit nicht verpassen wollten.

Nachdem Tyler auf die Welt gekommen war, blieben wir die meiste Zeit im Inland. Aber genau wie seine Eltern war auch unser Sohn sehr reiselustig, schon als Baby. Mit acht Wochen unternahm er seine erste Flugreise, was für ihn gar kein Problem war. Vier Jahre später, als Ember auf die Welt kam, hatte Tyler wahrscheinlich schon mehr Flugmeilen gesammelt als ein durchschnittlicher Erwachsener. Ember flog zum ersten Mal mit zwölf Wochen, und jetzt, wo sie sieben und drei sind, haben beide Kinder schon einige Meilen gesammelt und sogar schon ein paar Stempel in ihren Pässen. Wir fühlen uns beschenkt, dass das Reisen immer noch ein großer Teil unseres Lebens ist.

Allerdings war es nicht nur Glück, dass wir weiterhin reisen können. Es stand in unserer Fünf-Jahres-Vision und auf all unseren Vision Boards, und wir unternahmen ganz bewusst einige Schritte, um die Vision wahr werden zu lassen. Wir nahmen unsere Kinder auf Reisen mit und erlebten einige Abenteuer mit ihnen, als sie noch sehr klein waren, damit sie sich daran gewöhnen konnten.

Tyler besuchte mit sechs Monaten sein erstes Konzert in Colorado, reiste auf die Grand Cayman Islands, machte eine Kreuzfahrt nach Mexiko, fuhr Ski in Colorado und noch viel mehr – bevor seine Schwester geboren wurde. Ember hat ebenfalls schon einige Abenteuer erlebt, darunter einen Besuch der Niagarafälle, Baden sowohl im Atlantik als auch im Pazifik und zwei Trips ins Legoland in Kalifornien. Eine Weile lang lief das gut. Aber dann veränderte sich alles.

### Schritt eins. Vision: Wir wollten flexibel bleiben, um zu reisen, ohne Abstriche bei Tylers Schulbildung machen zu müssen.

Als Tyler in die Grundschule kam, funktionierte unser ursprünglicher Plan nicht mehr. Zum ersten Mal in unserem Leben als Familie fühlten wir uns daran gehindert, zu reisen, wann und wohin wir wollten. Es fiel uns schwer, um Tylers Schuljahr herum zu planen. Wir nutzten alle Tage aus, die wir ihn freistellen lassen konnten, und fuhren jedes Mal weg, wenn er nicht in der Schule war, aber am Ende des Schuljahres fühlten wir uns ausgebrannt.

Also beschlossen wir, dass eine bessere Lösung her musste. Um sie zu finden, mussten wir uns allerdings zunächst klar darüber werden, was wir wollten. Also setzten Mike und ich uns zusammen hin, nahmen einen Zettel zur Hand und erschufen eine Vision einer für uns idealen Situation. Für Tylers Schulbildung brauchten wir einen Plan, der sowohl eine Struktur bot als auch flexibel war. Idealerweise wollten wir eine Schule finden, die sich wie eine Gemeinschaft anfühlte, so, wie wir es auch von seiner Vorschule gewöhnt waren.

### Schritt zwei: Lege fest, was du brauchst, um dich in die richtige Richtung zu bewegen.

Nachdem wir definiert hatten, was wir uns wünschten, begannen wir mit der Recherche und sprachen bei allen Schulen in unserer Gegend vor. Wir stellten überall die gleiche Frage: „Was wäre, wenn wir den ganzen Januar in Colorado verbringen wollten?" Die Reaktion war bei jeder Schule gleich: Unsere Gesprächspartner waren peinlich berührt. Wir hatten sogar schon überlegt, Tyler ganz aus der Schule zu nehmen und ihn zu Hause zu unterrichten, aber mit all unseren Reisen und der vielen Arbeit wussten wir nicht, ob wir in der Lage sein würden, ihm so viel Struktur zu geben, wie wir es uns für seine Schulbildung wünschten.

### Schritt drei: Halte deine Fortschritte fest.

Wir fühlten uns schon ein wenig mit unserem Latein am Ende, aber dann dachten wir an ein Zitat von Thomas Edison: „Wenn du alle Möglichkeiten ausgeschöpft hast, denk daran – das hast du nicht."

Als Tyler 18 Monate alt war, hatte ich mich einer Gruppe von Müttern angeschlossen, die ihre Kinder zu Hause unterrichteten. Diese Mütter fragte ich jetzt aus, welche Erfahrungen sie damit gemacht hatten, und eine von ihnen schlug mir vor, es mal mit einer Institution namens *Open Connections* (www.openconnections.org) zu versuchen. Wir suchten sie im Internet, und je mehr wir lasen, desto aufgeregter wurden wir.

Open Connections ist ein sicherer Ort für Familien, die sich darin versuchen, ihre Kinder außerhalb des staatlichen Schulsystems zu erziehen (oft auch als „Homeschooling" bezeichnet), an dem sie sich austauschen, neue Wege gehen und zusammenarbeiten können. Die Institution wurde 1975 aus der Überzeugung heraus gegründet, dass junge Menschen von Geburt an neugierig auf die Welt sind.

Bei Open Connections können Kinder zwischen zwei und achtzehn Jahren wöchentliche Kurse belegen. Der Campus ist bildhübsch und über 10 Hektar groß; es gibt dort Wälder, Teiche und einen Bach sowie jede Menge Möglichkeiten für Kinder und Jugendliche, Dinge zielgerichtet selbst zu erfahren und zu erschaffen.

Wir machten einen Termin mit der Schulleitung, um Open Connections persönlich kennenzulernen, und verliebten uns sofort. Dann machte unser Sohn dort einen Schnuppertag und verliebte sich ebenfalls. Für den Rest des Schuljahres fragte er uns immer wieder, wann er wieder zu Open Connections gehen können würde und war traurig, wenn wir ihm sagten, dass er damit bis zum Herbst warten müsste.

### Schritt vier: Pass deine Herangehensweise immer wieder an.

Tyler ist seit September 2015 bei Open Connections und liebt jede Minute, die er dort verbringt. Wir leben jetzt also wirklich unsere Vision, unseren Kindern eine strukturierte Umgebung zu bieten und gleichzeitig für unsere Reisen flexibel zu bleiben. Wir können wegfahren, wann und wohin wir wollen, ohne dass es negative Auswirkungen auf seine Schulbildung hat. Wenn unsere Vision uns nicht so klar vor Augen gestanden hätte, hätten wir uns vielleicht mit einer weniger idealen Lösung zufriedengegeben. Allerdings ist unsere Entscheidung nicht in Stein gemeißelt. Wir prüfen jedes Jahr erneut, ob wir so weitermachen wollen oder nicht.

Viele Leute lassen sich häufig von Angst oder dem Wunsch nach Bequemlichkeit antreiben. Es wäre viel einfacher für uns gewesen, die nötigen Papiere auszufüllen und Tyler zurück an seine staatliche Schule zu schicken, aber dann hätten wir einen der wichtigsten Punkte unserer Vision eines idealen Familienlebens aufgeben müssen. Weil wir das Problem zielgerichtet angegangen sind, konnten wir uns etwas trauen, was sich auf so vielen Ebenen als die richtige Entscheidung erwiesen hat.

Ich will damit nicht sagen, dass es für alle Familien passend ist, ihre Kinder zu Hause zu erziehen, aber ich hoffe, dass es dir hilft, zu sehen, wie wir unsere Vision in die Tat umgesetzt haben. Wenn du dich deiner Vision voll und ganz verschreibst, wird sie auch wahr werden. In Tylers Stundeplan steht ein Zitat von T. S. Eliot: „Manchmal werden Dinge möglich, wenn man sie nur dringend genug will." Wenn wir uns etwas fest vornehmen, finden wir einen Weg, wie wir es möglich machen können, auch wenn wir zunächst etwas Angst davor haben oder es sich unbequem anfühlt.

## Zielstrebige Eltern sind gut informiert

Als wir unser erstes Kind aus dem Krankenhaus nach Hause brachten, hatten wir keine Ahnung, was wir taten. Natürlich hatten wir die entsprechenden Kurse besucht, bevor wir aus dem Krankenhaus entlassen wurden, aber um ganz ehrlich zu sein, gibt es für Kinder nun mal keine Gebrauchsanweisung.

Der arme Tyler konnte die ersten sechs Monate kein einziges richtiges Nickerchen machen, weil ich glaubte, der Stubenwagen sei ausschließlich für nachts gedacht und es würde ihn nur verwirren, wenn er tagsüber darin schlafen dürfte. Mike machte das mit, weil er mir nicht widersprechen wollte und weil er es selbst auch nicht besser wusste. Außerdem aß Tyler ungefähr ein Jahr lang nichts anderes als Puffreis und Joghurttröpfchen für Babys, weil ich Angst hatte, er könne an allem anderen ersticken.

Viele der Dinge, die wir als Eltern tun, entspringen unserer Angst, aber wenn wir das große Ganze betrachten, die Vision, die wir für unsere Familie haben, werden die einzelnen Schritte, die wir unternehmen müssen, um dorthin zu gelangen, immer klarer. Ich kann gar nicht deutlich genug sagen, wie wichtig es ist, dir Ratschläge von anderen Eltern, Lehrern, Kinderärzten und weiteren Experten zu holen, wenn du nicht weißt, was du machen sollst.

Dir Wissen anzueignen ist eine Möglichkeit, mit deinen eigenen Ängsten umzugehen. Du könntest zum Beispiel damit anfangen, eines der Bücher zu lesen, die ich dir empfohlen habe. Lerne neue Denkweisen kennen und schau selbst, was für dich funktioniert. Als Eltern verändern sich unsere Aufgaben ständig. Wir bleiben nur ein Jahr lang Eltern eines Babys.

Danach müssen wir lernen, ein Kleinkind, ein Vorschulkind, einen Tween und so weiter zu erziehen. Darüber hinaus bringt jedes Kind natürlich auch noch seine eigenen Herausforderungen und Chancen mit sich. Diese ewig wechselnde Erfahrung verändert sich wahrscheinlich immer genau dann, wenn du das Gefühl hast, du hättest endlich alles im Griff. Immer zielstrebig zu bleiben ist die Schlüsselstrategie dahinter, sich jeder Phase anzupassen.

Als Eltern wünschen wir uns instinktiv, dass unsere Kinder es später einmal besser haben sollen als wir selbst, aber die wenigsten von uns haben einen genauen Plan, wie das gehen soll. Steve Farber bietet in seinem Buch *Greater Than Yourself: The Ultimate Lesson of True Leadership* einen an, dem es sich zu folgen lohnt.

Er ist der Meinung, dass man sich erst selbst vergrößern, dann etwas von sich selbst geben und sich zuletzt kopieren muss, wenn man etwas erschaffen will, das größer ist als man selbst.

Wie viele von uns fürchten sich davor, so zu werden wie unsere Eltern? Würdest du dir wünschen, dass deine Kinder später auch einmal Angst davor haben, so zu werden wie du, oder wäre es dir lieber, wenn sie stolz auf dich sind und zu dir aufblicken?

Meiner Meinung nach ist der einfachste und effektivste Weg, dich selbst zu vergrößern, jeden Morgen mit einem *Miracle Morning* zu beginnen. Schenk dir selbst diese Stunde, damit du deinen Kindern den Rest des Tages lang das Beste von dir geben kannst.

Der nächste Schritt ist, von dir selbst zu geben. Wie machst du das wohl zielgerichtet? Indem du anwesend bist.

## Zielgerichtete Eltern sind anwesend

In seinem Buch *The Available Parent: Expert Advice for Raising Successful, Resilient, and Connected Teens and Tweens* spricht Dr. John Duffy davon, „Zeit zu schützen". Das ist genau, was wir machen, wenn wir morgens früh aufstehen, um einen *Miracle Morning* machen zu können. Wir schützen Zeit für uns selbst, in der wir die Life S.A.V.E.R.S. anwenden können.

Darüber hinaus müssen wir Eltern aber auch die Zeit schützen, die wir mit unseren Kindern verbringen. Wenn wir das nicht zielgerichtet angehen, laufen wir Gefahr, die Verbindung zu unseren Kindern zu verlieren. Wissenschaftliche Studien haben gezeigt, wie wichtig es ist, dass wir mit unseren Kindern verbunden bleiben. Die *Education Training Research Associates* drücken es so aus:

*Die Verbindung zwischen Eltern und Kindern (oder PCC, „Parent Child Connectedness") wird durch die Stärke der emotionalen Bindung zwischen Elternteil und Kind und durch den Grad der Gegenseitigkeit und der anhaltenden Dauer dieser Bindung charakterisiert. Wenn die PCC in einer Familie hoch ist, ist das emotionale Klima von Zuneigung, Wärme, Zufriedenheit, Vertrauen und wenigen Konflikten geprägt. Eltern und Kinder, die besonders gut miteinander in Verbindung stehen, verbringen gerne Zeit miteinander, kommunizieren offen und frei, unterstützen und respektieren sich gegenseitig, teilen ähnliche Werte und blicken optimistisch in die Zukunft.*

PCC wird auch als „Superschutz" bezeichnet, weil sie mit der Vorbeugung gegen Familienprobleme wie Drogensucht, Gewalt und ungewollte Teenagerschwangerschaften in Verbindung gebracht wird. In unserer von Technik geprägten, zunehmend hektischen Welt müssen wir uns zielstrebiger darum kümmern, eine Verbindung zu anderen herzustellen und zu erhalten. Hier sind vier der einfachsten Methoden, die wir gefunden haben, um die PCC in unserem Zuhause zu stärken:

1. Mach nicht zu viele Termine.
2. Mach regelmäßiges, gemeinsames Familienabendessen zu einer Priorität.
3. Führe einmal im Vierteljahr eine Familiensitzung mit jedem Kind durch.
4. Halte dich an das Zubettgehritual.

## 1. Zielgerichtete Eltern machen nicht zu viele Termine für ihre Kinder

Es ist sehr wichtig, dass du darauf achtest, wie gestresst deine Kinder sind. Wenn du merkst, dass es deinem Kind zu viel wird, hast du ihm vielleicht zu viele Termine zugemutet. Dr. David Elkind erklärt in seinem Buch *Das gehetzte Kind*, dass Kinder heutzutage unter Stress leiden, was verheerende Folgen für sie haben kann. Er sagt, dass Kinder zu schnell und zu früh groß werden, und dass es vier Hauptquellen gibt, die sie stressen: Eltern, die Schule, Medien und Technik.

Da ich mich in diesem Buch an Eltern wende, werde ich mich auf diese wichtige Beziehung konzentrieren. Elkind sagt, dass Eltern ihre Kinder dazu bringen, schneller groß zu werden, weil sie selbst ein Leben voller Stress führen, was seiner Meinung nach an den rasend schnellen Veränderungen in unserer Gesellschaft liegt. Kurz gesagt: Wir Eltern müssen unseren eigenen Stress unter Kontrolle bekommen, damit wir unseren Kindern helfen können, das Gleiche zu tun.

Elkind beschreibt die ernsthaften Folgen von Stress:

*Ein paar wenige Statistiken helfen, die ganze Geschichte zu erkennen. Die Kindersterblichkeit steigt wieder, nachdem sie ein Jahrhundert lang gesunken war. Heute leben mehr Kinder in Armut als noch vor zwanzig Jahren. Übergewicht bei Kindern und Jugendlichen hat in den letzten zwanzig Jahren um fünfzig Prozent zugenommen. Unser Prozentsatz an ungewollten Teenagerschwangerschaften ist der höchste in der westlichen Welt – doppelt so hoch wie in England, das den zwei-*

*ten Platz belegt. Selbstmord- und Mordraten unter Teenagern sind dreimal so hoch wie noch vor zwanzig Jahren. Prüfungsergebnisse bei den SAT-Tests sind in den Keller gefallen und am anderen Ende der Skala tun sich fünfzehn bis zwanzig Prozent aller Kinder im Kindergarten extrem schwer. Und, was vielleicht am furchteinflößendsten ist, Millionen von Kindern bekommen heutzutage in den USA Medikamente, damit sie in der Schule und zu Hause besser unter Kontrolle gehalten werden können. Diese Zahl hat sich in den letzten fünf Jahren um einen Faktor von mehreren Hundert erhöht.*

Machen wir also einen Schritt zurück und halten fest, wie es um das Stressniveau bei dir zu Hause bestellt ist. In Kapitel 6 haben wir darüber gesprochen, wie man sich unerschütterliche Konzentration aufbaut, indem man sich drei Fragen stellt: Womit willst du weitermachen (oder mehr davon tun)? Womit willst du anfangen? Womit willst du aufhören?

Mithilfe dieser Fokusfragen kannst du Aktivitäten erkennen, die du aus deinem Zeitplan streichen kannst. Wenn es etwas ist, ohne das deine Kinder nicht können, das dir aber keinen Spaß macht, versuche eine Lösung zu finden, indem du dich mit anderen zusammentust, oder denk dir eine andere kreative Lösung aus. Letzen Endes geht es darum, dass es Stress für Eltern und Kinder gleichermaßen bedeutet, wenn ihr zu viel macht, also versuche, strategisch Aktivitäten zu streichen, die euch als Familie nicht weiterbringen, um mehr Raum und Freiheit für alle zu schaffen, in denen sie ihr Leben genießen können.

## 2. Familienabendessen

Eines der verbreitetsten Beispiele für geschützte Zeit ist das Familienabendessen. Gleichzeitig ist es aber auch einer der am schlimmsten vernachlässigten Termine im heutigen Familienleben. Wie oft passiert es uns, dass wir in dieser Stunde etwas anderes vorhaben? Oder anderen Aktivitäten in dieser Zeit höhere Priorität einräumen? Dabei wissen wir doch, wie wichtig es ist, nach einem anstrengenden

Tag miteinander in Kontakt zu treten, und zwar jeden Tag. Oder etwa nicht?

Falls du noch mehr Argumente brauchst, sind hier ein paar Zahlen aus einer CASA-Columbia-Studie zur Wichtigkeit von gemeinsamen Familienabendessen aus dem Jahr 2010:

- Teenager, die häufig an Familienabendessen teilnehmen (fünf- bis siebenmal pro Woche), geben öfter an, ein qualitativ gutes Verhältnis zu ihren Eltern zu haben.
- Teenager, die mindestens fünfmal zusammen mit der Familie zu Abend essen, haben fast doppelt so gute Chancen, hervorragende Schulnoten zu bekommen wie Teenager, die es nur zweimal oder noch seltener tun.
- Je öfter Kinder mit ihren Eltern zu Abend essen, desto weniger wahrscheinlich ist es, dass sie anfangen zu rauchen, Alkohol zu trinken oder Marihuana oder andere Drogen zu nehmen.
- Kinder und Jugendliche, die mindestens drei Mahlzeiten pro Woche mit ihrer Familie zusammen einnehmen, haben eine um 12 Prozent verringerte Wahrscheinlichkeit für Übergewicht. Sie essen mit 20 Prozent weniger Wahrscheinlichkeit ungesund, ihr Risiko, eine Ernährungsstörung zu entwickeln, sinkt um 35 Prozent, und sie ernähren sich um 24 Prozent wahrscheinlicher gesund.
- Schüler, die regelmäßig mit ihren Eltern zusammen essen, schwänzen seltener die Schule.
- 72 Prozent der befragten Teenager bewerten gemeinsame Mahlzeiten mit der Familie als wichtig.
- 62 Prozent der Teenager, die weniger als fünf Mahlzeiten mit ihren Eltern zusammen essen, wünschen sich, es wäre öfter.

Gemeinsam am Tisch zu sitzen und zu essen ist unglaublich wichtig für die Kommunikation innerhalb der Familie. Um das Beste aus der gemeinsamen Mahlzeit herauszuholen, solltest du versuchen, deine Kinder nicht einfach nur zu fragen, wie ihr Tag war und was sie in der Schule gemacht haben, sondern ihnen spezifische und offene Fragen stellen. Wir haben uns zu Weihnachten die *Family Dinner Box of Questions* von Melissa & Doug gekauft, die ist großartig für diesen Zweck. Du kannst aber auch ganz einfach im Internet nach „Familie Fragen Abendessen“ suchen, da findest du eine Menge Auswahl. Sorg einfach dafür, dass die Wörter sprudeln. Ich würde dir außerdem empfehlen, Handys und ähnliche Geräte vom Esstisch zu verbannen, damit ihr alle voll und ganz miteinander präsent sein könnt.

### 3. Vierteljährliche Familiensitzungen

Eine weitere einfache Methode, die wir anwenden, um den Kontakt zwischen Eltern und Kindern zu stärken, ist eine Familiensitzung oder ein Familienmeeting. Jim Sheils, unser Freund und der Autor von *The Family Board Meeting* (und des Vorworts für dieses Buch) erklärt, wie wichtig es ist, dass du dir einmal pro Vierteljahr Zeit für ein vier- bis sechsstündiges Meeting mit jedem deiner Kinder einzeln nimmst. Er schlägt vor, ein Ritual daraus zu machen, bei dem alle Handys, Tablets usw. ausgeschaltet sind (das betrifft dein Kind, wenn es schon welche hat, aber auch dich selbst). In dieser Zeit setzt dein Kind die Agenda. Sie dient dazu, dass ihr qualitativ hochwertige Zeit miteinander verbringt und euch dabei zielgerichtet darauf konzentriert, eure Beziehung auf- und auszubauen.

In seinem Buch beschreibt Jim die drei Schritte, die zu einem erfolgreichen Familienmeeting führen:

1. Unterhalte dich mit deinem Kind unter vier Augen.
2. Legt alle Elektrogeräte weg.
3. Macht etwas Lustiges, das dein Kind sich wünscht, aber achtet dabei auch darauf, dass ihr euch konzentriert und reflektiert.

Wir legen unsere Familienmeetings immer auf den gleichen Tag, sodass Mike und Tyler zusammen Zeit verbringen, während ich mein Meeting mit Ember habe. Beim nächsten Mal tauschen wir, sodass jeder Elternteil pro Quartal zwei Meetings hat.

Diese Meetings sind unseren Kindern und uns als Eltern sehr stark im Gedächtnis geblieben. Bei meinem ersten Meeting mit Ember durfte sie zum ersten Mal zur Maniküre und danach mit mir zum Mittagessen in ein Restaurant. Ich war schockiert, dass sie so gut stillsitzen konnte, während sie jede Minute davon genoss, sich die Fingernägel lackieren zu lassen.

Mike nahm Tyler für sein Meeting mit zum Klettern und sie kauften ihm sein erstes Fahrrad, auf dem er auch noch am gleichen Tag fahren lernte. Als Mike und Ember ihr erstes gemeinsames Meeting hatten, machten sie sich schick und gingen ins Ballett, um den *Nussknacker* zu sehen. Embers Augen leuchteten, als sie die wunderschönen Tänzerinnen auf der Bühne sah, und Mike konnte ihre Begeisterung spüren und teilen.

Tyler und ich gingen zu einem Indoorspielplatz in unserer Nähe, wo wir den ganzen Vormittag zusammen kletterten, herumhüpften und spielten. Danach gingen wir zusammen essen. Die Erinnerung an diese Meetings wird uns noch viele Jahre lang Freude bereiten. Am Ende jedes Meetings schreiben wir in ein besonderes Tagebuch, was wir gemacht haben und was uns daran besonders gut gefallen hat.

Manchmal sind wir vom Leben so gestresst, dass wir vergessen, uns Zeit zu nehmen, um etwas mit unseren Kindern zu machen, was uns allen einfach Spaß macht. Das vierteljährliche Familienmeeting ist Zeit, die speziell dafür vorgemerkt ist, dass wir uns von unseren Kindern auf ein Abenteuer mitnehmen lassen und wieder mit ihnen in Kontakt treten. Unsere Zahn- und Hausarzttermine machen wir schon lange im Voraus fest – warum sollten wir das nicht auch für Termine mit unseren Kindern tun? Natürlich müssen wir uns dann auch an unsere Verpflichtungen halten, egal, was kommt. Unsere Kinder sind schließlich die wichtigsten Kunden, die wir haben.

## 4. Das Zubettgehritual

Ein Zubettgehritual ist eine andere, ganz einfache Art, mit den Kindern in Kontakt zu kommen. Wir fangen mit den Vorbereitungen dafür an, wenn es noch eine Stunde dauert, bis die Kinder endgültig ins Bett müssen. Wir schalten alle elektronischen Geräte ab (weil das künstliche Licht von Bildschirmen das Schlafhormon Melatonin beeinträchtigt), stecken die Kinder in die Badewanne und lassen sie die Schlafanzüge anziehen.

Dann dimmen wir das Licht und konzentrieren uns auf ruhigere Aktivitäten wie Brettspiele spielen, mit Bauklötzen bauen, Basteln, Puzzeln oder Lesen. Wenn unsere Kinder im Bett liegen, lesen wir jedem von ihnen eine Gute-Nacht-Geschichte vor und schalten eine geführte Meditation für sie ein.

Die Kinder wissen, was sie jeden Abend erwartet, wenn sie ins Bett müssen, was ihnen das Einschlafen erleichtert. An den meisten Tagen schlafen sie ohne großes Tamtam ein, was es auch uns viel leichter macht, wenn wir uns selbst schlafen legen.

Das Zubettgehritual deiner Familie wird ganz anders aussehen als unseres, aber das Wichtige daran ist, dass man so gut wie möglich immer das Gleiche macht. Es ist für jeden gut, als Teil des Zubettgehrituals möglichst wenig auf Bildschirme zu schauen, die blaues Licht von sich geben, weil das unseren natürlichen Biorhythmus besonders beeinträchtigt.

Es gibt spezielle Filter für Laptops und Tablets, mit denen man auch nach Sonnenuntergang noch arbeiten kann, und wir haben besondere Nachtlichter für unsere Kinder, die gar kein blaues Licht verbreiten (www.bulletproof.com/low-blue-nightlight). Und denk daran, was ich dir in Kapitel 5 zum Thema Energiemanagement und genug Schlaf gesagt habe: Es ist wichtig für euch alle, so ins Bett zu gehen, dass ihr jede Nacht lange genug schlummern könnt.

Ein anderes tolles Element für das Zubettgehritual ist das Lesen. Studien haben gezeigt, dass wir im Schlaf besonders gut lernen, also ist es besonders gut für uns, wenn wir direkt vor dem Einschlafen noch etwas lesen. Eine schwere Mahlzeit oder koffeinhaltige Getränke direkt vor dem Schlafengehen sind dagegen nicht besonders hilfreich. Erwachsene sollten außerdem nicht zu viel Alkohol trinken, weil das den Schlaf beeinträchtigen kann.

## Zielgerichtete Kommunikation

Eine andere Methode, die uns zu zielstrebigen Eltern macht, liegt in der Art und Weise, wie wir mit unseren Kindern kommunizieren. Im Allgemeinen verhalten sich Menschen am besten, wenn sie wissen, was von ihnen erwartet wird, und für Kinder gilt natürlich das Gleiche. Es ist unsere Aufgabe als Eltern, unseren Kindern klar zu vermitteln, was wir von ihnen wollen.

In unserem Haus haben wir die „McCarthy-Familienregeln" geschaffen. Diese Regeln gelten für alle Mitglieder des Haushalts – nicht nur für die Kinder. Es sind grundlegende Richtlinien, wie wir miteinander umgehen wollen. Ich kann dir nur empfehlen, dir etwas ähnliches zuzulegen. Denk dabei aber daran, dass es auch auf die Formulierungen ankommt. Statt nur Verbote aufzulisten, solltest du aufschreiben, was ihr tun wollt und werdet. So wird zum Beispiel aus: „Im Haus wird nicht gerannt" ein freundlicheres „Bitte geht im Haus langsam".

Hier sind ein paar Anregungen für den Anfang:

1. Wer Unordnung macht, räumt auch wieder auf.
2. Bitte geht im Haus langsam.
3. Zum Hüpfen haben wir die Trampoline.
4. Wenn wir einen Fehler machen, entschuldigen wir uns und nehmen einander in die Arme.
5. Gewalt ist hier nicht okay.
6. Bitte denkt daran, höflich zu sein. Wer gute Manieren hat, bekommt öfter, was er möchte.
7. Geht respektvoll miteinander um.
8. Teilt eure Spielsachen, nicht eure Bazillen.

Diese Richtlinien sind außerdem sehr hilfreich, wenn es um Disziplin geht. Wenn jemand in unserem Haus dagegen verstößt, sprechen wir es an, statt die Person auf die „stille Treppe" zu schicken. Bei uns stehen die Regeln auf einem Whiteboard. Wenn sich also jemand nicht daran hält, holen wir sie einfach heraus und erinnern ihn oder sie an die Regeln. Dadurch wird niemand als böse abgestempelt, wir erinnern uns einfach gegenseitig daran, wie wir miteinander umgehen. Wenn Mike und ich gegen die Regeln verstoßen, kann es sogar vorkommen, dass unsere Kinder uns ermahnen!

Wir haben zusätzlich zu unseren Regeln sogar noch ein Familienwappen entworfen, das unsere Familienwerte repräsentiert. Das ist gar nicht so schwer: Sammle einfach Wörter, die dein ideales Familienleben beschreiben, am besten mithilfe deiner schriftlichen Vision oder deines Vision Boards (oder mit beidem).

Wenn dir das schwer fallen sollte, kannst du auch „Familienwerte" googeln und dich davon inspirieren lassen. Wenn du eine gute Liste zusammenhast, streich sie zusammen, bis nur noch ein paar davon übrig sind. Wenn du deine ganze Familie dazu bringen kannst, mitzumachen, ist das natürlich noch viel besser. So kann jeder ein oder zwei Wörter beitragen – und wenn zwei oder mehr von euch die gleiche Idee haben, gehört sie ziemlich sicher dazu. Sobald ihr eure Wörter zusammenhabt, könnt ihr versuchen, sie in eine Grafik zu übertragen oder ein Akronym daraus zu bilden, damit ihr sie euch besser merken könnt.

Wir nennen unser Familienwappen den „McCarthy-Familien-Polarstern". Er besteht aus zwei Dreiecken, die zusammengesetzt einen sechseckigen Stern ergeben. In der Mitte steht „Liebe", weil das der grundlegende Wert bei uns ist. An jeder Spitze des Sterns steht ein weiterer wichtiger Wert: Abenteuer, Akzeptanz, Fülle, Freigiebigkeit, Kreativität und Wissbegier.

In unserer Familie spielt Mathematik eine große Rolle, deshalb haben wir daraus diese Formel gemacht, die uns an unsere Werte erinnert: Liebe = $A^2 + F^2 + K + W$.

Die andere Seite der Kommunikationsmedaille ist zielgerichtetes Zuhören. Wir müssen bereit sein, unseren Kindern zuzuhören und ein offenes Ohr für sie haben, wenn sie ihre Gefühle und Gedanken mit uns teilen wollen.

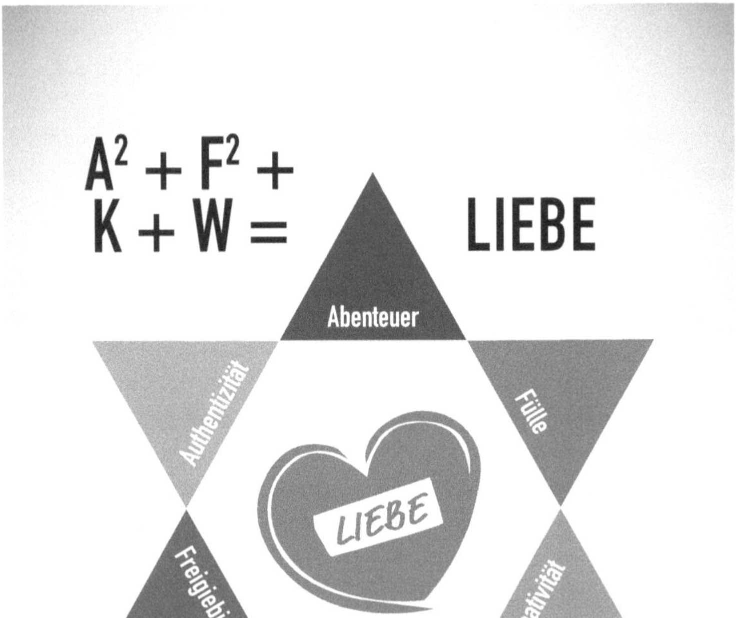

$A^2 + F^2 + K + W =$
LIEBE
Abenteuer
Authentizität
Fülle
LIEBE
Freigiebigkeit
Kreativität
Wissbegier
McCarthy
Familien
POLARSTERN

Ihnen Vorträge zu halten oder sie anzuschreien, ist keine effektive Kommunikation. Wenn wir wollen, dass sie auf uns hören, müssen wir ihnen zuerst zuhören und ihre Gefühle nachfühlen lernen. Ihre Probleme kommen uns zwar manchmal klein vor, insbesondere dann, wenn wir gestresst sind, aber für sie sind sie groß und sehr real. Wenn wir ihnen nicht zuhören, solange sie noch kleine Probleme haben, werden sie sich höchstwahrscheinlich auch später nicht mit großen Problemen an uns wenden.

Übe zielgerichtetes Zuhören mit deinen Kindern. Stell ihnen Fragen und warte geduldig auf ihre Antworten. In ihrem Buch *Fierce Conversations: Achieving Success at Work and in Life One Conversation at a Time* beschreibt Susan Scott die Idee, dass die Qualität einer Beziehung zwischen zwei Menschen in direktem Zusammenhang mit der Qualität der Fragen steht, die sie einander stellen. Akzeptiere „Es geht mir gut" nicht als letzte Antwort. Schau deinem Gegenüber in die Augen und reflektiere ihm, was du es sagen hörst und was du aus seiner Körpersprache abliest.

Wenn dein Kind nicht mit dir reden will, kannst du versuchen, ihm deine Fragen im Auto zu stellen, damit es dir nicht in die Augen sehen muss, oder du fragst es, wenn ihr zusammen einen Spaziergang macht, ein Spiel spielt oder gemeinsam an etwas arbeitet. Achte darauf, dass das Gespräch keine Einbahnstraße ist, kein Vortrag und kein Verhör. Wenn wir unsere eigenen Schwächen teilen, lassen sich unsere Kinder viel leichter auf uns ein und öffnen sich.

## Zielstrebige Partnerschaften

Für Eltern ist es unmöglich, alles ganz allein zu schaffen. Wir wollen immer das Beste für unsere Kinder, aber das bedeutet nicht zwangsläufig, dass wir immer wissen, wie man alles am besten anpackt. Um unseren Kindern wirklich das Beste zu ermöglichen, was das Leben zu bieten hat, müssen wir manchmal zurückstecken und sie direkt von Meistern ihres Fachs lernen lassen. Hier kommen zielgerichtete Partnerschaften ins Spiel. Hier sind zwei Beispiele, um diesen

Punkt noch besser zu illustrieren. Wenn mein Auto repariert werden muss, gehe ich in die Werkstatt; wenn ich krank bin, gehe ich zum Arzt. Ich bin nicht besonders gut darin, Autos zu reparieren, und wenn ich im Internet nach meinen Symptomen suche, denke ich hinterher meistens, dass ich nicht mehr lange zu leben habe. Es ist wichtig, Profis zu suchen, die mir in diesen speziellen Fällen weiterhelfen können.

## Um Hilfe bitten

Wenn dein Kind sich für Computer und Programmieren interessiert, du aber selbst davon keine Ahnung hast, kannst du ihm helfen, die wichtigsten Informationen oder einen Experten zu finden, der sich mit so etwas auskennt. Im heutigen Technikzeitalter ist es einfach, Menschen zu finden, die das wissen, was wir brauchen. So ähnlich sieht es aus, wenn dein Kind Musik liebt, du aber völlig unmusikalisch bist – dann suchst du ihm einen Musiklehrer.

Wenn du deinem Kind in einem bestimmten Bereich selbst kein Vorbild sein kannst, hilf ihm dabei, einen Mentor zu finden. Allerdings ist es auch ein Teil der Gleichung, dass du über die richtigen Informationen verfügst. Du solltest sicherstellen, dass zwischen deinem Kind und seinen Lehrern eine echte Beziehung entsteht. Wenn du merkst, dass dein Kind von einem bestimmten Lehrer nicht begeistert ist oder gut abgeholt wird, such weiter, bis du jemanden findest, der perfekt passt.

Wir helfen, die Zukunft unserer Kinder zu formen, indem wir darauf achten, mit welcher Art von Menschen sie sich umgeben. Der großartige Motivationscoach Jim Rohn hat einmal gesagt: „Du bist der Durchschnitt der fünf Menschen, mit denen du die meiste Zeit verbringst.“ Dieses Konzept basiert auf dem Gesetz des Durchschnitts, das besagt, dass der Durchschnitt aus allen Möglichkeiten das Ergebnis einer Situation bestimmt. Wenn deine Kinder noch klein sind, verbringen sie vielleicht viel Zeit mit einer Tagesmutter, mit Erziehern in der Kita oder bei Verwandten. Wie zielgerichtet wählst du diese Menschen aus? Mit wem umgibst du dein Kind zielstrebig?

## Bezahlte Hilfe

In der Businesswelt gibt es ein Mantra: „Stell langsam ein, entlasse schnell." So gehe ich auch vor, wenn ich jemanden einstelle, der sich um meine Kinder kümmert. Meiner Meinung nach sind unsere Kinder das Wichtigste auf der ganzen Welt, deshalb nehme ich mir Zeit, wenn ich jemanden suche, mit dem sie Zeit verbringen werden. Ich brauche unbedingt einen Babysitter, damit ich alles schaffe, was ich mir vorgenommen habe, und mir trotzdem noch Zeit zum Ausruhen nehmen kann.

Unsere Babysitter werden mit der Zeit Teil der Familie, deshalb wähle ich sie sehr sorgfältig aus. Am liebsten stelle ich Babysitter ein, die Ambitionen haben, also weiß ich von Anfang an, dass sie nicht ewig bei uns bleiben werden. Aus diesem Grund habe ich ein zielgerichtetes System entwickelt, das mir hilft, ständig nach neuen Kandidaten zu suchen und die richtigen von ihnen auszuwählen.

Das Vorstellungsgespräch läuft bei mir wie bei jedem anderen Job. Ich habe sehr gute Erfahrungen damit gemacht, unsere Babysitter über die Website www.care.com zu suchen. Andere Kandidaten werden mir von Freunden empfohlen, oder ich finde sie in den Kleinanzeigen in der Zeitung, in Babysitter-Zusammenschlüssen von Freunden und bei anderen Dienstleistern. Wichtig daran ist, dass du die Suche nach neuen Babysittern ganz oben auf deiner To-do-Liste hast und deine besten Möglichkeiten strategisch erkennst.

Ich habe schon einige Fehler gemacht und aus ihnen gelernt, dass ich den Job möglichst genau beschreiben muss, um Bewerbungen zu bekommen, die so gut passen wie möglich. Wenn ich zum Beispiel weiß, dass ich dreimal pro Woche Hilfe brauche, um Tyler von der Schule abzuholen, schreibe ich dieses Detail in die Beschreibung, damit von Anfang an klar ist, was wir erwarten. Dadurch fallen alle Bewerber durchs Raster, die um diese Zeit nicht können oder nicht mobil genug sind.

Wenn ich die ersten Bewerbungen habe, vereinbare ich mit allen Bewerbern Termine für ein 20-minütiges Vorstellungsgespräch am Telefon, durch das ich besser einschätzen kann, wer zu uns passen könnte, ob sie also zu unseren Anforderungen passen und ob wir auf einer Wellenlänge sind. Wenn ich bei einer Person und ihren Qualifikationen ein gutes Gefühl habe, lade ich sie ein, einen einfachen Persönlichkeitstest namens *DISC* zu machen (kostenlos und online unter www.123test.com/disc-personality-test). Ich erkläre den Kandidaten, dass dieser Test mir hilft, sie besser kennenzulernen, bevor wir uns persönlich treffen, und bitte sie, mir das Ergebnis vor dem Treffen zuzuschicken.

Das persönliche Vorstellungsgespräch lege ich auf eine Zeit, in der die Kinder zu Hause sind, damit ich sehen kann, wie sie auf den potenziellen Babysitter reagieren. Im Gespräch stelle ich alle möglichen Fragen, aber was ich eigentlich herausfinden möchte, ist, ob es sich bei dieser Person um jemanden handelt, den ich im Leben meiner Kinder haben will, und welchen Wert sie den Kindern bringen kann, den ich ihnen nicht selbst gebe.

Unsere aktuelle Babysitterin zum Beispiel studiert Sprachstörungen und kann Zeichensprache. Sie hat unseren Kindern auch ein paar einfache Zeichen beigebracht. Es macht den Kleinen viel Spaß, diese Zeichen dann wiederum Mike und mir beizubringen. Wenn du jemals gedacht hast: „Ich habe keine besonders gute Unterstützung bei der Kindererziehung", dann liegt das daran, dass du bei der Suche nicht zielstrebig genug bist. Um perfekte Helfer zu finden, musst du am Anfang vielleicht etwas mehr Mühe und Konzentration aufwenden, aber auf lange Sicht zahlt sich das immer in Form von mehr Freiheit aus.

## Partnerschaften mit Freunden

Wenn deine Kinder größer werden und in die Schule kommen, werden sie anfangen, mehr Zeit mit ihren Altersgenossen zu verbringen als mit Erwachsenen. Du kannst dir zwar nicht aussuchen, mit wem sie befreundet sind, aber du kannst ihre Freunde zumindest kennenlernen. Außerdem kannst du verstärkt darauf achten, mit wem du selbst Zeit verbringst, und ihnen gesunde Beziehungsmodelle vorleben. Mike und ich umgeben uns am liebsten mit gleichgesinnten Personen, und unsere Kinder kommen in den Genuss, sich mit den Kindern unserer Freunde anzufreunden.

Mike und ich haben Freunde im ganzen Land, daher haben unsere Kinder überall, wohin wir reisen, Spielkameraden. Zu Hause haben wir einen starken Freundeskreis, und unsere Kinder treffen sich regelmäßig zum Spielen und wachsen praktisch miteinander auf, obwohl sie verschiedene Schulen besuchen. Du kannst dein Zuhause und dein Herz für die Freunde deiner Kinder öffnen, indem du ihnen einen sicheren, schönen und einladenden Platz zum Spielen präsentierst.

Biete deinen Kindern an, ihre Freunde einzuladen, und lerne sie bei dieser Gelegenheit kennen. Lade sie zum Essen ein. Fahr sie zum Fußball, zum Taekwondo, zum Tanzen und zu anderen Aktivitäten. Stell den Freunden Fragen und hör gut zu, wenn sie antworten. Lass dich auf sie ein. Damit lebst du deinen Kindern eine gesunde Beziehung vor und erfährst gleichzeitig eine Menge über das Leben der anderen Kinder, mit wem sie befreundet sind und ob die Werte ihrer Familien zu euren passen.

Außerdem weißt du nie, was du über dein eigenes Kind erfahren kannst, wenn du es aus der Perspektive seiner Freunde siehst. All diese Faktoren werden dazu führen, dass du zielgerichtet bessere Partnerschaften für deine Familie erschaffen kannst.

## Die besonders wichtige, funktionierende Beziehung zum Partner

Die wichtigste Partnerschaft, die du meines Erachtens haben kannst, ist die zu deinem Partner oder deiner Partnerin. Ich glaube, dass es enorm wichtig ist, diese Beziehung über alles andere zu stellen. Wenn die Partnerschaft zwischen den Eltern nicht stark ist und ihr euch oft uneinig seid, merken die Kinder das und werden anfangen, euch gegeneinander auszuspielen.

Kinder sind die geborenen Verhandler und versuchen immer, das zu bekommen, was sie wollen und brauchen, auch wenn dadurch ein Konflikt entsteht. Dafür können sie nichts. Kindergehirne befinden sich noch in der Entwicklungsphase, deshalb kannst du nicht von ihnen erwarten, dass sie Beziehungen zwischen Erwachsenen verstehen.

Unsere Verantwortung als Eltern besteht darin, den Kindern Liebe und Respekt vorzuleben. Das gelingt am besten, wenn du dich bewusst und zielgerichtet um deine Beziehung zu deinem Partner oder deiner Partnerin kümmerst.

Hier sind ein paar Ideen, wie du deine Ehe oder deine Partnerschaft zielstrebig pflegen und stärken kannst:

- Nimm dir bewusst Zeit für deinen Partner oder deine Partnerin und schütze sie gezielt. Verabredet euch regelmäßig zu einem Rendezvous oder sogar einem Urlaub *ohne* Kinder.
- Drückt jeden Tag eure Dankbarkeit füreinander aus. Schreib täglich drei Dinge auf, die du besonders an deinem Partner oder deiner Partnerin schätzt und liebst, und teile sie mit ihm oder ihr, bevor ihr morgens getrennter Wege geht. Das kann so einfach sein wie: „Ich bin dankbar, dass du gestern Abend den Müll hinausgebracht hast, damit ich es nicht selbst machen musste", oder so groß wie: „Ich finde es toll, dass du so gut für unsere Familie sorgst."
- Zeigt einander jeden Tag Großzügigkeit und Freundlichkeit. Haltet eure Liebesbeziehung in Gang, indem ihr euch kleine Liebesbriefe schreibt oder den anderen mit kleinen, aufmerksamen Geschenken überrascht.
- Stellt eine kleine Liste mit Werten für eure Beziehung zusammen. Das Akronym für unsere Beziehungswerte lautet B.R.U.S.H. und steht für „Begeisterung, Respekt, Unterstützung, Spaß und Harmonie". Diese Werte versuchen wir im Umgang miteinander zu beachten. Ich rate dir, dir mit deinem Partner oder deiner Partnerin ebenfalls gemeinsame Beziehungswerte auszudenken.
- Geht zur Paartherapie, wenn nötig. Wenn ihr ein Problem habt, mit dem ihr allein nicht fertig werdet, ist es keine Schande, sich Hilfe beim Profi zu holen. Die Partnerschaft mit einem

Therapeuten kann ebenfalls sehr wichtig sein. Mike und ich haben B.R.U.S.H. übrigens bei einer Paartherapiesitzung erschaffen.

- Bau dir einen Freundeskreis auf, dem du vertrauen kannst, damit du nicht ausschließlich von deinem Partner oder deiner Partnerin Unterstützung bekommst. Deine bessere Hälfte und deine Kinder können nicht die ganze Welt für dich sein. Such dir Menschen mit ähnlichen Interessen und Werten, die dich glücklich machen, und plane Zeit mit ihnen ein. Mike ist zum Beispiel Mitglied einer Mastermind-Gruppe für Männer namens *GoBundance* (www.gobundance.com) und ich mache jeden Monat einen Mädelsabend mit meinen Freundinnen.
- Redet über Probleme, statt still vor euch hin zu leiden. Dein Partner oder deine Partnerin kann keine Gedanken lesen. Wenn du ein Problem hast, solltest du es mit ihm oder ihr teilen.
- Sucht nach Lösungen, die für beide Partner funktionieren. Am besten sind immer Lösungen, bei denen alle Beteiligten gewinnen.
- Legt ein Wort oder einen Satz fest, der euch eine Pause garantiert, wenn die Gemüter doch einmal überkochen. Unser Wort lautet schlicht: „Pause".
- Teilt eure Ziele und Visionen miteinander.
- Kommuniziert möglichst offen und klar. Mike und ich haben ein System, das uns erlaubt, jede Woche ein Familienmeeting miteinander abzuhalten, bei dem wir über Termine, Finanzen und alles andere reden, was nicht nur einen von uns betrifft. Außerdem haben wir uns angewöhnt, am Ende des Tages noch einmal kurz miteinander über den vergangenen und den kommenden Tag zu reden.
- Es kann passieren, dass deine Liebesbeziehung zur anderen Person aus dem einen oder anderen Grund zu Ende geht, aber du kannst deinen Kindern trotzdem weiterhin Liebe vorleben: durch Akzeptanz. Viele Menschen tolerieren in ihren Beziehungen mieses Verhalten, Untreue und sogar Misshandlung, weil sie glauben, es sei das Beste für die Kinder. So lebt man aber keine Liebe vor. Wenn du in einer solchen Situation

steckst, ist es besser, du liebst dich selbst so sehr, dass du die Beziehung beendest und jemanden suchst, der deine Liebe eher verdient. Wenn du negatives Verhalten an deinem Partner oder deiner Partnerin tolerierst, führt das nur dazu, dass sie weiter schlechte Entscheidungen treffen. Da ist es besser, du entziehst dich der toxischen Beziehung.

## Die Kinder als Partner

Auch Kinder sind tolle Partner. Wenn du dein Kind bei einem Problem oder einem Projekt helfen lässt, hat das einen riesigen Effekt auf sein Selbstvertrauen und stärkt sein Gefühl, ein wertiges Mitglied der Familie zu sein. Such Wege, wie du dein Kind als Partner einbeziehen kannst. Du wirst es nicht bereuen.

Tyler zum Beispiel liebt es, ein großes Messer zu benutzen, deshalb lasse ich ihn immer das Gemüse fürs Abendessen schneiden. Dadurch fühlt er sich gut, weil er etwas dazu beiträgt, dass das Essen auf den Tisch kommt, und das Essen ist außerdem schneller fertig. Am Anfang musste er erst noch lernen, wie man mit einem Messer umgeht, aber jetzt, wo er es kann, muss ihn niemand mehr dabei beaufsichtigen, also geht das Kochen viel schneller. Ember ist gerade auch dabei, den Umgang mit Messern zu lernen, also gebe ich ihr zum Beispiel Oliven oder Avocado zu schneiden, weil sie das mit einem Buttermesser machen kann.

Wie bereits erwähnt, ist das Erschaffen von Familienwerten eine perfekte Aufgabe, in die du deine Kinder einbeziehen kannst. Je weiter sie in diesen Prozess eingebunden sind, desto mehr werden sie die Werte unterschreiben und sich daran halten.

## Abschlussgedanken für zielstrebige Eltern

Wenn du als Elternteil zielstrebig bist, bedeutet das, dass du eine klare Vision für deine Familie, deine Erwartungen und Werte, deine Partnerschaften und deine Kommunikation hast. Denk daran: Wenn du willst, dass deine Kinder großartiger werden als du selbst, musst du zunächst zu einer Person wachsen, zu der deine Kinder aufblicken, indem du täglich die Life S.A.V.E.R.S. anwendest. Dann musst du dich deinen Kindern geben, indem du Zeit mit ihnen schützt und auf einer tiefgehenden Ebene mit ihnen kommunizierst.

Als Eltern sollten wir unsere Kinder besser kennen als jeder andere. Und zuletzt solltest du ihnen gesunde Partnerschaften vorleben und ihnen die Familienvision und die Familienwerte vermitteln. Wenn ihr zielgerichtete Eltern werdet, überlasst ihr das Leben eurer Kinder nicht mehr dem Zufall, sondern erschafft es absichtsvoll mit ihnen gemeinsam.

# ELTERNPROFIL

## Pat Flynn

Pat ist Unternehmer, Blogger und Podcaster. Am bekanntesten ist er für seine *Smart Passive Income*-Webseite, auf der er die Ergebnisse seiner finanziellen Experimente teilt. Der *Smart Passive Income Podcast* steht bei iTunes in der Kategorie „Business" regelmäßig in den Top 10.

Pat ist verheiratet und hat zwei Kinder, einen siebenjährigen Sohn und eine dreijährige Tochter.

### Wie hat der Miracle Morning dein Familienleben verändert?

Früher war ich eine Nachteule, aber ich habe sofort eine Veränderung wahrgenommen, als ich mich auf den *Miracle Morning* umstellte. Ich war plötzlich besser gelaunt und hatte bei der Arbeit mehr Energie. Nach ein wenig Bewegung, Meditation und Dankbarkeit konnte ich frisch in den Tag starten. Meine Arbeit fühlte sich viel bedeutsamer an.

Weil meine Stimmung besser ist, kann ich auch ein besserer Elternteil sein und mich hundertprozentig auf die Kinder konzentrieren.

## Die besten Erziehungstipps

**Achte auf Dankbarkeit und bring deinen Kindern bei, dankbar zu sein.** Wenn meine Kinder schon wach sind, schauen sie mir zu, wie ich die Life S.A.V.E.R.S. mache, und ich erzähle ihnen, wofür ich dankbar bin und warum das so wichtig ist. Außerdem frage ich sie im Lauf des Tages immer wieder, wofür sie gerade dankbar sind, damit sie sich daran gewöhnen.

**Erhalte dir eine gesunde Perspektive.** Viele Eltern fragen sich: „Warum passiert das nur mir? Die Kinder von anderen Eltern machen so etwas nicht. Warum muss das sein?" Ich versuche mich daran zu erinnern, dass ich das Verhalten meiner Kinder nicht ändern kann, dass ich aber die Kontrolle darüber behalten kann, wie ich selbst darauf reagiere. Wie ich auf sie reagiere, wenn sie trotzig sind, bestimmt, wie sie später auf andere Leute reagieren werden, die sich anders verhalten als gewünscht. Ich versuche, meinen Kindern immer ein gutes Vorbild zu sein.

**Schaff dir eine Gemeinschaft mit anderen Eltern.** Es ist sehr wichtig, dass du dich mit anderen Eltern umgibst, die du um Rat fragen und mit denen du deine Geschichten teilen kannst. Dort bekommst du die bestmögliche Unterstützung. Meine Frau und ich hatten sehr viel Glück, dass viele unserer Freunde Kinder im gleichen Alter wie unsere haben.

**Ein Meditationstipp für Eltern.** Ich nutze ein Gerät namens „Muse", das mich bei der Meditation unterstützt. Das ist ein Stirnband mit Sensoren, die meine Hirnaktivität messen. Es lässt sich mit einer App namens „Calm" verbinden, die dir verrät, ob du dich in einem meditativen Zustand befindest.

**Zeigt euch den Kindern als geschlossene Front.** Wenn meine Frau eine Entscheidung trifft, widerspreche ich ihr nicht vor den Kindern, selbst wenn ich eigentlich nicht damit einverstanden bin. Wir sagen nie Dinge wie: „Oh, das hat er aber nicht verdient." Über solche Dinge unterhalten wir uns später unter vier Augen, dann sind wir aber auch sehr offen zueinander.

**Spiel mit deinen Kindern.** Wir lieben Rollenspiele. Dabei lassen wir die Kinder ein Szenario aussuchen und uns von ihnen erklären, wie wir uns in dieser Situation verhalten sollen. Manchmal lassen wir sie einfach machen. Ich glaube, das macht das Spiel erst so richtig lustig, weil sie wissen, dass es Zeit zum Spielen ist, wenn sie einen großen Erwachsenen auf allen Vieren sehen, der so tut, als wäre er ein Elefant. Am Anfang fiel es mir schwer, Quatsch zu machen, aber inzwischen habe ich gemerkt, dass meine Kinder mich öfter umarmen und ich mich ihnen viel näher fühle, je mehr Quatsch ich mache, weil ich dann ihre Sprache spreche.

**Nutze einen Zeitplan.** Ich habe tatsächlich angefangen, sogar Dinge in meinen Zeitplan aufzunehmen, die zum *Miracle Morning* gehören, weil ich gemerkt habe, dass das, was im Kalender steht, auch gemacht wird. Schreib ihn am besten ganz oben auf die Liste, damit du dich wieder daran gewöhnst, wenn du die Zeit dafür hast, und die Gewohnheit nicht auf Dauer verlierst.

## Abschlussgedanken

Die Goldene Regel stimmt immer noch. So etwas Ähnliches lehre ich auch in Bezug auf das Business: Deine Einkünfte sind ein Nebeneffekt davon, wie gut du dein Publikum bedienst. Ich sage meinen Kindern: „Was du der Welt gibst, gibt die Welt dir zurück." Also geben wir der Welt doch am besten tolle Dinge. Behandeln wir die Menschen freundlich, dann werden sie uns auch mit Freundlichkeit begegnen.

# ELTERNPROFIL

## Mary Lynn Snow

Mary Lynn ist Vollzeitmanagerin in einem Krankenhaus und hat drei Kinder: zwei Söhne im Alter von sieben und zwei und eine fünfjährige Tochter. Mary Lynns Mann, Ryan Snow, ist Co-Autor von *The Miracle Morning for Salespeople.*

### Wie man den Miracle Morning mit Kindern teilt

Unser größerer Sohn macht mit Begeisterung beim *Miracle Morning* mit. Er hat seine Affirmationen aufgeschrieben und wird immer stolzer und selbstsicherer, weil er sie jeden Tag aufsagt. Wenn Ryan und ich lesen oder meditieren, macht er mit, genauso bei der Bewegung. Die macht ihm besonders viel Spaß. Letzte Woche ist er aufgewacht und direkt mit eingestiegen, während wir gerade mitten in unserer Routine waren. Das war wirklich lustig!

## Die besten Erziehungstipps

**Vergiss das Spielen nicht.** Ich arbeite in Vollzeit, aber wenn ich heimkomme, versuche ich, ausschließlich für meine Kinder da zu sein, abends mit ihnen zu spielen und ihnen eine Gute-Nacht-Geschichte vorzulesen. Ihnen diese schöne Zeit zu schenken, wie auch immer sie aussehen mag, ist unsere Art, verspielt zu bleiben.

**Nutze positive Disziplin.** Wenn deine Kinder etwas Unfreundliches sagen oder sich in Schwierigkeiten bringen, leiten wir sie an, Sätze mit „ich bin“ zu sagen. Sie machen eine „ich bin“-Aussage pro Jahr ihres aktuellen Lebensalters. Ich glaube, das hat wirklich einen sehr positiven Effekt auf sie.

Wenn unser Sohn zum Beispiel gemein zu seiner Schwester ist, muss er siebenmal sagen: „Ich bin lieb."

**Nimm dir Zeit für jedes einzelne deiner Kinder.** In aller Regel legen wir Einzelabende fest, an denen ich zum Beispiel ein Kind nehme, während Ryan bei den anderen beiden bleibt, damit ich mir Zeit für dieses eine Kind nehmen und unter vier Augen mit ihm reden kann. Wir wollen, dass sie wissen, dass sie etwas ganz Besonderes für uns sind, und dass jeder von ihnen diese besonders schöne Zeit und Aufmerksamkeit bekommt.

**Sei zielgerichtet.** Der *Miracle Morning* hat uns organisierter, ruhiger und geduldiger gemacht, dadurch können wir viel zielgerichteter mit unseren Kindern umgehen. Außerdem haben wir uns so daran erinnert, dass wir selbst ständig weiterlernen und -wachsen.

**Jedes Kind ist besonders.** Kinder sind noch in der Entwicklung, deshalb ist es falsch, zu streng mit ihnen zu sein oder sie ständig zu bestrafen. Wir versuchen, uns daran zu erinnern, dass jedes unserer Kinder einzigartig ist, und dass wir sie auch so behandeln müssen. Ihre bevorzugten Lernmethoden unterscheiden sich, und was für ein Kind funktioniert, kann beim anderen ganz falsch sein.

**Finde gute Ressourcen.** Ein Buch, das ich gelesen habe, und das mir wirklich gut gefallen hat, beschreibt mein ältestes Kind perfekt: *Wie anstrengende Kinder zu großartigen Erwachsenen werden: Der Erziehungsratgeber für besonders geforderte Eltern* von Mary Sheedy Kurcinka. Mein Sohn hat sehr viel Energie und lernt ein bisschen anders als andere Kinder. Das Buch wird dich daran erinnern, dass du nicht allein damit bist, ein „anstrengendes" Kind großzuziehen, also bist du auch mit deinen Problemen nicht allein. Du wirst dich gleich besser unterstützt fühlen.

**Schaff gesunde Partnerschaften.** Ich glaube, meine wichtigste Partnerschaft ist die mit Ryan. Davon ist viel improvisiert. Die Kinder gehen ins Bett und wir besprechen, wie der Tag gelaufen ist. Wenn es etwas gibt, das wir noch verbessern könnten, oder wenn wir im Lauf des Tages eine Situation mit Verbesserungspotenzial bemerkt haben, planen wir, wie wir weitermachen wollen, was immer sehr wichtig ist.

Es ist gut, einfach darüber zu sprechen, aber am Ende braucht man einen Plan. Das machen wir also oft, aber wir pflegen unsere Beziehung auch durch regelmäßige Dates und ab und zu einen Kurztrip ohne Kinder. Wenn wir uns nicht einig wären, könnte die ganze Familie nicht ordentlich funktionieren.

**Redet über Geld.** Wir reden mit unserem Siebenjährigen über unsere Bankkonten, unser Erspartes und darüber, wie man bewusst Geld ausgibt, aber wir könnten noch besser darin sein und arbeiten gerade daran, das auch zu werden.

**Kinder halten viel aus.** Eine unserer großen Errungenschaften war es, unserem Sohn beizubringen, wie man Fahrrad fährt. Er ist unzählige Male heruntergefallen, aber er hat es immer wieder versucht. Nach drei oder vier Tagen konnte er endlich Fahrrad fahren und war so stolz! Es war toll zu sehen, wie widerstandsfähig er ist.

## Elternerfolgsstory

Unser Sohn hat eine Angststörung, die sein Sozialleben und seine täglichen Aufgaben rund um die Schule beeinträchtigt. Ryan und ich haben gemeinsam geplant, ihm einen Therapieplatz zu besorgen, und den Plan in die Tat umgesetzt. Meditation und Affirmationen haben ihm ebenfalls viel geholfen, weil er dadurch geerdet wird.

Er hat eine Menge Energie, also haben wir ein ganzes Puzzle aus traditionellen und nicht-traditionellen Methoden zusammengesetzt, das ihn insgesamt beruhigt hat. Jetzt hat er schon seit über einem Jahr keine Panikattacke mehr gehabt.

## Abschlussgedanken

Ich möchte allen Eltern da draußen sagen: Ihr seid nicht allein. Als ich die Schwierigkeiten mit meinem Sohn durchmachte, weil er die Panikattacken hatte, fühlte ich mich sehr allein. Dann kam er in die Schule und seine Lehrer glaubten nicht, dass er jemals Lesen lernen würde, aber heute liest er wie ein Weltmeister. Ihr seid nicht allein. Wendet euch an die Schule oder an euer Netzwerk. Es gibt immer jemanden, der euch helfen, unterstützen und einen neuen Blickwinkel zeigen kann.

# 8. AUSSERGEWÖHNLICHE ELTERNFÄHIGKEIT NR. 2:

# VERSPIELTHEIT

*Wenn wir über das Spielen sprechen, klingt das oft wie eine Pause vom ernsthaften Lernen. Aber wenn Kinder spielen, lernen sie dabei ernsthaft. In Wahrheit ist Spielen die Arbeit der Kindheit.*

FRED ROGERS, der berühmte Schauspieler aus der Kindersendung *Mr. Rogers' Neighborhood*

Wann hast du das letzte Mal mit deinen Kindern gespielt? Wir Erwachsenen sind oft zu beschäftigt mit unserer Arbeit, dem Haushalt, der Auswahl der richtigen Freizeitaktivitäten für unsere Kinder und damit, die Kinderfußballmannschaft zu trainieren oder bei den Pfadfindern ein Ehrenamt auszufüllen, um uns Zeit zum Spielen zu nehmen. Dabei wissen wir doch alle, wie wichtig Spielen für die gesunde Entwicklung von Kindern ist. Kleine Kinder lernen im Spiel soziale Fähigkeiten und entwickeln ihre Grob- und Feinmotorik. Außerdem fördert Spielen Problemlösungsfähigkeit, kritisches Denken und Kreativität. Spielerisch entdecken Kinder die Welt – und das ist für Erwachsene ebenso wichtig.

In seinem Buch *Play: How it Shapes the Brain, Opens the Imagination and Invigorates the Soul* schreibt Dr. Stuart Brown: „Spielen ist keine Aktivität, es ist ein Geisteszustand. Verdeutlichen Sie sich, was die Definition von ‚Spiel' ist: eine faszinierende, anscheinend zwecklose Tätigkeit, die Freude bereitet und dafür sorgt, dass man unbefangen die Zeit vergisst. Es ist selbstmotiviert und man möchte es immer wieder tun. Um spielen zu können, müssen wir den richtigen Gemütszustand erreichen." Was für einen Menschen ein Spiel ist, bedeutet für jemand anderen vielleicht harte Arbeit. Manchen Leuten macht es zum Beispiel große Freude, im Garten zu arbeiten, während es für andere die reinste Folter ist. Das heißt, dass wir alle selbst definieren müssen, was „Spielen" für uns bedeutet. Eines ist aber sicher: Wenn man wirklich spielt, fühlt man sich wunderbar.

## Die zahlreichen Vorzüge des Spielens

Es ist kein Geheimnis, dass Spielen viele große Vorteile bringt, und zwar sowohl für Kinder als auch für Erwachsene. Dabei schüttet der Körper erwiesenermaßen Endorphine aus, die dafür sorgen, dass wir uns insgesamt besser fühlen und sogar vorübergehend körperliche Schmerzen ignorieren können. Spielen verbessert die Hirnfunktion. Manche Spiele, wie Schach und Puzzles, regen uns zum Denken an und verbessern unser Gedächtnis. Wenn wir ein Problem spielerisch angehen, finden wir oft besonders kreative Lösungen dafür. Es ist, wie Albert Einstein einmal gesagt hat: „Probleme kann man niemals mit derselben Denkweise lösen, durch die sie entstanden sind."

Wenn wir mit anderen spielen, stärken wir dadurch unsere Verbindung untereinander. Spielerisch bricht man leichter das Eis, wenn man mit Fremden reden muss, und man kann stressige Situationen durch Humor entschärfen. Es verleiht uns Energie und Vitalität und macht uns sogar widerstandsfähiger gegen Krankheiten, sodass wir uns am besten fühlen, wenn wir ab und zu spielen. George Bernard Shaw hat es so ausgedrückt: „Wir hören nicht auf zu spielen, weil wir alt werden; wir werden alt, weil wir aufhören zu spielen."

Es überrascht dich vielleicht, aber Spielen ist auch ein wichtiger Bestandteil gesunder Beziehungen. Kleine Kinder verhalten sich so, wie sie es bei ihren erwachsenen Bezugspersonen sehen. Wenn wir mit Leichtigkeit miteinander umgehen, werden unsere Kinder es auch tun. Wenn wir stattdessen ständig gestresst sind, wenn wir die Kinder um uns haben, und mit unseren Partnern und Partnerinnen streiten, werden die Kleinen uns auch das nachmachen. Deshalb sollten wir nicht nur mit unseren Kindern spielerisch umgehen, sondern auch mit unserem Partner oder unserer Partnerin. Wenn wir mit unseren Kindern spielen, helfen wir ihnen in ihrer Entwicklung und erschaffen eine lang anhaltende, tiefgehende Beziehung zu ihnen. Wenn wir mit unseren Partnern spielen, bleibt die Beziehung frisch und wir entwickeln ein engeres Verhältnis zueinander. Kurz gesagt: Spielen macht Spaß, und wenn wir uns die Gelegenheit dazu gestatten, kann es enorm vorteilhaft sein.

## Tipps für qualitativ hochwertiges Spiel mit den Kindern

Spielen hat viele Gesichter. Für Kinder ist es ebenso wichtig, sich allein zu beschäftigen wie mit Gleichaltrigen zu spielen. Und mit den Eltern Spaß zu haben, fördert die Eltern-Kind-Bindung und ist deshalb ebenfalls unverzichtbar.

Hier sind ein paar Tipps, wie du am besten regelmäßig mit deinen Kindern spielst:

1. **Reserviere regelmäßig Zeit zum Spielen.** Mach es dir zur Gewohnheit, täglich oder wöchentlich zur gleichen Zeit mit deinen Kindern zu spielen. Mike spielt zum Beispiel jeden Abend nach dem Abendessen eine halbe Stunde mit den Kindern, während ich mich erhole und die Küche aufräume. Die Kinder wissen, dass sie ihren Vater in dieser Zeit für sich haben, und freuen sich schon den ganzen Tag darauf.
2. **Lass dich nicht ablenken.** Leg das Handy weg, schalte den Fernseher aus und setz dich nicht an den Computer. Wenn wir Kindern unsere ungeteilte Aufmerksamkeit schenken, fühlen sie sich wie etwas Besonderes.

3. **Erzwing es nicht.** Wenn man es zu angestrengt erzwingt, ist es kein Spiel mehr. Wenn dein Kind keinen Spaß mehr an einer bestimmten Sache hat, hört auf und macht etwas anderes. Den Spielregeln muss man nicht unbedingt immer folgen. Wenn du zum Beispiel bei einem Brettspiel merkst, dass dein Kind sich schwer tut, erfindet einfach gemeinsam neue Regeln.
4. **Wiederholung ist gut.** Besonders kleine Kinder wollen immer das gleiche Spiel spielen oder immer wieder dasselbe Buch vorgelesen haben. Das entspricht vielleicht nicht dem, wie du unter Spaß verstehst, aber es hilft deinem Kind beim Lernen und ist gut für eure Bindung, also lass dich darauf ein. Irgendwann wird es etwas anderes spielen wollen als „Mensch ärgere dich nicht".
5. **Gib den Kindern das Kommando.** Versuch nicht, ihr Spiel zu kontrollieren, sondern tauche darin ein. Wenn dein Kind Rollenspiele liebt, lass es bestimmen, wer du bist, und stell ihm Fragen, damit es die Szene beschreibt. Lass die Kinder die Regeln festlegen und das Tempo bestimmen. Ember spielt besonders gern die Mama und macht uns alle zu ihren Kindern. Es ist immer lustig, die Rollen zu vertauschen.
6. **Mach dich schmutzig.** Setz dich ruhig auf den Boden, renn im Regen herum und hol dir Grasflecken auf den Kleidern. Spiegel das Spiel deiner Kinder wider: Wenn sie auf dem Boden herumrollen, kannst du das auch. Wenn sie lautstark spielen, pass dich ihnen an. Solange sich niemand wehtut, ist es okay, aktiv zu sein und sich dabei schmutzig zu machen.
7. **Achte auf Sicherheit.** Das schönste Spiel macht keinen Spaß mehr, wenn sich jemand wehtut. Wenn man für euer Spiel bestimmte Sicherheitsregeln einhalten oder besondere Ausrüstung tragen muss, solltest du sicherstellen, dass deine Kinder das verstehen, damit sich niemand verletzt.
   Auf dem Spielplatz solltest du dein Kind zum Beispiel daran erinnern, nicht zu nah an die Schaukeln zu gehen. Wenn ihr mit dem Fahrrad unterwegs seid, solltet ihr unbedingt einen Helm tragen.

8. **Das richtige Spiel für das richtige Alter.** Wenn etwas zu einfach oder zu schwer ist, verliert dein Kind ganz schnell das Interesse daran. Wenn du mit Kindern verschiedener Altersklassen spielst, orientierst du dich am besten am jüngsten Kind. Wenn ein Spiel zu schwer für das Kleinste ist, gibt es nämlich leicht Tränen, und das macht dann niemandem mehr Spaß.

Es ist nie zu spät, deine eigene Kindheit wieder aufleben zu lassen und ganz altmodisch Spaß zu haben. Als Kinder haben wir alle von Natur aus gespielt. Vergiss also über den ganzen Erwachsenensorgen nicht, dich in Verspieltheit zu üben. Viele der Eltern, die ich für dieses Buch interviewt habe, sagen das Gleiche: Mit den Kindern zu spielen ist die einfachste Methode, zur alten Unbeschwertheit zurückzufinden.

In den letzten Jahren kamen immer mehr Malbücher für Erwachsene auf den Markt und verkauften sich wie geschnitten Brot. Brianna Greenspan hat ein wundervolles Malbuch entwickelt, das für Kinder und Erwachsene gleichermaßen geeignet ist. Es heißt: *The Miracle Morning Art of Affirmations: A Positive Coloring Book for Adults & Kids.* Darin findest du jede Menge positiver Affirmationen, die du mit deinen Kindern ausmalen kannst. Danach kannst du sie ausschneiden und zu einem Teil deines Vision Boards machen oder an die Wand hängen. Dieses Buch hilft dir, ganz leicht mit deinen Kindern kreativ zu werden und gleichzeitig Affirmationen zu wiederholen. Es ist zum Beispiel auf www.amazon.de erhältlich.

Es ist nicht offensichtlich, dass auch Erwachsene spielen müssen. Das Bedürfnis ist ganz ähnlich wie das Ruhebedürfnis, das wir in Kapitel 5 besprochen haben. Wissenschaftliche Forschungen haben klar gezeigt, dass Spielen auch für Erwachsene wichtig ist. Wir müssen das Leben ab und zu auf die leichte Schulter nehmen, uns von dem freimachen, was die anderen denken, und unsere Zeit auf dieser Erde genießen.

Eine Gelegenheit, bei der ich besonders viel Spaß mit Tyler hatte, war bei einer Party bei uns zu Hause. Wir hatten eine Hüpfburg mit Rutsche für die Kinder bestellt, aber am Tag der Party regnete es in Strömen und niemand hatte Badesachen oder Wechselkleidung dabei. Tyler war traurig, dass er nicht in der Hüpfburg spielen konnte, also entschuldigte ich mich von meinen Gastgeberinnenpflichten und bat ihn, seine Badehose anzuziehen. Ich warf mich ebenfalls in den Badeanzug und wir hatten eine Menge Spaß daran, auf unserer ganz persönlichen Riesenwasserrutsche zu spielen.

Nachdem wir genug hatten und wieder zurück zur Party gingen, sagten mir mehrere Gäste, wie schön es gewesen sei, die pure Freude auf unseren Gesichtern gesehen zu haben. Wir hatten völlig die Zeit vergessen und im Augenblick gelebt, ohne uns Gedanken darüber zu machen, was die anderen Partygäste wohl von uns dachten. Es war klar gewesen, dass wir da draußen im Regen sein wollten, um gemeinsam diese wundervolle Erinnerung zu erschaffen.

## Aktive Bindung

Eine spielerische Geisteshaltung hilft dir, die Dinge nicht so eng zu sehen. Wir Erwachsenen leben oft entweder in der Vergangenheit oder wir machen uns Sorgen um die Zukunft. Wir sind immer gestresst und sagen unseren Kindern, sie sollen ebenfalls schneller machen.

Wir lassen zu wenig Zeit für Flexibilität. Je jünger deine Kinder sind, desto präsenter sind sie, und desto stärker ist ihre Bindung an dich. Kinder sind energetisch mit ihren Eltern verbunden, bis sie ungefähr zwei Jahre alt sind.

Hier ist ein Experiment, das du in der Vorweihnachtszeit selbst ausprobieren kannst: Klick dich auf Facebook durch deine Neuigkeiten. Wenn du dabei ein Bild von einem Kind siehst, das beim Weihnachtsmann auf dem Schoß sitzt, achte auf seinen Gesichtsausdruck. Bei Kindern, die jünger als zwei sind, ist es so gut wie garantiert, dass sie unglücklich aussehen.

Warum ist das so? Weil die Eltern höchstwahrscheinlich nervös waren, als sie ihr Kind abgegeben haben. Sie befürchteten, dass das Baby weinen und dadurch das Foto (und wahrscheinlich die

Weihnachtskarte für dieses Jahr) ruinieren könnte. Oder sie waren genervt, weil sie so lange Schlange stehen mussten, oder sie hatten Angst, dass der Weihnachtsmann ihren kleinen Liebling mit irgendwelchen Krankheiten anstecken würde. Was auch immer sie fühlten, das Baby spürte es auch.

Ab einem Alter von ungefähr drei Jahren verändern sich die Bilder und die Kinder strahlen über beide Backen, weil sie verstanden haben, dass der Mann in Rot ihnen ihre Geschenke bringen wird.

Weil Kinder, besonders die allerkleinsten, so stark mit ihren Eltern verbunden sind, kann es eine gewisse Herausforderung darstellen, sich Zeit für den *Miracle Morning* zu nehmen. Wenn du früher aufstehst, um die Life S.A.V.E.R.S. zu schaffen, ist es nicht unwahrscheinlich, dass dein Kind dir auf dem Fuß folgt. Was macht man also als Elternteil mit den besten Absichten? Die einfache Antwort lautet: Man bleibt flexibel und verspielt und erinnert sich daran, dass auch diese Phase vorübergeht.

## Kreative Lösungen

Als ich mit dem *Miracle Morning* anfing, war ich sehr aufgeregt. Ich stellte meinen Wecker auf die frühere Zeit, stand früh auf, machte die Life S.A.V.E.R.S. und fühlte mich unaufhaltsam – bis meine Kleine eine Woche später anfing, zu kommen und mich zu stören.

Meine erste Reaktion war es, sie vor dem Fernseher zu parken, damit ich in Ruhe meinen *Miracle Morning* machen konnte. Das war ein Riesenfehler! Ich konnte zwar in Ruhe und Frieden weitermachen, aber hinterher bekam ich einen Riesenärger, wenn ich versuchte, sie wieder vom Fernseher weg zu holen und für den Tag fertig zu machen.

Meine nächste Idee war es, sie still im gleichen Zimmer spielen zu lassen, während ich meine Übungen absolvierte. Das funktionierte viel besser. Natürlich unterbrach sie mich immer mal wieder, aber ich erklärte ihr, was ich da machte und dass sie alleine spielen musste, bis ich fertig war, wenn sie bei mir bleiben wollte.

Das lief gut. Sobald ich den Fernseher nicht mehr zur Wahl stellte und sie begann, sich zu langweilen, wenn sie jeden Morgen allein spielen musste, schlief sie wieder länger, wie gewohnt. Außerdem entdeckte ich einen unerwarteten, positiven Nebeneffekt: Sie begann, mir Fragen darüber zu stellen, was ich da machte, und – noch viel wichtiger – sie fragte mich, WARUM ich es tat. So konnte ich üben, ihr zu erklären, warum ich den *Miracle Morning* machte (schließlich fragte sie mich jeden Morgen mehrmals danach).

Als die Kinder merkten, wie viel verspielter und geduldiger ich wurde, je weiter ich durch die Life S.A.V.E.R.S. wuchs, wollten sie unbedingt auch mitmachen. Ich fing ganz langsam mit ihnen an. Zunächst erklärte ich ihnen einfach nur, was jeder Buchstabe der Life S.A.V.E.R.S. bedeutete und erlaubte ihnen, sich auszusuchen, welche davon sie selbst ausprobieren wollten.

Ich benutzte die Gedichte, die ich mitten in der Nacht geschrieben hatte, und von denen ich dir in meiner Einleitung schon erzählt habe, damit sie es besser verstehen konnten. Ich wollte sie nämlich auf keinen Fall überfordern, und es sollte sich auch nicht wie Arbeit anfühlen. Stattdessen sollte es ihnen Spaß machen und irgendwann zu etwas werden, was sie von sich aus machten.

Inzwischen machen unsere Kinder seit fast einem Jahr den *Miracle Morning* und unser Großer ist mittlerweile (mit sieben) an einem Punkt, wo wir ihn nur daran erinnern müssen. Bei der Kleinen müssen wir im Moment allerdings noch bei allen Aktivitäten dabeibleiben und aktiv mitmachen.

## C.H.A.R.M.S.

Ungefähr einen Monat, nachdem er mit dem *Miracle Morning* angefangen hatte, fragte mich Tyler: „Mami, warum muss ich mein Leben retten?“ Ich erklärte ihm, dass der Name „Life S.A.V.E.R.S.“ aus einer Zeit stammte, als Hal im wahrsten Sinne des Wortes sein eigenes Leben retten musste, und dass er damals auf diese Methoden gestoßen war. Tyler fand es schwierig, das Akronym emotional zu verstehen, also haben wir es auf seine Bedürfnisse angepasst, wie Hal es auch in *Miracle Morning: Die Stunde, die alles verändert* vorschlägt. Tyler und ich schnappten uns einen Zettel und einen Stift, schrieben die einzelnen Bestandteile der Life S.A.V.E.R.S. auf und begannen, damit herumzuspielen.

Ember konnte damals noch nicht schreiben, deshalb waren die Kinder in diesem Teil des *Miracle Morning* schon vorher kreativ gewesen. Das war also der natürliche Ausgangspunkt: Wir ersetzten „Scribing" durch „Creativity" (Kreativität). Die Affirmationen wollten wir nicht ändern, also behielten wir das A. Wie die meisten Kinder hatten auch unsere große Probleme mit Stille und fanden ihre Visualisierungen hauptsächlich in geführten Meditationen. Also beschlossen wir, beide Punkte zusammen in einer Kategorie namens M (für Meditation) zusammenzufassen. Das „E" für „Excercise" erweiterten wir um ein gesundes Frühstück und gaben ihm den neuen Namen „H" für „Health" (Gesundheit). Weil wir die sechs Buchstaben beibehalten wollten, fügten wir noch ein „S" für „Service" (wörtlich: Dienst) hinzu. Uns war es nämlich wichtig, unseren Kindern beizubringen, anderen gegenüber hilfreich zu sein und ihren Teil zum Haushalt beizutragen.

Nachdem wir die Buchstaben neu gemischt hatten, kam dieses neue Akronym heraus: Life C.H.A.R.M.S. Tyler war sofort begeistert! Er hatte seine eigene *Miracle-Morning*-Routine entwickelt und konnte es gar nicht erwarten, endlich damit anzufangen. Den Kindern einen eigenen *Miracle Morning* zu schenken, damit sie ein Morgenritual ganz für sich hatten, war die Lösung unseres Problems mit den ständigen Unterbrechungen.

Wenn du diese Methode mit deinen eigenen Kindern ausprobieren willst, denk daran, dass du flexibel bleiben und sowohl mit ihnen als auch mit dir selbst Nachsicht üben musst. Es geht nicht um Perfektion. Wichtig ist, dass du deine Kinder so darauf vorbereitest, dass sie es von ganz allein machen *wollen*. Wir wecken unsere Kinder nicht früher auf, damit sie den *Miracle Morning* machen können, sondern lassen sie einen machen, wenn sie von selbst aufwachen. Wenn deine Kinder älter sind, können sie selbst entscheiden, ob sie für ihre Life C.H.A.R.M.S. früher aufstehen wollen, aber ich würde dir davon abraten, sie dazu zu zwingen. Unsere Kinder dürfen sich jeden Tag entscheiden, ob sie Lust darauf haben oder nicht, aber sie dürfen nicht vor den Fernseher oder ans Tablet, bevor sie alle sechs C.H.A.R.M.S. geschafft haben. Manchmal brauchen sie den ganzen Tag für ihren *Miracle Morning*!

## Creativity – Kreativität

C steht für Creativity, das bedeutet Kreativität.
Nutze deine Phantasie und erschaffe etwas Neues.

Erschaffe etwas.
Das ist unser Lebenszweck.
Was steckt wohl in dir?

Beobachte deine Kinder. Was bedeutet Spielen für sie? Was sieht mehr nach Arbeit aus? Wenn du dir ihre Interessen bewusst machst, kannst du sie an Aktivitäten heranführen, die sie mit Freude von selbst machen werden. Ember liebt zur Zeit Rollenspiele. Sie hat viel Freude daran, eine Zeitlang allein mit ihrem Puppenhaus, Stofftieren, ihrer Spielküche oder Kinder-Make-up zu spielen. Tyler dagegen lernt lieber durch Experimente. Am liebsten spielt er mit Lego oder Puzzles, oder er geht nach draußen, malt oder baut etwas. Deine Kinder machen vielleicht lieber Musik, oder sie singen, schreiben oder basteln gern.

Solange sie ihren Geist benutzen, um etwas zu machen oder zu erschaffen, das ihnen gefällt, zählt das! Wenn sie sich erst einmal daran gewöhnt haben, entdecken sie vielleicht von selbst etwas Neues, oder sie vertiefen etwas, das sie sowieso interessiert. So oder so werden sie eine Menge Dinge finden, in die sie tiefer eintauchen wollen. Das ist alles ganz natürlich und kreativ.

Ich habe in diesem Kapitel schon viel darüber gesprochen, wie man verspielter wird. Spiel ist der Treibstoff der Kreativität und umgekehrt. Wenn wir unseren Kindern Raum geben, ihre eigene Kreativität sicher zu erforschen, werden daraus Leidenschaften geboren. Lass sie tief in ihrer Phantasie ihren eigenen Flowzustand finden.

## Health – Gesundheit

H steht für Health, das bedeutet Gesundheit.
Bewege deinen Körper und füll ihn mit gesunder Nahrung.

Hör auf den Körper.
Beweg ihn, schüttel ihn aus.
Dann gib ihm Gutes.

Wie ich oben bereits beschrieben habe, ist Bewegung grundsätzlich wichtig für unsere Gesundheit, ebenso wie gesunde Ernährung. Heutzutage sind immer mehr Kinder krankhaft übergewichtig, und immer mehr Familien leben unter ständigem Stress, sodass die gesunde Ernährung der Kinder auf der Strecke bleibt.

Den Tag mit einer proteinreichen Mahlzeit zu beginnen, hilft Kindern erwiesenermaßen, sich länger satt zu fühlen und beim Mittagessen weniger Kalorien zu sich zu nehmen. Außerdem schützt es vor steigendem Körperfettanteil, stabilisiert den Blutzuckerspiegel und sorgt dafür, dass sie nicht später am Tag Süßigkeiten brauchen. Also, her mit den Eiern und dem Speck, aber Finger weg von überzuckerten Frühstücksflocken und Teilchen!

Eine Studie der Universität von Cardiff an 5.000 Kindern zwischen 9 und 11 Jahren hat gezeigt, dass Kinder, die mit einem gesunden Frühstück in den Tag starten, mit doppelt so hoher Wahrscheinlichkeit überdurchschnittliche Schulnoten schreiben als die, die es nicht tun.

Eine australische Umfrage unter 500 Lehrern hat ergeben, dass Kinder, die nicht frühstücken, am Tag ungefähr zwei Stunden Lernzeit verlieren, weil sie sich nicht so lange konzentrieren können und Verhaltensauffälligkeiten zeigen, die vom Hunger kommen. Die

Wissenschaft hat also festgestellt, dass ein Frühstück immer eine gute Idee ist!

Wenn es um die Bewegung von Kindern geht, ist es sehr wichtig, dass sie ihnen Spaß macht und dass man es nicht übertreibt. Kinderknochen befinden sich noch in der Wachstumsphase, also sollten sie nicht unbedingt Gewichte heben. In unserem Haus machen wir viele Bewegungsspiele. Mit der Kleinen spielen wir zum Beispiel gerne „Ochs am Berg" oder „Alle Vögel fliegen hoch".

Tyler gefällt es besonders gut, wenn wir einen Hindernisparcours für ihn aufbauen. Wir haben außerdem in zwei Mini-Trampoline investiert, auf denen die Kinder nach Herzenslust herumhüpfen können, ohne dabei die Möbel zu ruinieren.

Wenn du weißt, dass dein Kind am gleichen Tag noch eine andere Art von Bewegung bekommt, zum Beispiel im Sportunterricht, beim Fußball oder beim Ballett, solltest du darauf achten, dass der Frühsport leicht ist und Spaß macht, damit der Kreislauf in Schwung kommt. Wenn möglich sollten Kinder sich draußen bewegen, weil sie dadurch gleichzeitig eine gute Dosis Vitamin D und frische Luft abbekommen.

Bewegung ist übrigens auch eine großartige Methode, die Bindung in der Familie zu stärken. Wir sind stolz auf unseren aktiven Lebenswandel, also haben wir auch nicht zugelassen, dass wir uns weniger bewegen, seit die Kinder da sind. Jim Rohn hat einmal gesagt: „Wenn du dich nicht um deinen Körper kümmerst, worin willst du dann wohnen?"

Am Wochenende, wenn wir mehr Zeit haben, treiben wir gerne zusammen als Familie Sport. Einmal im Monat organisiert Mike ein Ultimate-Frisbee-Spiel, zu dem wir die Kinder gerne mitnehmen. Wir gehen auch oft zusammen Wandern, auf Radtouren oder Paddeln. Ember ist noch ein bisschen zu jung, aber Tyler macht jetzt schon bei meinem Kardiokurs im Fitnessstudio mit (und arbeitet dabei meistens mehr als die Erwachsenen). Yoga funktioniert auch hervorragend als Familie. Sogar Babys können bereits in manche Posen integriert werden. Auf YouTube gibt es eine wundervolle Videoserie namens *Cosmic Kids Yoga*, die finden wir super.

## Affirmations – Affirmationen

A steht für Affirmations, das bedeutet Affirmationen.
Sage etwas Gutes über dich, das mit „Ich bin“ beginnt.

Affirmationen
ist ein großes Wort, wenn man
sagt, wer man sein will.

Meiner Meinung nach sind die besten Affirmationen für kleinere Kinder möglichst kurz. Einfache, positive Aussagen, die mit „Ich bin“ beginnen, funktionieren ganz wunderbar. Hilf deinen Kindern dabei, in ihren eigenen Worten Affirmationshefte zu füllen.

Im ersten Monat war das Tylers Kreativaufgabe im Rahmen der C.H.A.R.M.S. Er ging das Alphabet durch und suchte sich zu jedem Buchstaben ein Wort aus, das für ihn eine besondere Bedeutung hatte. Dann malte er zu diesem Wort ein Bild. Ember braucht ein bisschen mehr Hilfe mit ihrem Heft, weil sie noch jünger ist. Ich habe die Wörter für sie ausgesucht, und sie ist auch noch nicht ganz mit den Bildern fertig, aber jedes Kind hat nun mal sein eigenes Tempo. Wenn die Kinder älter werden und anfangen, sich selbst Ziele zu setzen, kannst du ihnen helfen, Affirmationen zu verfassen, die zu ihren jeweiligen Ambitionen passen, indem du der Formel für die Life S.A.V.E.R.S. weiter vorne im Buch folgst.

Hier sind ein paar tolle Kinderbücher, aus denen schon die Kleinen die Kraft von Affirmationen lernen können:

- *Ich bin, was ich denke!* von Louise Hay
- *Unstoppable Me! 10 Ways to Soar Through Life* von Dr. Wayne W. Dyer und Kristina Tracy
- *I Am A Lovable Me!: Affirmations For Children* von Sharon R. Penchina und Stuart Hoffman
- *Just Because I Am: A Child’s Book of Affirmation* von Lauren Murphy Payne (Autorin) und Claudia Rohling (Illustrationen)

Außerdem habe ich bei www.uncommongoods.come ein personalisiertes Affirmationsbuch entdeckt. Es heißt *M is for Me*, und du kannst den Namen deines Kindes aufs Cover drucken lassen.

Manchmal wollen meine Kinder nicht recht mitmachen, wenn es darum geht, ihre Affirmationen laut zu sagen. Hier sind ein paar Tricks, die ich im Lauf der Zeit gelernt habe: Lass sie die Affirmationen nachsprechen. Du sagst sie zuerst und sie wiederholen sie. Versuch es mit einer lustigen Stimme oder einer Handpuppe.

Sie können die Affirmationen auch singen, zum Beispiel zur Melodie von „Wenn du glücklich bist, dann klatsche in die Hand" – also zum Beispiel „Wenn du dankbar bist, dann sage: ‚Ich bin dankbar' … ‚Ich bin dankbar'". Es gibt auch viele Songs mit Affirmationen darin, die du im Internet herunterladen kannst, leider sind aber die meisten davon auf Englisch. Wenn deine Kinder schon ein bisschen Englisch können oder du sie zweisprachig erziehst, such doch mal nach diesen Titeln: „Grateful" von Brotha James, „Radiate" von Jack Johnson, „Living in the Moment" von Jason Mraz, „I am the Light of My Soul" von Snatam Kaur, „We are Okay" von Joshua Radin, „What a Wonderful World" von Louis Armstrong, „Imagine" von John Lennon, „Don't Worry, Be Happy" von Bobby McFerrin, „Man in the Mirror" von Michael Jackson – dir fallen bestimmt noch mehr ein. Denk daran, kreativ, flexibel und verspielt zu bleiben. Wenn alle Stricke reißen, kannst du es ja einfach morgen noch einmal versuchen.

## Reading – Lesen

R steht für Reading, das bedeutet Lesen.
Welche Geschichte liest du heute?

Nimm dir jetzt ein Buch!
Lesen ist eine Reise,
auf die man oft geht.
Immer und immer und immer wieder!

Lesen erklärt sich wahrscheinlich von selbst, aber wenn dein Kind noch nicht alleine lesen kann, kannst du oder ein älteres Geschwisterkind ihm dabei helfen. Eine andere Möglichkeit sind Hörbücher und Hörspiele. In unserem Haus gibt es kein Fernsehen und keine Zeit am Tablet, bis alle Life C.H.A.R.M.S. erledigt sind, aber die Kinder dürfen am Handy eine Geschichte oder eine geführte Meditation hören. Lesen ist die Grundlage allen Lernens. Viele Studien haben gezeigt, dass es deinem Kind riesige Vorteile verschafft, wenn du ihm von Geburt an vorliest. Deshalb ist Vorlesen so wichtig, auch dann noch, wenn dein Kind schon selbst lesen kann.

Hier sind nur ein paar der Vorteile, die Vorlesen mit sich bringt:

- **Verlängere die Kindheit.** Es ist zwar ein Klischee, aber das bedeutet nicht, dass es nicht wahr ist: Sie werden so schnell erwachsen! Neugeborene werden zu Babys, Babys wachsen zu Kleinkindern heran, die im Handumdrehen in den Kindergarten gehen, dann blinzelt man zweimal und schon ziehen sie aus und gehen an die Uni. Genieße die Zeit, wenn sie noch klein sind und sich gerne auf dem Sofa an dich kuscheln, während du ihnen vorliest. Wenn du daraus eine Gewohnheit machst, entsteht daraus eine Tradition, wie ihr euch gemeinsam entspannt und Zeit miteinander verbringt.
- **Der Turbo fürs Lernen.** Einer der größten Vorteile daran, Kleinkindern und Kindergartenkindern vorzulesen, ist, dass sie dadurch eine größere Vorliebe fürs Lernen entwickeln. Studien haben gezeigt, dass Kinder, denen Erwachsene vorgelesen haben, bevor sie in die Schule kamen, in allen schulischen Bereichen besser abschneiden.
- **Bessere sprachliche Fähigkeiten.** Sprache zu hören ist eines der wichtigsten Dinge, die Babys tun. Kleine Kinder können gesprochene Sprache viel besser verstehen, als sie sie sprechen können. Wenn du deinem Kind vorliest, während es sprechen lernt, hilfst du ihm deutlich beim Spracherwerb und beim Lernen der richtigen Aussprache. Irgendwann wird es anfangen,

ein Buch, das es schon oft gehört hat, „mitzulesen" – für Vorschüler eine wichtige Vorstufe dazu, selbst zu lesen.

- **Besseres Weltverständnis.** Nicht mal das schlaueste Baby weiß, wie ein Buch funktioniert. Wenn du es auf den Schoß nimmst und ihm vorliest, lernt es dabei, dass die Wörter auf der Seite eine Bedeutung haben. Es versteht, dass Schrift und Bilder unterschiedliche Dinge sind. Wenn du der Schrift auf der Seite mit dem Finger folgst, erfährt es, dass man von links nach rechts liest. Das sind alles wichtige Fähigkeiten auf dem Weg zum Lesen lernen.
- **Verbesserte soziale Fähigkeiten.** Viele Bücher für kleinere Kinder handeln von akzeptablem sozialem Verhalten und zeigen ihnen, wie man sich anderen gegenüber auf eine gesunde Art und Weise ausdrückt. Kinder lernen zu teilen und mit anderen zu fühlen, indem sie beobachten, wie die Figuren in einem Buch miteinander umgehen. Hilf deinem Kind, nicht die Konzentration zu verlieren und die richtigen Lehren aus Büchern zu ziehen, indem du ihm beim Vorlesen immer wieder Fragen stellst.
- **Mehr logisches Denken.** Wenn dein Klein- oder Kindergartenkind nach und nach eine Beziehung zwischen den Geschichten in Büchern und seiner eigenen Welt entdeckt, wird es immer gespannter auf die Geschichten, die du ihm erzählst. Kindern vorzulesen hilft ihnen, abstrakte Konzepte besser zu erfassen, in verschiedenen Situationen Logik anzuwenden, Ursache und Wirkung besser zu erkennen und fundierte Entscheidungen zu treffen.
- **Schnellere Akzeptanz von neuen Erfahrungen.** Ganz kleine Kinder machen ständig neue Erfahrungen. Der erste Tag im Kindergarten, in der Kita oder der Krippe kann ganz schön furchteinflößend sein. Wenn wir ihnen helfen, durch eine Geschichte zu verstehen, was sie erwartet, werden sie sich der neuen Situation vielleicht nicht ganz so stark widersetzen. Such doch mal in deiner Stadtbücherei nach Büchern über einen Zahnarztbesuch, Besuch bei Verwandten, eine Flugreise und so weiter.

- **Bessere Konzentration und mehr Disziplin.** Kleine Kinder werden beim Vorlesen vielleicht unruhig oder verlieren die Konzentration, aber nach und nach werden sie anfangen, die Situation zu genießen und stillzusitzen, bis du fertig bist. Eine längere Aufmerksamkeitsspanne sorgt dafür, dass sie das Vorgelesene besser verstehen, mehr Selbstdisziplin entwickeln und sich besser erinnern, was ihnen spätestens in der Schule einen riesigen Vorteil verschafft.
- **Lesen macht Spaß!** Je früher du anfängst, deinem Kind vorzulesen, desto schneller lernt es, dass Lesen keine leidige Pflicht ist. Kinder, denen als Baby schon vorgelesen wurde, werden sich später, wenn sie selbst lesen können, immer wieder für Bücher entscheiden, wenn es darum geht, sich selbst zu beschäftigen.

Am besten hörst du auch dann nicht auf, deinen Kindern vorzulesen, wenn sie schon selbst lesen können. Im Durchschnitt bleibt das Hörverständnis bis zur achten Klasse besser als das Leseverständnis. Wenn wir unseren älteren Kindern vorlesen, können wir ihnen helfen, Probleme anzugehen, bevor sie ihnen im wahren Leben begegnen. Wenn deinem Kind zum Beispiel der Wechsel in die weiterführende Schule bevorsteht und es sich darauf einstellen muss, öfter den Lehrer und das Klassenzimmer zu wechseln und vielleicht sogar ein Schließfach zu verwenden, könntet ihr zusammen ein Buch über jemanden lesen, der in der gleichen Situation ist, und danach Fragen dazu stellen und beantworten. Das ist eine viel bessere Taktik, als deinem Kind Vorträge zu halten, die es dann doch nur ignoriert.

Jim Trelease, der Autor von *The Read-Aloud Handbook*, erklärt: „Wenn man sich über ein Buch unterhält, ist das kein Vortrag. Es ist eher so, als würde ein Fußballtrainer mit den Spielern einen Film anschauen und diskutieren, welche Spielzüge gut liefen und welche nicht geklappt haben." Außerdem ist es eine großartige Methode, sich über gemeinsame Interessen zu unterhalten und darüber die gegenseitige Bindung zu stärken. Wenn wir eine Reise planen, lesen wir unseren Kindern immer Bücher darüber vor, wohin wir fahren wollen. Wenn wir dann ankommen, wissen sie immer schon ein bisschen Bescheid über die neue Umgebung.

## Meditation

M steht für Meditation.

Leicht meditieren:
Atme einfach ganz tief durch
und komm zur Ruhe.

Der Dalai Lama hat einmal gesagt: „Wenn jedem achtjährigen Kind auf dieser Welt Meditation beigebracht wird, beseitigen wir die Gewalt auf der Erde innerhalb von einer Generation." Dem stimme ich von ganzem Herzen zu, aber ich glaube, dass man schon viel früher anfangen kann als mit acht. Meine eigene Meditationsreise habe ich begonnen, als Tyler noch ein Baby war. Ich habe damals oft meditiert, während ich ihn stillte. Mike fing an, im Bett mit Tyler zu meditieren, als er ungefähr drei war.

Kurz nachdem sie angefangen hatten, zur Schlafenszeit zu meditieren, fragte Mike Tyler, wie es sich für ihn anfühlte zu meditieren, und der Kleine antwortete: „Mein Gehirn fängt an zu leuchten, dann explodiert es und mir wächst ein neues." Kinder haben die angeborene Fähigkeit, Meditation zu verstehen. Für sie fühlt es sich nicht seltsam oder kompliziert an, sondern ganz natürlich und leicht. Je jünger deine Kinder sind, desto leichter wird es ihnen fallen, zu meditieren.

Am leichtesten fällt ihnen der Einstieg durch eine geführte oder aktive Meditation. Auf YouTube gibt es jede Menge geführte Meditationen für Kinder. Bei geführten Meditationen bekommt das bewusste Denken eine Aufgabe (etwas zu visualisieren oder sich auf ein Mantra oder die Atmung zu konzentrieren), die den Zugang zum Unterbewusstsein freimacht. Eine andere einfache Methode,

Achtsamkeit bei Kindern zu fördern, ist es, ihnen Meditation im Gehen beizubringen. Die langsamen, rhythmischen Bewegungen helfen ihnen, ihren Geist zu beruhigen. Wenn deine Kinder jeden Morgen zur Bushaltestelle gehen, bring ihnen bei, es achtsam zu tun und auf das zu achten, was sie beim Gehen sehen, hören und spüren. Wenn du sie begleitest, mach am besten selbst mit und sprich laut aus, was du siehst, hörst und fühlst. Der Schlüssel zur Meditation im Gehen ist es, achtsam zu gehen und die Umgebung bewusst zu erfahren. Du wirst erstaunt sein, was du auf einmal alles wahrnimmst.

Eine lustige Methode, Kinder auf ihre Atmung aufmerksam zu machen, ist es, sie auf dem Rücken liegen zu lassen und ihnen ein kleines Spielzeug auf den Bauch zu setzen. Sag ihnen, sie sollen tief einatmen und zusehen, wie sich das Spielzeug dabei hebt. Wenn sie ausatmen, senkt sich das Spielzeug wieder. Lass sie mehrmals tief durchatmen und sich dabei darauf konzentrieren, wie das Spielzeug sich hebt und senkt.

Ein anderer Trick ist es, sie sich vorstellen zu lassen, ihre ausgestreckten Finger seien Geburtstagskerzen, die sie einzeln mit je einem Atemzug ausblasen sollen. Sie können auch eine Schüssel mit den Händen bilden, tief einatmen und die Schüssel beim Ausatmen mit Luft füllen.

Als Tyler selbst merkte, wie gut ihm die Meditation tat, begann er, selbst immer mehr davon zu machen. Einmal fuhr Mike ihn im Auto zum Taekwondo und dachte nach einem Blick in den Rückspiegel, Tyler sei eingeschlafen. Er fragte: „Hey, Schatz, bist du wach?“ Tyler öffnete ganz ruhig die Augen und sagte sachlich: „Ja, Papa, ich habe nur meditiert.“

Manchmal sitzt Tyler im Lotussitz unter einem Baum an seiner Bushaltestelle und meditiert, während er auf den Bus wartet. Er hat sich sogar eine eigene Meditation ausgedacht, die er „Schrumpfende, goldene Bälle“ nennt. Dabei stellt er sich seine negativen Gedanken und Ängste als goldene Bälle vor, die er vor seinem inneren Auge schrumpfen lässt, bis sie völlig verschwunden sind. Dafür braucht er normalerweise ganze 30 Sekunden, aber mit sieben hat er auch noch nicht allzu viele negative Gedanken. Kinder leben von Natur aus in der Gegenwart, also brauchen sie nicht lange in der Stille zu sitzen, um sich die Vorzüge von Meditationen zu sichern.

Ihnen die Idee nahezubringen und ein paar Achtsamkeitsübungen beizubringen, ist mehr als genug. Zumindest lernen sie so, dass sie Methoden haben, mit denen sie Stress abbauen können, wenn sie größer werden und das Leben höhere Ansprüche an sie stellt.

## Service

S steht für Service, das bedeutet Dienst.
Wenn wir anderen helfen, fühlen wir uns selbst gut.

Räum hinter dir auf.
Hilf anderen mit etwas.
Sei nett zu ihnen.

Ein berühmtes Zitat von Mahatma Gandhi lautet: „Der beste Weg, sich selbst zu finden, ist es, sich für das Wohl anderer einzusetzen." Die Jugend von heute hat nicht unbedingt den besten Ruf; es heißt, sie sei faul und beschäftige sich nur mit sich selbst, aber ich finde, das stimmt ganz und gar nicht. Stattdessen fehlt es ihr an Gelegenheiten, sich einzubringen.

Ein Problem mit dem aktuellen Trend zum Helikopterelterndasein ist, dass wir unseren Kindern nicht erlauben, etwas ganz allein oder für andere zu tun. Neue Studien haben gezeigt, dass Mitgefühl und Einfühlungsvermögen angeboren sind. In einer Studie trugen die Forscher auf beiden Armen einen Haufen Kleider ins Zimmer und ließen dabei eine Wäscheklammer fallen. Als sie sich danach bückten und sich anstrengen mussten, den Rest nicht auch noch zu Boden gehen zu lassen, kamen ihnen die ein Jahr alten Studienobjekte ganz schnell zu Hilfe, manchmal überwanden sie dafür sogar Hindernisse.

Wenn die Forscher stattdessen mit Absicht eine Wäscheklammer auf den Boden warfen, sank die Wahrscheinlichkeit, dass die Kinder ihnen halfen, deutlich. In einer anderen Studie mit sechs Monate alten Babys zeigten Wissenschaftler den Kleinen Stofftiere, von denen eines gemein zum anderen war. Wenn sie sich danach aussuchen durften, mit welchem der Stofftiere sie spielen wollten, wählte die überwiegende Mehrheit das „nette" Tier.

Andere Studien haben ergeben, dass das Belohnungszentrum im Gehirn anspringt, wenn wir Geld ausgeben, um jemand anderem ein Geschenk zu kaufen. Es fühlt sich einfach gut an, etwas für andere zu tun, deshalb brauchen wir dafür keine weitere Belohnung (außer vielleicht ein wenig Dankbarkeit).

Ich bin der Meinung, dass man erwarten kann, dass Kinder im Haushalt mithelfen, dass man sie aber nicht dafür bezahlen sollte. Schließlich erledigen Mama und Papa auch eine Menge im Haushalt, werden aber auch nicht dafür bezahlt. Das Gleiche sollte auch für Kinder eine Selbstverständlichkeit sein. Natürlich musst du das Alter und die Fähigkeiten deiner Kinder bedenken, wenn du ihnen Aufgaben zuweist, aber schon ein zweijähriges Kind kann seine Schmutzwäsche in den Wäschesack stecken und seine Spielsachen in eine Kiste legen. Es kann zwar eine Weile dauern, bis man einem Kind beigebracht hat, wie man eine bestimmte Aufgabe erledigt, aber wenn wir es nicht tun, nehmen wir ihm die Gelegenheit, sich gut zu fühlen, weil es geholfen hat.

Es kann frustrierend sein, wenn du versuchst, morgens aus dem Haus zu kommen, dein Kleinkind aber darauf besteht, sich selbst die Schuhe anzuziehen, aber auf lange Sicht wird es dein Leben deutlich leichter machen. Wenn du die Zeit investierst, solange sie klein sind, werden sie lernen, sich größeren Herausforderungen und Problemen zu stellen, wenn sie größer sind. Als Teenager können sie dann (auch legal) einen Job annehmen und noch mehr Verantwortung übernehmen.

Es gibt viele Möglichkeiten, wie du deinen Kindern zeigen kannst, wie man anderen eine Hilfe ist. Hier sind nur ein paar:

- Lebe ihnen kleine, freundliche Gesten vor: lächle jemanden an, mach jemandem ein Kompliment, spendet gemeinsam Spielzeug und so weiter.
- Ermutige deine Kinder, sich selbst Ideen auszudenken, wie sie der Gesellschaft bei euch vor Ort helfen können.
- Hilf ihnen, einen Kuchen- oder Limonadenverkaufsstand aufzumachen, um Geld für einen guten Zweck zu sammeln, der ihnen liegt.
- Arbeitet gemeinsam freiwillig bei einer gemeinnützigen Einrichtung in eurer Gegend.
- Such auf www.ehrenamt.bund.de nach Ehrenämtern, die sich gut für Familien oder Kinder eignen.

Tyler und ich haben schon freiwillig an Stadtreinigungen teilgenommen, Spenden für ein Obdachlosenheim sortiert und dort Dokumente geschreddert und für die Wohltätigkeitsaktion „Cradles to Crayons" Schuhe geputzt. Tyler hat durch seine Taekwondo-Schule das örtliche Krankenhaus unterstützt und in unserer Wohngegend Spenden dafür gesammelt. Mit den Pfadfindern hat er Konserven für Bedürftige gesammelt und im Altersheim mit den Bewohnern gebastelt und gemalt.

Mikes Mastermind-Gruppe *GoBundance* organisiert jedes Jahr zu Thanksgiving zusammen mit der gemeinnützigen Organisation *1 Life Fully Lived* (www.1lifefullylived.com) Truthähne für bedürftige Familien, und die Kinder helfen mit, die Mahlzeiten zusammenzupacken und zu verteilen. 2014, in ihrem ersten Jahr, kamen Mahlzeiten bei 300 Familien an, im Jahr darauf waren es schon 1.000. Wenn du diese guten Sachen auch unterstützen willst, kannst du das auf www.turkeybundance.com tun – deine Spende wird zu hundert Prozent für Essen für Bedürftige verwendet.

Es gibt so viele Möglichkeiten, deine Kinder ans Helfen heranzuführen, aber die beste Methode ist (wie bei so vielen Dingen), selbst ein gutes Vorbild zu sein. Wenn wir wollen, dass unsere Kinder Mitgefühl haben, müssen wir bei uns selbst anfangen.

## Mehr Tipps und Tricks

Während wir unseren Kindern den *Miracle Morning* beibrachten und begannen, ihn als Familie anzuwenden, lernten wir schnell, was für uns funktioniert und was nicht. Hier sind ein paar Erfahrungen aus erster Hand:

- **Steh mindestens 30 Minuten vor deinen Kindern auf.** Fang deinen *Miracle Morning* mit dem Bestandteil an, der für dich am wichtigsten und am schwersten durchzuführen ist, wenn deine Kinder wach sind. Wenn du nicht genug Zeit für alle Life S.A.V.E.R.S. hast, empfiehlt Hal, besonders tief in den Teil einzutauchen, der dir am meisten bringt, und ich kann ihm da nur voll und ganz zustimmen.
- **Vergib dir selbst, wenn du einen Tag aussetzen oder deinen *Miracle Morning* anpassen musst.** Du hast zwar vielleicht einen idealen Morgen im Sinn, aber wenn dein Kind mitten in der Nacht aufwacht, weil es einen Albtraum hatte, Pipi muss, krank ist oder sonst irgendetwas nicht stimmt, ist es okay (oder, meiner Meinung nach, sogar besser), den Ablauf anzupassen. Manche Eltern teilen die Life S.A.V.E.R.S. auf und wenden sie im Lauf des ganzen Tages an, bis sie irgendwann (wieder) zu einem regelmäßigen Plan kommen. Hals guter Freund und Geschäftspartner Jon Berghoff hat uns erklärt, dass die beste Methode, sich ein Ziel zu setzen, die ist, die man auch tatsächlich anwendet. Das Gleiche gilt auch für den *Miracle Morning.*
- **Kombiniere einzelne Teile der Life S.A.V.E.R.S. oder C.H.A.R.M.S.** Unsere Kinder lieben es, ihre Affirmationen aufzusagen, während sie auf dem Trampolin springen oder sich anderweitig bewegen. Außerdem kombinieren sie sehr gerne Kreativität und Gesundheit, indem sie sich eigene Sportarten oder Bewegungsspiele ausdenken und diese dann umsetzen. Gesundheit und Service können sie zum Beispiel kombinieren, indem sie Frühstück für die ganze Familie machen oder ein ge-

sundes Mittagessen für ein Geschwisterkind zusammenstellen. Meditation und Gesundheit finden in einer Gehmeditation oder beim Yoga zusammen. Lesen und Service funktioniert, wenn sie ihrem jüngeren Geschwisterchen vorlesen. Es gibt unzählige Möglichkeiten!

- **Mach ein Spiel aus den C.H.A.R.M.S.** Wir haben einen C.H.A.R.M.S.-Würfel, der den Kindern hilft, wenn sie Probleme haben, sich zu entscheiden, womit sie anfangen wollen: Sie würfeln einfach und tun dann das, was der Würfel ihnen sagt. Auf www.miraclemorning.com/parents kannst du dir ein Netzmuster für diesen Würfel herunterladen und ihn dir selbst basteln (am besten aus Tonpapier oder Fotokarton, damit er stabiler wird). Außerdem findest du auf der Website eine C.H.A.R.M.S.-Fortschrittsleiste, mit der die Kinder selbst den Überblick über ihre C.H.A.R.M.S. behalten können. Tyler macht es viel Spaß, jeden Morgen seine C.H.A.R.M.S. abzuhaken. Ich habe unsere Fortschrittsleisten laminiert und die Kinder benutzen Whiteboardmarker, damit wir sie jede Woche wiederverwenden können.
- **Hilf deinen Kindern, sich selbst zu organisieren.** Tyler und Ember haben jeweils eine *Miracle-Morning*-Kiste, in der alles steckt, was sie dafür brauchen. Ich habe ihnen dafür ganz normale Fotokisten gekauft, wie man sie in jedem Bastelladen bekommt. In der Kiste liegt ein C.H.A.R.M.S.-Würfel, ihr selbstgebasteltes Heft mit Affirmationen, ein Buch, das sie lesen wollen, Schreibzeug, ein leeres Notizbuch, in dem sie kreativ sein können, und eine Sanduhr, die eine Minute läuft. Die Sanduhr kannst du für mehrere der C.H.A.R.M.S. einsetzen. Wir nutzen sie häufig für Gesundheit. Dabei machen wir dann eine Übung so lange, bis sie abgelaufen ist, dann drehen wir sie um und machen die Übung noch einmal. Die Sanduhr kann aber auch eine tolle Meditationshilfe sein: Sag den Kindern, sie sollen sich auf den Sand konzentrieren, der hindurchrieselt. Manchmal haben meine Kinder auch nicht so viel Lust, kreativ zu sein, also sage ich ihnen, sie sollen es eine Minute lang

probieren und drehe die Sanduhr für sie um. Wenn der Sand durchgelaufen ist, sind sie meistens schon ganz vertieft in ihre Projekte. Wenn du es technischer magst, kannst du natürlich auch eine Timer-App auf dem Handy benutzen – wir nutzen häufig eine namens *Lickety Split.*

## Flexibilität ist wichtig

Natürlich ist es enorm wichtig, dass du beim *Miracle Morning* flexibel bleibst, wenn du Kinder hast, die morgens deine liebevolle Zuwendung brauchen, aber da hört es noch lange nicht auf. Flexibilität bedeutet auch, dass wir uns dem Fluss des Lebens hingeben und auf die kleine, leise Stimme hören, die wir alle in uns tragen. Selbst wenn du morgens nach dem Aufwachen einen ganzen *Miracle Morning* schaffst, ist es eine gute Idee, immer wieder in dich hineinzuhorchen, um sicherzugehen, dass du immer noch auf dem richtigen Weg bist. Mike und ich setzen uns gern während des *Miracle Morning* eine Vorgabe für den Tag und prüfen später immer wieder nach, ob wir noch danach leben.

Wenn in unserem Gehirn Neuronen gleichzeitig feuern, verbinden sie sich miteinander. Deshalb will dein Dreijähriger im Restaurant immer am gleichen Platz sitzen und wird fuchsteufelswild, wenn jemand anders an *eurem* Tisch sitzt. Wenn du dein Kind nach seinem ersten Fußballspiel mit in die Eisdiele nimmst, erwartet es das auch beim nächsten Mal.

So entstehen Gewohnheiten, die uns langfristig gesehen eine Menge Zeit sparen können. Dieses Prinzip kannst du nutzen, um dir anzugewöhnen, bei einer Tätigkeit, die du jeden Tag ausführst, bei dir selbst nachzufühlen. Ich zum Beispiel spüle jeden Tag Geschirr (manchmal auch mehrmals). Jedes Mal, wenn ich am Spülbecken stehe und das warme Wasser an den Händen spüre, erinnert mich das daran, an Dinge zu denken, für die ich dankbar bin. Während ich die Teller abspüle, stelle ich mir vor, dass meine Ängste, Zweifel und Sorgen mit dem Abwasser durch das Rohr rauschen. Wenn ich dann zuletzt den Abfallzerkleinerer einschalte, stelle ich mir vor, wie diese negativen Gedanken endgültig aus meinem Gehirn gelöscht werden. Wir können alle Rituale erschaffen, die uns den ganzen Tag über daran erinnern, achtsam und verspielt zu bleiben, ohne dass wir uns dafür zu sehr anstrengen müssen. Und unseren Kindern können wir das auch beibringen.

Ein anderer Teil davon, stets flexibel zu bleiben, besteht darin, sich auszusuchen, worüber man mit den Kindern wirklich streiten will. Unser guter Freund und der Autor des Buches *Power of Identity,* Rock Thomas, sagt: „Der Flexibelste gewinnt." Da stimme ich ihm zu, besonders wenn es um Diskussionen mit Kindern geht. Kleine Kinder sind üblicherweise nicht sehr flexibel. Wenn sie sich etwas in den Kopf gesetzt haben, ist es oft schwer, sie wieder davon abzubringen. Oft ist es besser, die Taktik zu ändern, als sich auf einen Machtkampf mit deinem Kind einzulassen.

Embers Name bedeutet „Glut", und das passt ganz gut zu ihr. Noch bevor wir überhaupt über ein zweites Kind nachdachten, sagte uns eine Freundin, dass wir beim zweiten Versuch ein Mädchen mit einem feurigen Temperament bekommen würden.

An dieser Vorhersage haben wir uns lose orientiert, als wir den Namen aussuchten. Ember ist definitiv ein Mädchen, das weiß, was es will! Sie mag es nicht besonders, wenn man „nein" zu ihr sagt, also haben wir gelernt, flexibel und verspielt mit ihr umzugehen und andere Möglichkeiten zu finden, wie wir mit ihr kommunizieren können.

In vielen Kampfsportarten lernt man, die Energie des Gegners gegen ihn anzuwenden. Das ist effektiver, als sich zu widersetzen oder dagegen anzukämpfen. Wenn wir den Konflikt aus einer Diskussion entfernen, fällt es uns leichter, dem Fluss zu folgen. Wir können der Energie unserer Kinder erlauben, sie durch das Problem zu tragen, ohne selbst zum Zentrum des Konflikts zu werden. Manchmal ist es unser eigener Widerstand, der dafür sorgt, dass der Streit sich immer weiter fortsetzt.

Wenn du deinem Kind nichts gibst, an dem es sich abarbeiten kann, wird sich sein Widerstand in Luft auflösen. Stell dir zwei

Hände vor, die gegeneinander drücken; wenn eine Hand weggenommen wird, kann sich die andere frei in die gewählte Richtung bewegen.

Ich habe festgestellt, dass es unsere Kinder deutlich daran erinnert, wer das Sagen hat, wenn wir unsere Erwartungen als Eltern klar machen. Bei uns dürfen die Kinder zum Beispiel nur zwei Stunden am Tag Fernsehen oder mit dem Handy oder Tablet spielen. Sie dürfen sich selbst aussuchen, wann sie sich diese Zeit gönnen wollen (vorausgesetzt, sie sind mit den Life C.H.A.R.M.S. fertig) und was sie damit anfangen wollen, aber wenn die zwei Stunden vorbei sind, sind sie vorbei. Das gefällt ihnen zwar nicht, aber sie wissen, dass sie nicht mehr bekommen, also kämpfen sie nicht dagegen an.

Als wir diese Regel einführten, sorgte das zunächst für eine Menge Trotzanfälle, aber nachdem wir ein paar Wochen lang nicht von dieser Begrenzung abwichen, hörten sie auf, sich dagegen aufzulehnen. Wir waren nicht mehr die Bösen. Die neue Situation war einfach zur Normalität geworden.

## Abschlussgedanken zur Verspieltheit

Spielen baut sowohl bei Kindern als auch bei Erwachsenen eine Menge Stress ab. Wenn wir miteinander spielen, stellen wir eine echte Verbundenheit untereinander her, können mal so richtig Quatsch machen und uns sogar verletzlich zeigen.

Am leichtesten fällt es uns, zu Hause zu spielen. Den Tag spielerisch zu beginnen, ist wundervoll. Mit Tyler zusammen die C.H.A.R.M.S. zu erschaffen, ist einer meiner größten Erziehungserfolge überhaupt.

Ich möchte dir raten, deine eigene *Miracle-Morning*-Routine mit Spaß anzugehen, mit deinen Kindern darüber zu reden, was sich verändern wird, und ihnen ein eigenes Ritual zu schenken. Das Schöne am *Miracle Morning* ist, dass er nicht von selbst auf jeden passen muss. Spiel damit herum und finde heraus, was für dich und deine Familie funktioniert.

## Erfolgsgeschichten

Wir haben ein paar andere Eltern gefragt, wie sie ihren *Miracle Morning* und das Leben mit Kindern flexibel gestalten. Hier sind ihre Antworten:

Sarah Dena aus Großbritannien hat gesagt: „Nachdem ich letztes Wochenende eine (geplante und absichtliche) *Miracle-Morning-*Pause gemacht habe, freute ich mich, wieder damit anfangen zu können. Heute Morgen wachte meine große Tochter früh auf – kurz nachdem um 5 Uhr mein Wecker klingelte. Sie entschied sich, noch ein bisschen in ihrem Zimmer zu lesen, aber das hielt nicht lange an. Kurz darauf war sie bei mir und machte meine Yogaübungen nach. Sie hörte sich meine Affirmationen an, aber die Visualisierungen langweilten sie anscheinend, also ging sie ins Kinderzimmer, machte Musik an und spielte dazu Szenen aus *Mamma Mia* nach.

Dafür war ich dankbar. Dass sie während „meiner" Zeit aufgetaucht war, hatte mich abgelenkt und frustriert, aber ich ließ diese Gefühle los und konzentrierte mich wieder ganz auf mein Morgenritual. Die letzte Zeile, die ich las, lautete „Immer dankbar" (aus Elisabeth Gilberts Buch *Big Magic: Nimm dein Leben in die Hand und es wird dir gelingen*). Als ich danach ins Kinderzimmer gehen wollte, blieb ich kurz stehen und lauschte. Meine Tochter benutzte das Mikrofon an ihrem Kassettenrekorder, um ihre eigene Version der Affirmationen aufzusagen! Also drehte ich um und ließ ihr diesen Moment. Das war wunderschön!"

Elena Carr erzählte uns: „Meine Tochter ist drei und schläft normalerweise ungefähr bis 8 Uhr, also stehe ich um 5 Uhr auf. An Tagen, an denen sie auch schon wach ist, machen wir gemeinsam ein paar Dinge. Wir beten zusammen, sagen Affirmationen auf, und ich stelle ihr Fragen, was sie sich wünscht, wenn wir … (worum es gerade in meinen Visualisierungen geht). Dann malt sie, während ich schreibe, ich lese, während sie sich entspannt und zuletzt hüpfen wir gemeinsam ein bisschen herum, um den Kreislauf in Schwung zu bekommen. Das dauert vielleicht ein bisschen länger als eine Stunde, aber immerhin werde ich so damit fertig."

Vica Hickmann sagte: „Als ich den *Miracle Morning* zum ersten Mal ausprobierte, war das zu einer Zeit, als meine Kleine (damals drei Jahre alt) immer früher aufwachte, also gab ich wieder auf. Kurz darauf fand ich aber einen Rechenschaftspartner, und wir begannen gemeinsam die 30-Tage-Herausforderung. Seither mache ich den ganzen *Miracle Morning* in meinem Schlafzimmer, damit ich meine Tochter nicht wecke. Das funktioniert. Ich lege mir alles bereit und nutze mein Handy für die Meditation, die Bewegung (genauer gesagt, die *7-Minute-Workout*-App) und die Affirmationen. Außerdem benutzen wir das Buch *Könnte Wunder bewirken: Das 40-Tage-Programm, um Ihr Leben grundlegend zu verändern* von Gabby Bernstein."

Herzlichen Glückwunsch an diese großartigen Eltern! Sie nehmen das Steuer in die Hand und werden zu tollen Vorbildern für ihre Kinder.

# ELTERNPROFIL

## Ursula Elrod

Ursula ist Vollzeitmama von zwei Kindern im Alter von sieben und vier. Sie ist seit sieben Jahren glücklich mit Hal Elrod verheiratet, dem Autor von *Miracle Morning: Die Stunde, die alles verändert.*

### Erziehungsphilosophie

Ich möchte Kinder großziehen, die sich nicht irgendwann von ihrer Kindheit erholen müssen. Zielgerichtete Erziehung besteht darin, dass man sicherstellt, Menschen zu erziehen, die keine Psychotherapie brauchen und später ihre eigenen Kinder frei von negativen Werten und Belastungen großziehen können.

**Zum *Miracle Morning* mit Kindern:** Meine Tochter macht sehr gern bei der Bewegung mit, weil sie Yoga liebt, und mein Sohn freut sich, wenn er mit Hal das Sieben-Minuten-Training absolvieren kann.

Er fragt sogar schon von sich aus danach: „Papa, können wir sieben Minuten trainieren?"

Das ist so toll.

**Affirmationen für Kinder:** Freunde von uns haben uns ihren „Affirmationsalligator" gezeigt. Sie haben aus einem Schuhkarton und einer Taschentuchschachtel einen Alligator gebastelt.

Ihre Kids dürfen dem Alligator jeden Morgen ins Maul fassen und ihre Affirmation für den Tag herausziehen.

Hier findest du die Bastelanleitung: http://tinyurl.com/hnj7lsx.

## Die besten Erziehungstipps

**Auch Disziplin kann spielerisch sein.** Ich habe keinen Job im traditionellen Sinne, stattdessen sind meine Kinder mein Job. Wenn ich den *Miracle Morning* anwende, werde ich präsenter und mir wird klarer, wie ich sein sollte. Ich behandle alles spielerischer, auch Disziplin und Strafen. In einem Buch habe ich einmal gelesen, dass Kinder auf eine von zwei Arten auf Stress reagieren: Sie fangen an zu lachen oder zu weinen.

Typischerweise weinen Kinder wegen ihrer Eltern. Die Mutter oder der Vater verliert die Beherrschung, also weinen die Kinder. Wenn etwas frustrierend wird, stehst du vor der Wahl: „Okay, ich kann dich jetzt entweder zum Lachen oder zum Weinen bringen." Ich versuche dann immer, die Kinder zum Lachen zu bringen. Die Frage, die ich mir dazu stelle, lautet: „Wie kann ich ihnen zeigen, dass das Leben keine so große Sache ist, und dass wir uns deswegen keinen besonderen Stress machen müssen?"

**Befreie dich von altmodischen Erziehungsmethoden.** Ich vermute, wir sind alle schon mal in die Falle getappt, dass wir unsere Kinder so behandeln, wie wir von unseren Eltern behandelt wurden. Durch den *Miracle Morning* habe ich entdeckt, dass ich meine Kinder ganz anders erziehen kann, als meine Eltern es mit mir gemacht haben. Ich finde Wege, wie ich ein besserer Elternteil sein kann und nicht nur aus Gewohnheit erziehe. Auf Facebook sehe ich so viele Menschen, die Witze machen wie: „Oh, wenn meine Kleinen nicht so süß wären, würde ich ihnen den Hosenboden strammziehen." Es ist traurig, dass wir Witze darüber machen, wie wir die Geduld mit unseren Kindern verlieren, wenn wir ihnen doch vielmehr zur Seite stehen sollten. Schließlich bleiben sie nicht ewig klein.

**Es ist okay, wenn wir unsere Kinder nicht vor allem schützen.** Ich glaube, wir leisten unseren Kindern keinen guten Dienst, wenn wir sie zu sehr behüten und uns für sie um alles kümmern. Erlaube ihnen, sich auch mal weh zu tun. Lass sie sich ein wenig abmühen.

Es ist wie in dem Sprichwort: „Was für die Raupe das Ende der Welt, ist für den Rest der Welt ein Schmetterling." Um ein Schmetterling zu werden, musste die Raupe sich Mühe geben. Deine Kinder werden sich viel eher in der Lage fühlen, selbst durchs Leben zu gehen, und viel lieber neue Dinge ausprobieren, wenn sie wissen, dass sie schon damit fertig werden.

**Feiere die Siege deiner Kinder, egal, wie klein sie sind.** Wenn Kinder etwas tun und damit etwas Neues erreichen, solltest du sie immer dafür loben. Als meine Tochter lernte, ohne Stützräder Fahrrad zu fahren, war sie sehr aufgeregt. Sie konnte es kaum erwarten, dass Hal nach Hause kam, damit sie es ihm erzählen und vorführen konnte. Als mein Sohn Schwimmen lernte, wollte er es Hal unbedingt sofort zeigen. Solche Siege sind in ihrem jungen Leben enorm groß, also lass zu, dass sie die Freude darüber spüren und teilen.

**Achte auf deine Partnerschaft.** Die Sache ist so: Deine Kinder wirst du bedingungslos lieben, egal, was kommt. An der Beziehung zu deinem Partner oder deiner Partnerin dagegen musst du arbeiten, insbesondere dann, wenn ihr Kinder bekommt und das Leben dadurch sehr anstrengend wird. Hobbys, Ferien, Schwiegereltern und so weiter können dafür sorgen, dass alles ganz schön hektisch wird!

## Tolle Elternressourcen

Ich möchte allen Eltern das Buch *Screamfree Parenting: The Revolutionary Approach to Raising Your Kids by Keeping Your Cool* von Hal Edward Runkel ans Herz legen. Außerdem empfehle ich euch *Die fünf Sprachen der Liebe für Kinder: Wie Kinder Liebe ausdrücken und empfangen* von Gary Chapman und Ross Campbell. Dieser Ratgeber zeigt dir, wie du dafür sorgen kannst, dass deine Kinder sich geliebt fühlen. Jeder hört Liebesbotschaften anders, sei es durch Geschenke, durch Bestätigung oder noch mal anders. Das Buch hilft dir, das zu verstehen.

## Elternerfolgsstory

Wir haben unsere Tochter während der Kindergartenzeit teilweise zu Hause unterrichtet. Letzte Woche war das ein bisschen anstrengend, weil sie bis zum Abschied vom Kindergarten noch eine Menge Sachen zu erledigen hatte. Mein Sohn, dieser großartige kleine Bruder, hat zu ihr gesagt: „Kein Problem, ich mache meine Hausaufgaben mit dir zusammen." Also habe ich ihm ein Vorschulbuch gegeben, an dem er arbeiten konnte. Das hat ihnen beiden so viel Spaß gemacht! Sie lachten zusammen, verbrachten Zeit miteinander, machten ihre Hausaufgaben, zogen sich dabei gegenseitig auf und schauten, wer schneller fertig würde. Davor war sie die ganze Zeit gestresst, bis er dann einfach sagte: „Komm, wir machen es zusammen."

## Abschlussgedanken

Wenn du etwas richtig Gutes hineinsteckst, kommt auch etwas Gutes dabei heraus. Es ist einfach wunderbar zu sehen, wie stark du deine Familie aufbauen kannst, wenn du dir Zeit dafür nimmst und dir die Mühe machst, ein besserer Elternteil zu werden.

# ELTERNPROFIL

## Jon Berghoff

Jons Karriere begann im Vertrieb von Cutco Cutlery, wo er gleich im ersten Jahr die meisten Verkäufe tätigte. Seit über zehn Jahren entdeckt, testet und lehrt Jon Verkaufs- und Marketingstrategien.

Seine interaktiven Trainingssessions haben über 75.000 Menschen auf der ganzen Welt erreicht und er hat über 3.500 private Telefoncoachinggespräche mit Kunden aus über 100 Branchen geführt.

Jon ist verheiratet und hat drei Kinder, sechs, vier und zwei Jahre alt.

### Erziehungsphilosophie

Mach dir klar, dass deine Kinder ständig von dir lernen. Jede Kleinigkeit, die ich mache, ist eine Art von Training für meine Kids. Früher habe ich mich immer mit ihnen hingesetzt und ihnen kleine Vorträge gehalten: drei bis fünf Minuten lange Lebenslektionen. Die ersten hundert Mal, als ich das machte, fragte ich mich die ganze Zeit: „Warum reagieren sie nicht auf eine besonders tiefgehende Weise?" Naja, ein Fünfjähriger ist vielleicht noch nicht in der Lage, seine Reaktion nach außen zu zeigen.

Ich habe gemerkt, dass sie die Lektionen durchaus verinnerlichten, auch wenn man es ihnen nicht immer anmerkt. Wenn ich meinem Sohn eine tiefe philosophische Frage stelle und eine tiefgehende Antwort von ihm will, redet er in 99 von 100 Fällen von Superhelden. Aber dann, beim hundertsten Mal, antwortet er auf einmal so, wie ich es mir vorgestellt hatte. Das erinnert mich daran, dass die vorhergegangen 99 Mal die Zeit waren, die er brauchte, um die Lektion zu verinnerlichen.

## Die besten Erziehungstipps

**Verbringe Zeit mit deinen Kindern.** Dabei geht es nicht um die Menge, sondern um die Qualität. Das heißt nicht, dass die Qualität immer so hoch ist, wie ich es gerne hätte, aber es ist etwas, über das ich viel nachdenke.

**Nutze sie taktisch.** Ich frage mich ständig, wie ich meine Kinder in Dinge einbinden kann, bei denen es ganz einfach wäre, sie auszuschließen. Nehmen wir zum Beispiel Sport. Ich habe gemerkt, dass ich entweder eine Ausrede finden kann, warum ich lieber allein trainieren will, oder versuchen kann, sie ins Training einzubinden. Wenn ich sie in den Buggy setze und unten noch ein paar Gewichte hineinlege, kann ich intensiv trainieren, und meine Kinder merken nicht einmal, dass ich es tue. Sie glauben, wir rennen auf dem Weg zum Spielplatz ein bisschen durch den Wald.

**Lass dich darauf ein, von deinen Kindern zu lernen.** Meine Kinder haben mir ein sehr tiefes Gefühl von Bedeutung gegeben, die mein Leben vorher nicht hatte. Sie haben mich Demut gelehrt, wenn die Welt mal wieder nicht so ist, wie ich sie mir wünsche.

**Bleib aufmerksam.** Ich glaube, dass viele Eltern wie Schlafwandler durchs Leben gehen und nur versuchen, einen Tag nach dem anderen zu überstehen. Sie erkennen nicht, dass ihre Kinder ihnen ihre größten Schwächen ebenso reflektieren wie ihre größten Stärken. Dabei ist das eine großartige Gelegenheit zum Lernen. Wenn du aufmerksam bleibst, kannst du diese Information verwenden, um ein besserer Mensch und ein besserer Elternteil zu werden.

## Elternerfolgsstory

Mein Sohn schien sich nicht besonders für Fußball zu interessieren, eine Sportart, die mir besonders liegt. Das war nicht leicht für mich.

Aber ich musste mir klar machen, dass Kinder sich nach ihrem eigenen, individuellen Zeitplan für Dinge begeistern. Das können wir nicht kontrollieren. Meine Frau und ich beschlossen, dass wir unsere Kinder ausprobieren lassen wollten, was sie sich wünschten, egal, was wir selbst davon hielten.

Wir veränderten unsere Denkweise und konzentrierten uns auf das Kind, statt auf uns selbst. Die Fragen, die wir jetzt stellen, sind: „Was machen sie gern?“ und „Worin sind sie gut?“. Das half uns, sie nicht mehr in Umgebungen zu zwingen, in denen sie gar nicht sein wollten, sondern welche zu finden, in denen sie sich wohlfühlten.

## Abschlussgedanken

Denk daran, dass nichts ewig währt. Meine Tochter ist nur einmal vier. Es fällt mir so leicht, nur zu sehen, was mich frustriert, und zu denken: „Ich kann es nicht erwarten, dass sie endlich acht wird!“ Dann versuche ich mich aber daran zu erinnern, dass es Dinge an diesem Alter gibt, die ich nie wieder erleben werde. Sei es eine gewisse Unschuld oder eine bestimmte Art von Verspieltheit, jedes Alter hat seine besonders schönen Seiten. Wenn wir immer nur darauf warten, dass unsere Kinder mit einer bestimmten Phase endlich fertig sind, koppeln wir uns unterbewusst von ihnen ab. Finde einen Zugang zu dem, was an dem Kapitel, in dem sie sich gerade befinden, besonders toll ist. Schätze es, und lass es sie auch wissen.

# 9. AUSSERGEWÖHNLICHE ELTERNFÄHIGKEIT NR. 3:

# PERSPEKTIVE

*Denn was du siehst und hörst, hängt zu einem großen Teil davon ab, wo du stehst. Es hat aber auch damit zu tun, wer du bist.*

C. S. LEWIS, britischer Schriftsteller,
am bekanntesten für die *Chroniken von Narnia*

Lass mich eine Geschichte mit dir teilen, die ich vor Kurzem mit meiner Tochter erlebt habe. Sie fing so an:

„Ich will mein Partykleid anziehen!"

„Aber Ember, wir wollen Skifahren gehen."

„Ist mir egal! Ich will mein Partykleid anziehen!"

Warum ist es manchmal so schwer, die Logik von kleinen Kindern nachzuvollziehen? Und welche Strategien können wir anwenden, um effektiver mit ihnen zu kommunizieren? Ich habe ein paar interessante Informationen für dich, die dir helfen werden, den nächsten Trotzanfall besser zu überstehen, wenn er kommt. Und sie haben alle mit Perspektive zu tun.

Als Erwachsene haben wir oft Probleme damit, die Welt mit den Augen unserer Kinder zu betrachten. Der Grund dafür ist, dass wir die Dinge im wahrsten Sinne des Wortes anders sehen. Das Wort „Perspektive" hat eine lateinische Wurzel, die so viel bedeutet wie

„durchschauen, wahrnehmen". Deine Perspektive ist also im Grunde die Art, wie du die Welt betrachtest. Wenn deine Kinder nicht schon mindestens Mitte zwanzig sind, ist ihr Gehirn noch nicht voll entwickelt, deshalb haben sie eine andere Perspektive als wir Erwachsenen. Um uns besser in die Art hineinzuversetzen, wie sie die Dinge sehen, ist es hilfreich, wenn wir ein bisschen mehr darüber wissen, wie das Gehirn funktioniert.

In ihrem Buch *Disziplin ohne Drama: Achtsame Kommunikation mit Kindern* erklären die Autoren Daniel J. Siegel und Tina Payne Bryson das Gehirn in einfachen Worten. Sie vergleichen es mit einem Haus. Das „Kellergehirn" besteht aus dem Stammhirn und dem limbischen System, die unsere unbewussten Körperfunktionen (wie Herzschlag und Atmung), unsere Reflexe und starke Emotionen kontrollieren. Das „Obergehirn" ist unsere Hirnrinde, wo höhere Funktionen stattfinden – wo wir denken, planen und unsere Fantasie benutzen.

Die beiden Autoren führen ihre Analogie so aus:

*Wir wollen unserem Kind zwar helfen, eine Treppe zwischen Keller und Obergeschoss zu bauen, aber es gibt zwei wichtige Gründe, aus denen wir darauf achten sollten, bei der Integration keine unrealistischen Erwartungen zu hegen. Der erste ist ein entwicklungspsychologischer: Das Kellergehirn ist bereits bei der Geburt voll entwickelt, aber das Obergehirn ist erst dann komplett ausgereift, wenn wir ungefähr Mitte zwanzig sind. Es ist einer der letzten Teile unseres Gehirns, die wir entwickeln. Während der ersten paar Lebensjahre ist unser Obergehirn eine einzige riesige Baustelle, und während der Teenagerzeit wird es noch einmal komplett zu dem umgebaut, was es bei Erwachsenen ist.*

Das erinnert mich an den Film *Alles steht Kopf*. Riley, die Hauptfigur, hat fünf Emotionen in ihrem Kontrollraum (dem Gehirn): Freude, Kummer, Angst, Wut und Ekel. Außerdem hat sie vier „Persönlichkeitsinseln", die sie zu der Person machen, die sie ist. Riley wurde mit Freude geboren, die anderen vier Emotionen tauchten kurz danach auf (das Kellergehirn) und die Persönlichkeitsinseln bildeten sich in ihren ersten Lebensjahren (der Anfang des Obergehirns). Als Riley mit ihrer Familie ans andere Ende des Landes ziehen muss, geht es ihr schlecht. Sie verliert Freude und Kummer sowie all ihre Persönlichkeitsinseln. Am Ende des Films bekommt sie (im Alter von 12) eine neue Konsole (die ihre Emotionen kontrolliert) und entwickelt neue Persönlichkeitsinseln. Während der Pubertät haben wir alle ein riesiges Bauprojekt in unserem Obergehirn.

Nicht einmal Teenager, die nach außen schon so erwachsen wirken, haben den Intellekt und die Erfahrung, die wir als Erwachsene haben. Teenager nutzen ihre Hirnrinde, um Risikoeinschätzungen und Entscheidungen zu treffen und wägen ihre Wahlmöglichkeiten sehr genau ab (manchmal vernünftig, manchmal weniger). Deshalb brauchen sie doppelt so lang wie Erwachsene, um eine Entscheidung zu treffen. Erwachsene müssen nämlich im Leben so viele Entscheidungen treffen, dass wir diese Aufgabe an eine andere Hirnregion delegieren, sodass sie fast automatisch passieren. Wenn du einen Erwachsenen bittest, eine Entscheidung zu treffen, die ein gesteigertes Risiko oder möglichen körperlichen Schaden nach sich zieht, wird er höchstwahrscheinlich ziemlich schnell nein sagen. Ein Teenager dagegen wird von möglichen Belohnungen motiviert und übersieht deshalb oft die potenziell gefährlichen Folgen. Obwohl Teenager sich mehr Zeit für die Entscheidung nehmen und den Teil ihres Gehirns nutzen, wo die Vernunft sitzt, werden sie trotzdem häufiger ja sagen als Erwachsene.

Der andere wichtige Grund, warum wir das Gehirn unserer Kinder nicht überschätzen sollten, hat mit einem bestimmten Teil des Kellergehirns zu tun, nämlich dem Mandelkern. Die Autoren beschreiben den Mandelkern wie ein Babygitter, das uns im Keller einsperren kann. Wenn wir bei dem Bild vom Haus bleiben wollen, würde ich sagen, der Mandelkern hat in etwa die Funktion einer Alarmanlage. Wenn die anfängt zu schrillen, ist egal, was sonst gerade passiert – alle springen auf und machen irgendetwas, ohne groß nachzudenken. Genau das macht der Mandelkern: Er lässt die Körper in Aktion treten, ohne dass wir groß darüber nachdenken.

Hier wohnt unser Instinkt, zu fliehen, zu kämpfen oder uns tot zu stellen. Auch Erwachsene können in so einen Reaktionsmodus kommen, aber wir haben eine voll funktionsfähige Hirnrinde, die uns in solchen Momenten hilft, zurück zum logischen Denken zu finden. Wenn die Alarmanlage anspringt, sind wir zwar zunächst auch geschockt, aber dann gehen wir ganz ruhig zum Steuerungskästchen und geben den Code ein, mit dem wieder Ruhe im Haus einkehrt. Bei Kindern kann es anders aussehen, wenn der Alarm losgeht, vielleicht kennen sie den Code nicht einmal. Es kann sein, dass sie unsere Hilfe brauchen, um den Alarm abzuschalten und ihr Nervensystem wieder zu beruhigen.

Das Gehirn unserer Kinder ist also nicht nur noch in der Entwicklungsphase, es gibt darin sogar eine Region, die das Obergehirn vollkommen außer Gefecht setzen kann. Mit diesem Wissen im Hinterkopf ergibt es auf einmal Sinn, dass man nicht vernünftig mit Ember reden kann, wenn sie ihr Partykleid zum Skifahren anziehen will. Ich kann ihr all die logischen Gründe aufzählen, warum ihr Wunsch nicht sinnvoll ist, aber wenn ihr die Alarmanlage ins Ohr schrillt, kann sie mich nicht hören.

Noch ist aber nicht alles verloren. Es gibt Techniken, mit denen wir unseren Kindern helfen können, die Alarmanlage auszuschalten, indem wir direkt ihre höheren Hirnfunktionen ansprechen. Wenn dein Kind das nächste Mal einen Trotzanfall hat, versuch es doch mal mit diesen Methoden:

- **Körperliche Berührung:** Wenn du in deinem Haus die Alarmanlage ausschalten willst, musst du das Steuerungskästchen berühren, um den Code einzugeben. Überraschenderweise ist es auch bei Menschen eine sehr effektive Methode, sie zu beruhigen, indem man sie berührt. Manchmal brauchst du dein Kind nur an die Hand oder in den Arm zu nehmen oder einen kleinen Spaziergang mit ihm zu machen, damit es den Alarm ausschalten und wieder klar denken kann.
- **Problemlösung:** Fragen zu stellen, die das Kind zum Denken anregen, ist eine andere Methode. Wenn es einen Konflikt gibt,

können wir es nach Lösungen fragen. Kinder mögen es oft nicht, wenn man ihnen etwas vorschreibt, deshalb ist es besser, wenn wir ihre Meinung berücksichtigen, statt sie nur herumzukommandieren.

- **Auswahlmöglichkeiten:** Eine andere tolle Möglichkeit (vor allem für kleine Kinder) besteht darin, ihnen ein paar Optionen zur Wahl zu geben. Dadurch bekommen sie das Gefühl, selbstbestimmt zu handeln, ohne dass es sie überwältigt.
- **Humor:** Eine Technik, mit der du Konflikte entschärfen kannst, ist es, den Sinn für Humor deines Kindes anzusprechen. Wenn du es zum Lachen bringen kannst, hilft ihm das, sich nicht mehr bedroht zu fühlen und ruhiger zu werden. Was wir oft sagen, wenn unsere Kinder schlecht gelaunt sind, ist: „Lach jetzt bloß nicht", das funktioniert so gut wie immer.

Ich weiß, du fragst dich schon die ganze Zeit, wie ich mit der Situation umgegangen bin, als Ember wegen des Partykleids bockig war. Hier ist meine Lösung. Ich hob sie hoch, drückte sie ganz fest und drehte mich dabei im Kreis, bis sie wieder lächelte. Nachdem sie sich beruhigt hatte, fragte ich sie: „Hast du schon mal jemanden gesehen, der im Partykleid Skifahren geht?" Sie antwortete: „Ja, in meiner Zeitschrift."

Damit meinte sie ihr *High Five*™-Magazin. Eines der Rätsel darin hieß „So ein Quatsch!" und zeigte eine Schneeszene. Dort meinte sie, ein Bild von einer Frau gesehen zu haben, die im Partykleid Ski fuhr. Ich holte die Zeitschrift und bat Ember, mir die Frau zu zeigen. Wir blätterten zur entsprechenden Seite und fanden dort eine Menge lustiger Dinge, aber niemanden, der im Partykleid Ski fuhr.

Ich bat Ember, mir auf der Seite ein paar Dinge zu zeigen, die Quatsch waren. Ember sah Leute, die sich im Badeanzug im Schnee sonnten, eine Katze beim Autofahren, ein Lebkuchenhaus und Eichhörnchen, die Tic-Tac-Toe spielten. Wir lachten über all die verrückten Dinge, die wir sahen. Dann fragte ich sie: „Findest du auch, dass es Quatsch ist, im Partykleid Skifahren zu gehen?" Sie sagte „Ja" und lachte. An diesem Punkt konnten wir einfach passende Kleidung aussuchen und mit dem Tagesplan weitermachen. Stimmt schon, es hat eine Weile gedauert, aber andernfalls hätte die Situation sicher in Tränen, Geschrei und verletzten Gefühlen auf beiden Seiten geendet.

Ich habe im Zusammenhang mit den Life S.A.V.E.R.S. schon ein bisschen über Spiegelneuronen und ihre Kraft beim Visualisieren gesprochen, aber sie sind ebenfalls sehr wichtig für die Gehirnentwicklung von Kindern. In *Disziplin ohne Drama* erklären Siegel und Bryson es so:

*Wenn Kinder sich entwickeln, „spiegeln" ihre Gehirne die Gehirne ihrer Eltern. Mit anderen Worten: Wenn Eltern sich entwickeln und wachsen (oder nicht), hat das einen Einfluss auf das Gehirn des Kindes. Wenn die Eltern bewusster und emotional gesünder werden, ernten die Kinder die Vorzüge davon und entwickeln sich ebenfalls in Richtung Gesundheit. Das bedeutet, dass es eines der liebevollsten und großzügigsten Geschenke ist, die man seinem Kind machen kann, das eigene Gehirn zu entwickeln und zu pflegen.*

Dein Gehirn entwickeln zu wollen, ist eine gesunde Perspektive. Ich glaube, dass der *Miracle Morning* die beste Methode ist, an deiner Persönlichkeitsentfaltung zu arbeiten. Wenn du dich bereit dafür fühlst, geh jetzt auf www.TMMBook.com und fang mit deiner 30-Tage-Herausforderung an!

## Kinder Mitgefühl lehren

Im letzten Kapitel habe ich dir gezeigt, dass Mitgefühl und Einfühlungsvermögen angeboren sind, aber neuere Studien haben gezeigt, dass Mitgefühl darüber hinaus eine Fähigkeit ist, die man lernen kann. Das *Making Caring Common Project* der *Harvard Graduate School of Education* ist eine Organisation, die sich zum Ziel gesetzt hat, Lehrern, Eltern und Gesellschaften zu helfen, Kinder großzuziehen, die mitfühlend und sich ihrer Verantwortung gegenüber der Gesellschaft bewusst sind und einen ausgeprägten Gerechtigkeitssinn besitzen.

Ihre Wissenschaftler betonen, dass Empathie zwar mit der Fähigkeit beginnt, sich in die Lage eines anderen zu versetzen, dass das aber nur die halbe Miete ist. Schließlich können sich Schauspieler, Politiker und Werbetreibende oft besonders gut in die Situation von anderen Menschen hineindenken, aber das bedeutet noch lange nicht, dass sie sich auch für die Lage von anderen interessieren. Die Definition von Empathie muss also auch Mitgefühl beinhalten.

Wie können Eltern dafür sorgen, dass ihre Kinder empathisch werden? Richard Weissbourd und Stephanie Jones vom *Making Caring Common Project* empfehlen die folgenden fünf Methoden:

### 1. Zeige deinem Kind Empathie und lebe sie ihm vor.

Kinder lernen Empathie sowohl, indem sie uns beobachten, als auch dadurch, dass sie zum Empfänger unserer Empathie werden, deshalb ist es wichtig, dass wir ihnen dieses Verhalten vorleben. Uns in unsere Kinder einzufühlen ist eine Methode, eine von Vertrauen und Sicherheit geprägte Bindung zu ihnen aufzubauen, die wiederum dazu führt, dass sie uns nachahmen wollen.

Zeig deinem Kind Empathie, indem du seine körperlichen und emotionalen Bedürfnisse wahrnimmst, seine individuelle Persönlichkeit respektierst, Interesse an seinem Leben zeigst und es zu Aktivitäten hinführst, die seine Persönlichkeit und seine Interessen reflektieren.

### 2. Setze hohe ethische Erwartungen und mach es zur Priorität, anderen zu helfen.

Wenn du willst, dass dein Kind die Perspektive anderer zu schätzen lernt und Mitgefühl zeigt, ist es absolut grundlegend, dass es von dir hört, wie wichtig es ist, anderen zu helfen, und dass die Gefühle von anderen Menschen ebenso wichtig sind wie die eigenen. Kinder müssen verstehen lernen, dass sich nicht die ganze Welt nur um sie dreht. Bring deinen Kindern also bei, den Fernseher auszuschalten und bei der Hausarbeit zu helfen, höflich zu bleiben, auch wenn sie schlecht gelaunt sind, und anderen in Diskussionen das Wort zu überlassen.

### 3. Gib deinen Kindern Gelegenheiten, Empathie zu üben.

Kinder werden zwar mit dem Potenzial zur Empathie geboren, aber es handelt sich dabei um eine Fähigkeit, die das ganze Leben hindurch trainiert werden sollte. Mitfühlend zu werden muss man lernen und üben. Wenn du es zur Gewohnheit machst, regelmäßig über die Perspektiven und Lebensumstände anderer Menschen nachzudenken, wird Empathie zum natürlichen Reflex, und Kinder werden durch Versuche und Fehlschläge immer besser darin.

### 4. Erweitere den Kreis deines Kindes.

Es ist leicht, Mitgefühl mit Familienmitgliedern oder engen Freunden zu zeigen, und es liegt in der Natur des Menschen, dass wir uns leicht in andere einfühlen, mit denen wir etwas gemeinsam haben.

Das wahre Problem liegt in der Frage, ob Kinder (und Erwachsene) auch außerhalb dieses Kreises Empathie zeigen können. Deshalb ist es wichtig, dass du deinem Kind Wertschätzung für viele verschiedene Arten von Menschen vorlebst.

Wir können unseren Kindern helfen, Menschen zu verstehen und ihnen zu helfen, die sich sehr stark von ihnen selbst unterscheiden und unter Umständen vor ganz anderen Herausforderungen stehen.

Ermuntere deine Kinder, die Gefühle von Menschen zu bedenken, die verletzlicher sind als sie, zum Beispiel die von Kindern, die familiäre Probleme oder keine Freunde haben.

Gib ihnen einfache Ideen an die Hand, was sie tun können, zum Beispiel, um einen Klassenkameraden zu trösten, der von anderen gehänselt wird.

### 5. Hilf Kindern, Selbstkontrolle zu entwickeln und effektiv mit ihren Gefühlen umzugehen.

Es kann vorkommen, dass ein Gefühl oder ein inneres Bild stark genug ist, um die Fähigkeit zu Empathie und Mitgefühl zu blockieren. Wut, Scham, Neid und andere negative Emotionen können sich zum Beispiel so auswirken. Deshalb ist es wichtig, Kindern zu helfen, mit diesen Gefühlen und Vorurteilen anderen gegenüber umzugehen, damit ihre Empathie sich richtig entfalten kann.

Wenn du dir die Zeit nimmst, deinen Kindern Empathie beizubringen, tust du damit eine Menge dafür, dass sie zu einfühlsamen, mitfühlenden Menschen heranwachsen, die viel Gutes in der Welt tun können. Außerdem werden sie dadurch weniger ichbezogen. Wie Daniel Goleman in seinem Buch *Soziale Intelligenz: Wer auf andere zugehen kann, hat mehr vom Leben* schreibt: „Ichbezogenheit in all ihren Formen tötet Empathie, von Mitgefühl ganz zu schweigen. Wenn wir uns zu sehr auf uns selbst konzentrieren, schrumpft unsere Welt und unsere eigenen Probleme und Sorgen erscheinen uns übermächtig.

Wenn wir uns dagegen auf andere konzentrieren, erweitert sich unsere Welt. Unsere Probleme treiben an den Rand unserer Wahrnehmung und sehen viel kleiner aus. Außerdem verbessern wir dadurch unsere Fähigkeit, mit anderen in Kontakt zu treten – und mit Mitgefühl zu handeln."

## Perfektion gibt es nicht

Eine der größten Belastungen für Eltern ist der ewige Druck, alles perfekt machen zu wollen. Unsere Kinder verlassen sich für alles auf uns. Wenn so viel auf dem Spiel steht, wollen die meisten Eltern alles richtig machen. Deshalb verzeihen sie sich auch keine Fehler. Lass mich dir diese Last genau jetzt abnehmen: Es gibt keine perfekten Eltern. Das ist ein unmöglich zu erreichendes Ziel, und wenn du es trotzdem verfolgst, führt das nur zu Negativität. Wir sind alle nur Menschen. Das bedeutet, dass wir nur das Beste aus den Informationen machen können, die uns zum gegebenen Zeitpunkt vorliegen. Hal sagt: „Versuch nicht, perfekt zu sein, sei authentisch."

Für mich als Mutter klingt das nach einer hervorragenden Idee. Unsere Kinder wollen, dass wir glücklich sind. Das Beste, was wir für sie tun können, ist, uns darauf zu konzentrieren, die beste Version unserer selbst zu werden, die wir sein können. Mike und ich sind sicher keine perfekten Eltern, aber wir haben uns fest vorgenommen, Neues zu lernen, offen für neue Herangehensweisen zu bleiben und unseren Kindern zu erlauben, uns zu lehren, wie wir zu besseren Eltern werden. Das klappt natürlich nicht immer hundertprozentig. Also solltest du dich auch nicht fühlen, als wärst du gescheitert, wenn du nicht alles umsetzt, was du in diesem Buch lernst.

Es ist keine ganz einfache Sache, ein Mensch zu werden, von dem du willst, dass dein Kind zu ihm aufschaut und ihm nacheifert, aber letzten Endes ist es das, worum es bei der Kindererziehung wirklich geht: unseren Kindern zu zeigen, dass wir nicht perfekt sind, und wie sie am besten mit den alltäglichen Kämpfen umgehen können. Und darum, im Umgang mit ihnen verletzlich und authentisch zu bleiben.

Eltern müssen nicht alle Antworten kennen, aber es hilft, wenn wir uns dazu bereit erklären, sie zu suchen. Dr. Brené Brown drückt es so aus: „Unsere Fähigkeit, unsere Schwächen zu akzeptieren, ist eigentlich das, was unseren Kindern den Mut vermittelt, authentisch zu bleiben, das Mitgefühl, sich selbst zu lieben, und die Verbundenheit mit anderen, die den wahren Sinn und Zweck des Lebens darstellt."

## Perfektionismus ist nur eine andere Art von Furcht

Perfektion sieht zwar aus wie das höchste Gut, aber in Wirklichkeit führt sie nur dazu, dass wir gar nichts tun und unsere Kreativität vergessen. Wenn wir Angst davor haben, Fehler zu machen und dadurch nicht ganz perfekt auszusehen, verschwenden wir so viel

Zeit und Energie darauf, unsere Maske aufrechtzuerhalten, dass wir nicht mehr genug davon haben, um das Leben unserer Träume zu führen.

Außerdem ist Perfektion ohnehin relativ. Deine Vorstellung von perfekter Erziehung ist vielleicht das komplette Gegenteil von dem, was eine andere Mutter oder ein anderer Vater dafür hält.

Ich habe festgestellt, dass es viel besser ist, eine klare Vorstellung der eigenen Familienwerte zu haben und das ideale Leben darauf aufzubauen.

Egal, wo du dich gerade auf deinem Lebensweg befindest, es wird sich etwas verändern. Kinder werden groß, Autos gehen kaputt, Menschen machen Fehler, Dinge gehen schief, aber sie gehen manchmal auch viel besser aus, als du erwartet hättest. Konzentriere dich darauf, was du im Leben willst, und du wirst überrascht sein, wie viel davon dir tatsächlich begegnet.

Lass das unerreichbare Ziel der Perfektion los und achte stattdessen auf deine Fortschritte. Die eine Minute, die du täglich meditierst, ist besser als gar keine. Das Sushi vom Lieferdienst, das du gemeinsam mit der Familie isst, ist besser als das viergängige Bio-Essen, das du selbst gekocht hast, das dir aber keine Zeit dafür gelassen hat, es mit den anderen zu genießen.

Der Film, den zu mit deinem Partner oder deiner Partnerin zusammen anschaust, wenn die Kinder im Bett sind, ist besser als das Abendessen im Restaurant, das du absagen musst, weil der Babysitter dich versetzt hat. Wenn wir uns mit unseren Fehlern anfreunden und diese Haltung mit unseren Kindern teilen, werden sie sie auch entwickeln.

Unser Freund, der Autor Rock Thomas, schlägt vor, man solle sich fragen: „Was ist daran gerade toll?" Das ist vielleicht nicht immer das, was du dir ursprünglich vorgestellt hattest, aber wenn du die Perspektive einnehmen kannst, dass alles, was passiert, bereits perfekt ist, wirst du definitiv glücklicher. Nimm es an und mach das Beste daraus. Hal würde sagen, dass man es ohnehin nicht ändern kann, also konzentriere dich lieber darauf, weiterzumachen und alles, was toll ist, auch wahrzunehmen und zu genießen.

## Dankbarkeit

Unser Gehirn ist im wahrsten Sinne des Wortes so verdrahtet, dass schlechte Nachrichten besser durchkommen. Wir sind ständig von Informationen über alles umgeben, was gerade schlecht läuft. Du hast die Wahl: Entweder konzentrierst du dich auf diese Nachrichten oder du betrachtest all die vielen Dinge, die auf der Welt gut laufen.

Dankbarkeit ist eine der besten Perspektiven, die wir uns zulegen können. Wenn wir uns darauf konzentrieren, was wunderbar ist, auf die Fortschritte, die wir machen, und auf die Dinge, die wir richtig gemacht haben, erreichen unsere Selbstsicherheit und unsere Energie ungeahnte Höhen. Wenn wir uns dagegen auf das Gegenteil konzentrieren, indem wir über unsere Fehler nachgrübeln, im Gestern leben oder uns Vorwürfe für Dinge machen, die wir nicht mehr ändern können, fühlen wir uns einsam und leer.

Ein Perspektivenwechsel von zerstörerischen Gedanken hin zur Dankbarkeit erlaubt uns unter Umständen, Lösungen zu finden, die uns aus jeder Patsche helfen können. Die Wissenschaft hat festgestellt, dass das magische Verhältnis bei fünf zu eins liegt. So lange wir fünfmal mehr Positives erleben als Negatives, bleiben wir dankbar. Die einfache Übung, jeden Tag ein paar Dinge aufzuschreiben, für die du dankbar bist, kann deine ganze Welt auf den Kopf stellen – oder, in diesem Fall, vom Kopf auf die Füße!

## Betrachte die Vergangenheit neu

Kannst du die Vergangenheit ändern? Nein, aber du kannst sie aus einer neuen Perspektive betrachten. Unsere Vergangenheit ist nichts anderes als die Erinnerung daran, was passiert ist. Sie ist nur eine einzige mögliche Perspektive. Wenn in der Vergangenheit etwas passiert ist, und das ist ziemlich sicher der Fall, kann die Art, wie du an deinen Erfahrungen wächst, direkt verändern, was tatsächlich geschehen ist. Du kannst selbst entscheiden, was deine Erfahrungen bedeuten, und neue Bedeutung für deine Zukunft erschaffen, indem du dich entscheidest, bestimmte Dinge zu tun. Wenn du also deine Vergangenheit ändern möchtest, entscheide dich dafür, dir heute Kraft zu verleihen. Wähle einfach eine andere Bedeutung für etwas aus, das passiert ist, und lass dich dadurch heute dazu inspirieren, etwas Neues zu tun. So veränderst du effektiv die Vergangenheit.

Menschen mit einer auf Wachstum angelegten Geisteshaltung glauben, dass Intelligenz das Ergebnis ihrer Bemühungen ist, während Menschen mit einer festgefahrenen Geisteshaltung glauben, sie seien mit einem gewissen Intelligenzniveau geboren worden, an dem sich nichts ändern lässt. Studenten mit wachstumsorientierter Haltung schlagen sich besser als ihre Altersgenossen mit festgefahrenen Überzeugungen.

Wir können unseren Kindern diese wachstumsorientierte Haltung mitgeben, indem wir darauf achten, wie wir sie loben. Wenn dein Kind zum Beispiel mit einer guten Schulnote nach Hause kommt, gratuliere ihm dazu, dass es so hart gearbeitet hat, nicht dazu, wie klug es ist. Wenn dein Kind beim Fußball ein Tor schießt, sag nicht: „Du bist ein Naturtalent", sondern erinnere es daran, wie toll es sich beim Training gehalten hat. Wenn dein Kind dagegen schlecht spielt, sag ihm nicht: „Du bist einfach nicht so gut im Fußball", sondern ermutige es, für die nächste Gelegenheit mehr zu trainieren. Hilf ihm, sich Möglichkeiten auszudenken, wie es sich verbessern kann. Vielleicht möchte es ja eine Fußballvisualisierung in seinen *Miracle Morning* aufnehmen. Der Grundgedanke dahinter ist, deinem Kind zu zeigen, dass es selbst in der Hand hat, wie zukünftige Ergebnisse aussehen, indem es sich mehr anstrengt.

In ihrem Buch *The Gift of Failure* erklärt Jessica Lahey, was unsere Kinder von uns brauchen:

*Während sie von Team zu Team und von Liga zu Liga immer besser werden oder den Sport ganz aufgeben, verlassen sich Kinder darauf, dass ihre Eltern das Familienteam verankern und die unerschütterliche Unterstützung liefern, die ihnen durch die beschämendsten und demütigendsten Momente des Scheiterns helfen. In solchen Momenten brauchen sie uns, damit wir sie daran erinnern, dass wir unser Ende des Deals erfüllen und sie vom Spielfeldrand aus anfeuern werden, solange sie sich aufs Feld begeben und dort ihr Bestes geben – im Sport und in allen anderen Lebensbereichen.*

Als ehemalige Hockeyspielerin kann ich bestätigen, dass es für mich und meine Mannschaftskameradinnen unglaublich wichtig war, dass unsere Eltern uns vom Spielfeldrand aus anfeuerten. Jedes noch so hart umkämpfte Spiel war die Mühe wert, wenn uns danach unser Familienteam gratulierte – egal, ob wir gewonnen oder verloren hatten.

## Unsere Kinder als Lehrer

Als lebenslange Lernerin mit wachstumsorientierter Geisteshaltung glaube ich daran, dass wir aus jeder Erfahrung und von jedem Lehrer lernen und daran wachsen können. Das beinhaltet auch meine Kinder. Wenn ich sie als meine Lehrer betrachte, kann ich eine Menge Konflikte einfach loslassen. Kinder leben von Natur aus stärker im Moment als Erwachsene. Sie sind verspielter, aufmerksamer und neugieriger. Wenn du darauf achtest, wie dein Kind dich sieht, wirst du dich selbst aus einer ganz neuen Perspektive kennenlernen. Unsere Kinder spiegeln uns unsere Stärken ebenso wider wie unsere Schwächen.

Eines Nachmittags fuhr ich Tyler zum Fußball, schaute unterwegs auf den Beifahrersitz und bemerkte die Steuererklärung, die dort lag. Ich hatte völlig vergessen, sie am Morgen zur Post zu bringen, und natürlich war es der letzte Tag, an dem ich es machen konnte, ohne Strafe zahlen zu müssen. Als ich sie da liegen sah, schlug meine „Alarmanlage“ mit voller Kraft an, und ich sagte den Kindern, dass wir unseren Plan ändern und das Training für heute leider ausfallen lassen müssen würden. Tyler, mein weiser kleiner Junge, begann sofort, mir Fragen zu stellen, die mein „Obergehirn“

aktivierten, und wir versuchten, das Problem zusammen zu lösen. Gemeinsam machten wir den Plan, dass ich ihn zuerst beim Training abliefern würde (er erinnerte mich daran, dass ich dort nicht unbedingt bleiben muss), dann zur Post fahren und ihn danach wieder einsammeln könnte.

Die Schlange bei der Post war sehr lang und die meisten Leute standen aus genau dem gleichen Grund darin wie ich, also waren alle schlecht gelaunt – bis auf Ember. Sie hatte eine Menge Spaß daran, sich die Postkarten im Ständer anzuschauen, sich im Kreis zu drehen, sodass ihr Prinzessinnenrock hübsch in die Luft flog, und mit dem Mann hinter uns in der Schlange „Kuckuck" zu spielen. Damit brachte sie uns alle zum Lächeln.

An diesem Tag spiegelte Tyler mir meine übliche Geduld und Ruhe, als ich sie am dringendsten brauchte, und Ember erinnerte mich daran, jeden Augenblick im Leben zu genießen – sogar dann, wenn man in einer Schlange darauf warten muss, seine Steuern zu zahlen.

Hier ist noch ein Beispiel: Als Mike und Tyler ihre erste Familiensitzung hatten, arbeiteten sie in der Garage an ihren ferngesteuerten Autos. Mike beobachtete Tyler, und plötzlich durchflutete ihn eine Welle von Wertschätzung für seinen Jungen. Er sagte Tyler, dass er sehr stolz auf ihn und dankbar dafür sei, dass er hierhergekommen war, um ihm beizubringen, was Liebe ist, und sein Herz zu erweichen. Er ließ Tyler wissen, wie sehr er es liebte, ihm beim Spielen in seinem Element, in diesem Fall in der Werkstatt, zuzusehen. Tyler kletterte auf den Hocker, der neben ihm stand, sodass er größer war als Mike, und küsste ihn auf die Stirn wie ein Vater seinen Sohn. An diesem Tag hatte in der Garage ein Rollentausch stattgefunden. Tyler war Mikes Lehrer geworden, und Mike zu Tylers willigem Schüler.

Wenn wir unseren Kindern die Gelegenheit geben, uns etwas beizubringen, lernen wir oft viel mehr, und sie fühlen sich auf eine ganz neue Art geschätzt. Mike bestätigte Tyler in diesem Moment nicht nur als Kind und Schüler, sondern auch als Lehrer. Das war einer seiner stolzesten und schönsten Vatermomente.

Indem wir uns offen dafür zeigten, haben Mike und ich Geduld, Akzeptanz, Verständnis, Dankbarkeit, Liebe, Sinnhaftigkeit, Vermächtnis, Leidenschaft, den Kreislauf des Lebens und noch viel mehr von unseren Kindern gelernt. Wir glauben, dass diese Perspektive gesund ist und uns erlaubt, uns auf einer viel tieferen Ebene mit den Kindern zu verbinden. Unsere Wertschätzung auszudrücken ist in unserem Zuhause zur täglichen Gewohnheit geworden. Während des Morgenrituals umarmen wir uns und teilen unsere Dankbarkeit miteinander. Das ist so eine schöne Art, in den Tag zu starten, und es bringt uns als Familie enger zusammen.

Die letzte Perspektive, in der sich alles zusammenfassen lässt, ist, sich die Sichtweise anzugewöhnen, dass jeder von uns auf seiner eigenen Reise ist. Wir sind alle hier, um unseren eigenen Lebenszweck zu erfüllen. Wie Khalil Gibran in seinem wunderschönen Gedicht „Von den Kindern" schreibt:

> Deine Kinder sind nicht deine Kinder.
> Sie sind die Söhne und Töchter der Sehnsucht des Lebens nach sich selbst.
> Sie kommen durch dich, aber nicht von dir,
> und obwohl sie mit dir sind, gehören sie dir doch nicht.

## Erziehung und die Heldenreise

Vor kurzem hatten wir das große Privileg, Pat Solomon bei einem Vortrag über seine Erfahrungen zuzuhören, die er bei den Dreharbeiten zu dem Film *Finding Joe* über den berühmten amerikanischen Mythenforscher Joseph Campbell gemacht hatte. Campbell erforschte und analysierte Mythen aus vielen verschiedenen Kulturen und erkannte, dass diese Geschichten einiges gemeinsam hatten. Diese gemeinsamen Elemente setzte er zu unserer Reise durchs Leben in Bezug und nannte sie die „Heldenreise".

Dieses Konzept erklärt unter anderem auch, warum die Menschheit so besessen von klassischen Heldengeschichten wie *Star Wars*,

*Der Herr der Ringe* und *Rocky* ist. Die Mühsal der Helden und Heldinnen solcher Geschichten fasziniert und inspiriert uns, und sie erinnert uns daran, dass wir selbst der Held unserer Lebensgeschichte werden sollen. Wir jubeln alle dem Helden zu, weil wir letzten Endes alle Helden sind.

In seinem Vortrag sprach Solomon auch darüber, dass wir im Lauf unseres Lebens viele verschiedene Rollen spielen und in Wirklichkeit auf mehreren Reisen gleichzeitig sind. Zum Beispiel stehst du vielleicht noch ganz am Anfang deiner Elternreise, bist aber auf deiner Karrierereise schon viel weiter. Oder deine Reise als Elternteil eines Babys geht zu Ende, während die Reise als Elternteil eines Kleinkinds gerade erst beginnt. Jede neue Phase bringt neue Herausforderungen und Freuden mit sich. Und jedes Kind hat eigene Stärken und Bereiche mit Wachstumspotenzial.

Die Heldenreise bietet uns ein paar sehr interessante Perspektiven auf das Thema „Erziehung“. Sie hat drei Phasen: Aufbruch, Initiation und Rückkehr.

## Aufbruch

Wir beginnen alle in der bekannten Welt. Oft fühlen wir uns hier festgefahren oder haben das Gefühl, dass wir etwas nicht wahrnehmen; wir wissen einfach nicht, was wir alles nicht wissen. Dann hören wir den Ruf des Abenteuers. Dieser Ruf kann sich in etwas ganz Einfachem äußern, zum Beispiel dem plötzlichen Wunsch, einem Schmetterling in den Wald zu folgen, oder in etwas Großem, wie dem Traum, ein Buch zu schreiben. Häufig reagieren wir auf den Ruf zunächst mit Widerstand. Wir wollen uns nicht aus unserer Komfortzone heraus bewegen. Dort fühlen wir uns zwar festgefahren, aber das Unbekannte da draußen macht uns noch mehr Angst. Dann lernen wir einen Mentor kennen. Mentoren gibt es in allen möglichen Formen. Er kann eine Person sein, zum Beispiel ein Lehrer oder Trainer, aber er könnte genauso gut ein Buch oder eine Idee sein.

## Initiation

Der erste Schritt der Initiation führt uns über die Schwelle. Sobald wir uns entschieden haben, dem Ruf zu folgen, können wir nicht wieder zurück in unsere bekannte Welt. Diesen Schritt kann man mit voller Absicht machen (wenn man zum Beispiel einen Job kündigt, um sich in Zukunft seiner Leidenschaft zu widmen), er kann einem aber auch von außen aufgedrückt werden (zum Beispiel, wenn man gefeuert wird). So oder so gibt es danach kein Zurück mehr.

Wenn du ein Kind bekommst, überschreitest du damit eine riesige Schwelle. Wir können uns der Reise mit all ihren Bewährungsproben, Verbündeten und Feinden stellen oder uns ihr widersetzen, aber zurück können wir nicht mehr.

Der nächste Schritt heißt „Annäherung". In dieser Phase nähern wir uns dem metaphorischen Schatz an. Für Eltern bedeutet das zum Beispiel den Moment, in dem die Kinder ausziehen und an die Uni gehen oder das Familienunternehmen übernehmen, heiraten oder selbst Kinder bekommen. Deinen eigenen Elternschatz musst du selbst bestimmen. Vergiss nicht, die vielen kleinen Siege auf dem Weg zum großen Schatz zu feiern.

Für uns ist der große Schatz, dem wir uns annähern wollen, Kinder zu haben, die ihre Bestimmung auf der Welt kennen und jeden Tag lieben. Aber um dorthin zu kommen, müssen auch wir die vielen kleinen Siege feiern (ihre ersten Schritte, wie sie lernen, sich die Schuhe zu binden, das erste Mal, dass sie allein Fahrrad fahren und so weiter) und sie trösten, wenn ihnen etwas nicht gelingt (die erste Fünf in der Schule, das erste Mal, dass jemand ihnen ein Schimpfwort hinterher ruft, der erste Sturz vom Fahrrad).

Nach der Annäherung kommt die entscheidende Prüfung, auch als „Tod und Wiedergeburt" bekannt. Hier verlieren wir einen Teil von uns selbst, um zu jemand oder etwas Neuem zu werden. Das passiert auf unserer Elternreise immer wieder, zum Beispiel, wenn unser Kind zum ersten Mal allein in den Schulbus steigt, oder wenn wir ihm helfen, in sein Zimmer im Studentenwohnheim einzuziehen. Dabei stirbt ein alter Teil von uns und macht Platz für eine neue, bessere Version. Bevor wir uns den Schatz unter den Nagel reißen können, müssen wir den Drachen töten, uns also unseren Ängsten stellen. Erst, wenn wir das tun, finden wir einen Mut, der vorher noch nicht da war.

Wenn wir die Prüfung überstanden haben, wird es Zeit für die Belohnung, „das Schwert zu ergreifen". Als Vater oder Mutter bleibst du für immer Vater oder Mutter deiner Kinder, und auf dieser Reise wirst du immer wieder belohnt. Wenn deine Kinder sprechen lernen, werden sie dir irgendwann sagen, dass sie dich lieben. Wenn sie sich die Schuhe zubinden können, bekommst du zur Belohnung morgens ein paar zusätzliche Minuten geschenkt. Wenn sie den Führerschein machen, musst du kein „Mamataxi" mehr sein. Jedes Mal, wenn sie ein kleines bisschen selbstständiger werden, bekommst du dadurch Zeit, in der du dich auf etwas anderes konzentrieren kannst.

Das ist aber noch nicht ganz das Ende der Reise. Noch müssen wir wieder zum Ausgangspunkt zurückkehren. Wenn der Held den Schatz gewonnen hat, bringt er ihn nach Hause und teilt ihn mit den anderen Bewohnern seines Dorfes.

## Rückkehr

Während der Rückkehr findet eine Auferstehung statt. Bei der Prüfung verliert man einen Teil von sich selbst, um wachsen zu können, aber in dieser Phase wird man durch die ganze Reise, die man erlebt hat, ein ganz neuer Mensch. Der letzte Schritt der Reise heißt „Rückkehr mit dem Elixier" und bedeutet, dass man die Geschichte der eigenen Abenteuer mit anderen teilt, oder – so sehe ich es – ein Vermächtnis hinterlässt. Nach diesem Schritt kann deine Reise in einer neuen bekannten Welt erneut beginnen oder, wenn es deine letzte Reise war, als Geschichte weiterleben.

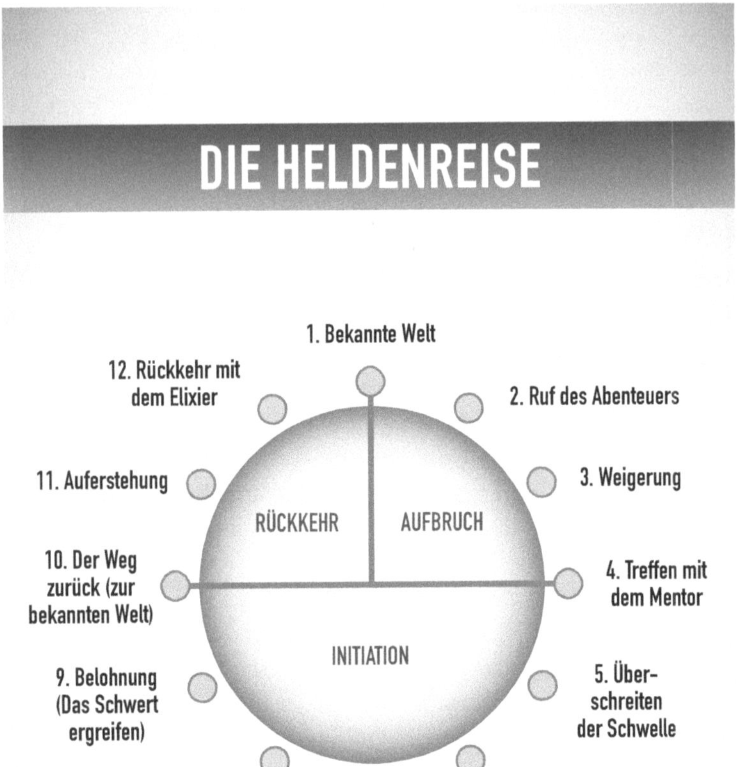
DIE HELDENREISE
1. Bekannte Welt
2. Ruf des Abenteuers
3. Weigerung
4. Treffen mit dem Mentor
5. Über-schreiten der Schwelle
6. Bewährungsproben, Verbündete, Feinde
7. Annäherung an die tiefste Höhle
8. Entscheidende Prüfung (Tod & Wiedergeburt)
9. Belohnung (Das Schwert ergreifen)
10. Der Weg zurück (zur bekannten Welt)
11. Auferstehung
12. Rückkehr mit dem Elixier
RÜCKKEHR
AUFBRUCH
INITIATION

## Elternschaft und die Heldenreise

Das Konzept der Heldenreise erlaubt uns, die vielen Reisen zu erkennen, auf die wir uns im Leben begeben, ebenso wie die Tatsache, dass das ganze Leben selbst eine Reise ist. Um ein Beispiel aus der realen Welt zu benutzen, das wahrlich heldenhafte Züge hat, möchte ich die Heldenreise einmal aufs Trockenwerden anwenden – eine Reise, die Ember und ich erst kürzlich angetreten haben.

Am Anfang war unsere bekannte Welt voll von Windeln und Wickeltaschen, Wechselkleidung und Feuchttüchern. Der Ruf des Abenteuers kam, als ich mir vornahm, Ember zu helfen, aufs Töpfchen zu gehen. Die Weigerung lag in Embers riesigen Trotzanfällen und der kleinen inneren Stimme, die mir zuflüsterte: „Vielleicht ist es noch zu früh. Wäre es nicht einfacher, noch ein bisschen zu warten?" Den Mentor traf ich, als mir bewusst wurde, dass Ember trocken sein musste, wenn sie Skistunden nehmen wollte. Ember war sehr begierig darauf, Skifahren zu lernen, damit sie – wie ihr großer Bruder – mit Mama und Papa auf den Berg fahren konnte. Dieser Wunsch motivierte sie, ihre Angst vor dem Unbekannten zu überwinden.

Die Schwelle überschritten wir, als wir ihre Windeln entsorgten und ihr die ersten Unterhosen für große Mädchen kauften. Dann kamen die Bewährungsproben: Ich musste sie daran erinnern, zu pullern, bevor wir aus dem Haus gingen, und immer wissen, wo die nächste Toilette war, und wir mussten natürlich mit den unvermeidlichen „Unfällen" umgehen. Unsere Verbündeten waren andere Eltern, die gerade das Gleiche erlebten, und Embers Erzieherinnen in der Vorschule. Der Feind waren meine Zweifel, dass ich diese Phase heil überstehen würde. Eine Annäherung nahmen wir wahr, als die Unfälle immer seltener wurden und Ember die kleinen Siege feiern konnte, den Mittagsschlaf und oft sogar die ganze Nacht trocken überstanden zu haben.

Ganz ohne Prüfungen lief der Prozess natürlich auch nicht ab. Zum Beispiel hielten wir bei einer längeren Autofahrt einmal für eine Pipipause an, aber Ember wollte auf keinen Fall auf die Toilette. Da gab es Drohungen, Bestechungsversuche und Geschrei. Das war nicht schön und alle von uns starben an diesem Tag ein kleines bisschen, aber die Lektionen, die wir aus dieser Erfahrung lernen konnten, waren unbezahlbar. Ich stellte mich meinen Ängsten und tötete meinen Drachen, indem ich lernte, einfach loszulassen und darauf zu vertrauen, dass sie ihren Körper besser kennt als ich, und dass ich sie nicht zwingen kann, auf die Toilette zu gehen. Sie lernte, dass Hartnäckigkeit sich durchsetzt.

Belohnungen haben wir viele und reichlich bekommen. Ember wurde durch die Reise selbstbewusster und selbstständiger. Ich muss nicht mehr überallhin Windeln und Feuchttücher mitschleppen und mich natürlich auch nie wieder mit Stinkewindeln herumschlagen. Der Weg zurück sah so aus, dass wir unsere Geschichte mit anderen Eltern teilten, die gerade das Gleiche durchmachten, und ihnen erzählten, was wir gelernt hatten. Ich wurde als entspanntere Mutter wiedergeboren, die keine Wickeltasche mehr mitnehmen muss und viel leichter einfach aus dem Haus gehen kann.

## Unsere Kinder machen ihre eigene Reise

Loszulassen ist eines der schwersten Dinge im Leben von Eltern. Wenn unsere Kinder größer und unabhängiger werden, müssen wir uns daran gewöhnen, dass sie ohne uns auf Reisen gehen werden, und ihnen die Gelegenheit dazu geben. Wir wachsen am meisten, wenn wir scheitern, also sollten wir unseren Kindern erlauben, so oft wie möglich zu stolpern, damit sie daraus lernen können.

Wenn unsere Kinder Bewährungsproben bestehen müssen, ist es toll, wenn wir ihre Verbündeten sein können, aber wir müssen ihnen gestatten, selbst die Helden ihrer eigenen Geschichte zu sein. Wenn dein Sohn seinen Schulranzen zu Hause vergisst, wird sein Schultag dadurch sicher schwierig, aber was bringst du ihm bei, wenn du ihm sofort zu Hilfe eilst? Dass er keine Verantwortung für sich selbst übernehmen muss, weil du dich um all seine Probleme kümmern wirst. Wenn wir immer die Helden spielen, werden unsere Kinder zu abhängig von uns und lernen nicht, Dinge selbst in die Hand zu nehmen.

Wir müssen die Helden unserer eigenen Geschichte sein, statt stellvertretend durch unsere Kinder zu leben oder zu versuchen, immer der Held unserer Kinder zu sein. Unsere große Rolle in ihrem Leben besteht darin, sie zu unterstützen. Wir müssen auf ihrer Seite stehen und ihre Gefühle ernst nehmen.

Es ist okay, wenn wir mit ihnen teilen, was wir auf unserer eigenen Reise gelernt haben, aber wir dürfen ihnen nicht vorschreiben, wie sie ihre Reise zu gestalten haben. Sie sollen ihre Reise selbst voll und ganz erfahren können, damit sie das lernen können, was sie später zum Erwachsenenleben führt.

Unsere Aufgabe als Eltern ist es nicht, sie vor der Welt zu schützen, sondern ihnen zu helfen, die Fähigkeiten zu entwickeln, die sie brauchen, um aktiv daran teilnehmen zu können. Wir müssen ihnen Raum für ihre eigenen, individuellen Erfahrungen geben, damit sie ihre eigenen Geschichten zurück ins Dorf bringen können.

Und wir müssen zu Hause sein, wenn sie zurückkommen und uns von ihren Abenteuern erzählen, und ihren Geschichten gerne zuhören. Campbell sagt: „Folge deinem Glück", und ich möchte hinzufügen: „Und erlaube deinen Kindern, ihr eigenes Glück zu finden."

## Abschlussgedanken zur Perspektive

Als Mutter oder Vater hast du jeden Tag die Gelegenheit, zu scheitern, Wiedergutmachung zu leisten und es beim nächsten Mal anders zu versuchen. Unsere Kinder werden zu unseren Spiegeln, die uns helfen, die Veränderungen, die wir in ihnen sehen wollen, zunächst in uns selbst zu erschaffen. Wir sollten unsere Kinder ermutigen, ihre eigenen Helden zu sein und aus ihren Erfahrungen zu lernen. Unsere Liebe zu ihnen treibt uns an, bessere Versionen unserer selbst zu werden, und das wiederum gibt ihnen die Freiheit, zu besseren Versionen ihrer selbst zu werden. Wie Meister Shifu es in *Kung Fu Panda 3* ausgedrückt hat: „Ich versuche nicht, dir beizubringen, ich zu sein. Ich versuche, dir beizubringen, du selbst zu sein."

Mike und ich glauben fest daran, dass alles, was in unserem Leben geschieht, dazu dient, uns etwas zu lehren. Wenn du dieses Buch liest, bist du offensichtlich auch daran interessiert, etwas zu lernen. Das Geheimnis ist allerdings, nicht nur aus Büchern, Seminaren und Podcasts oder von Coaches und Mentoren zu lernen, sondern von allem, was in deinem Leben passiert. Unser Freund Matt Aitchison hat einmal gesagt: „Ich bin ein Schüler des Lebens und suche ständig nach meinem nächsten Lehrer." Das ist eine sehr gesunde Perspektive, wenn es darum geht, das Leben in vollen Zügen auszukosten und der beste Vater oder die beste Mutter zu werden, die du werden kannst.

# ELTERNPROFIL

## David Osborn

David ist Unternehmer, Redner und Autor. Außerdem ist er der Haupteigentümer von *Keller Williams Realty*, der neunzehntgrößten Immobilienfirma der USA, die im letzten Jahr über 5,2 Milliarden Dollar erwirtschaftet hat.

David hat zwei Töchter im Alter von sechs und 28. Er lebt mit seiner Frau Traci in Austin, Texas.

### Erziehungsphilosophie

Ein Kind großzuziehen ist eine riesige Verantwortung, aber letzten Endes besteht unsere Aufgabe meiner Meinung nach nur darin, Raum für das Kind zu schaffen, damit es zu der Person werden kann, die es werden soll. Ich spüre zwar die Verantwortung und die Last, aber ich verstehe, dass ich nicht für das Schicksal meiner Kinder zuständig bin. Mein Job ist es, sie zu ernähren, während sie wachsen, und sie zu unterstützen. Statt meiner Tochter Fragen zu stellen, die zu dem Ergebnis führen, das ich mir vorstelle, stelle ich ihr lieber offene Fragen: Wie war dein Tag? Was machst du gerne? Was liebst du daran besonders? Ich versuche nicht, das Gespräch in eine bestimmte Richtung zu lenken. Ich erschaffe nur einen Raum voller Liebe und Neugier, und einen Rahmen, in dem sie zu der Person heranwachsen kann, die sie sein soll.

#### Wie hat sich der Miracle Morning auf deinen Erziehungsstil ausgewirkt?

Ich glaube, von Visualisierungen und Affirmationen hatte ich schon gehört, bevor ich anfing, den *Miracle Morning* anzuwenden, aber ich hatte sie noch nicht richtig ausprobiert. Heute visualisiere ich, wie meine Familie in einer unglaublich warmen und liebevollen Atmosphäre lebt und sich Zeit füreinander nimmt. Und natürlich ist es im Leben immer wieder so: Je mehr ich es visualisiere, desto mehr bestätige ich es auch, und desto wahrer wird es.

## Die besten Erziehungstipps

**Achte auf deine Gesundheit.** Ich bin ein relativ alter Vater, also möchte ich noch möglichst lange für meine Kinder da sein. Weil ich ihnen zuliebe gesund bleiben möchte, ernähre und bewege ich mich anders als früher. Alles, was ich jetzt mache, ist darauf ausgerichtet, mein Leben zu verlängern und mir so zu ermöglichen, für meine Kinder länger zu leben. Heute, mit Ende Vierzig, bin ich wahrscheinlich in besserer Form als noch vor zehn Jahren, und das hat viel damit zu tun, dass sich mein Fokus verschoben hat.

**Hüte dich vor Perfektionismus.** Meiner Erfahrung nach hinterfragen sich Eltern ständig, ob sie etwas richtig oder falsch gemacht haben. Hätte ich etwas besser machen können? Das Bewusstsein, dass ich einen Fehler gemacht habe, zeigt, wie sehr ich mir wünsche, ein besserer Vater zu sein. Also zeige ich mich diesem Teil von mir dankbar, aber ich höre nicht auf den Teil von mir, der sich Sorgen machen und alles so hinschummeln möchte, dass es doch wieder richtig ist. Perfektionismus ist eine Angewohnheit, wie Nägelkauen. Sobald man sich bewusst macht, dass man nicht mehr auf den Nägeln kauen möchte, hört man einfach damit auf.

Wie mit allem im Leben bin ich glücklicherweise sehr mit meinen Selbstzweifeln im Reinen, weil ich Unternehmer bin und mich deshalb schon seit langem selbst durchschlagen muss.

**Achte auf gute Ernährung.** Wir geben ganz besonders acht darauf, was wir essen. Die meisten Eltern wissen, dass es nicht einfach ist, Kinder dazu zu bewegen, sich gesund zu ernähren. Bei uns klappt es manchmal, manchmal aber auch nicht. Unsere Tochter isst Sonnenblumen- und Kürbiskerne und sie liebt Obst. Das sind unsere Siege.

**Spiel Ball mit deinem Kind.** Als meine Tochter gerade erst geboren war, las ich einen Artikel, in dem stand, dass Hand-Auge-Koordination das Allerwichtigste beim Sport ist. Wenn du jeden Tag mit deinem Kind irgendeine Ballsportart spielst, und sei es auch nur für fünf Minuten, bringst du seine Hand-Auge-Koordination damit auf ein sehr hohes Niveau.

**Behalte die Dinge in Perspektive.** An der Wand meiner Garage hing früher mal ein Schild, genauer gesagt ein Whiteboard, auf das ich „Denke ewig" geschrieben hatte. Ich frage mich selbst: Was wird in tausend Jahren sein? Welche Auswirkungen hat das, was wir genau jetzt tun, auf die Welt in tausend Jahren?

Wenn du so denkst, kannst du dir keine Sorgen um die kleinen Dinge machen, weil sie ohnehin egal sind. Kinder zu erziehen, die sich um die Welt kümmern, die verantwortlich handeln und Integrität und einen guten moralischen Kompass besitzen, ist das beste Vermächtnis, das man haben kann. Über deine eigene Moral nachzudenken hilft, die Dinge aus der richtigen Perspektive zu betrachten.

**Sei dir bewusst, dass das Leben sehr kurz ist.** Wir kommen aus dem Staub und werden wieder zu Staub, daran erinnere ich mich ständig. Ich glaube, wenn man sich klar macht, dass die Zeit, die man auf Erden hat, immer kürzer wird, wann auch immer das Ende kommen mag, will man keine Zeit mehr auf dumme Ängste und verschwenderisches Tun oder Verhalten mehr vergeuden. Ängstlichkeit ist besonders verschwenderisches Verhalten.

Ich muss mir voll und ganz im Klaren darüber sein, was meine Ziele und meine Missionen sind, und Vater zu sein ist eine davon. Ich tue meinem Kind nichts Gutes, wenn ich die ganze Zeit ängstlich darüber nachgrübele, wie ich meinem Kind etwas Gutes tun kann.

## Abschlussgedanken

Bewusstsein ist ein Riesending. Es funktioniert auf vielen Ebenen des Lebens. Damit fängt alles an, mit dieser Bereitschaft, morgens aufzuwachen und sein Morgenritual, seinen *Miracle Morning*, durchzuführen, und sich dabei zu fragen: Was muss ich mir heute bewusst machen? Wo läuft alles richtig, wo läuft es nicht so rund, und welche Affirmationen können mir dabei helfen, ein besserer Vater zu werden?

# ELTERNPROFIL

## Tracy Osborn

Traci ist Hausfrau und Mutter. Sie wohnt mit ihrem Mann in Austin, Texas, und hat eine sechsjährige Tochter.

### Wie hat sich dein Leben verändert, seit du ein Kind hast?

Ich glaube, Mutter geworden zu sein, hat mir eine Menge Mitgefühl beigebracht. Außerdem habe ich eine tiefere Form der Liebe kennengelernt, ein tiefergehendes Verständnis für Menschen im Allgemeinen, für ihre Lebensumstände und das, was sie durchmachen.

## Die besten Erziehungstipps

**Man lernt nur durch Scheitern.** Für Eltern ist es sehr wichtig, Scheitern in einem neuen Licht zu sehen. Ich glaube, es ist unvermeidlich, dass man sich manchmal Selbstvorwürfe macht, weil einem so viel an der Beziehung zu den Kindern liegt. Sie sind nun mal abhängig von uns – in jeder Hinsicht. Wie kann man aufhören, sich Selbstvorwürfe zu machen? Indem man sich daran erinnert, dass man auch nur ein Mensch ist, der Fehler macht, und dass man sich nicht davon unterkriegen lassen darf, wenn man etwas falsch macht oder an etwas scheitert. Sonst wächst man nicht und kommt nicht vorwärts. Wenn man solche Dinge nicht loslassen kann, ist damit niemandem geholfen.

**Sag deinem Kind nicht, es soll vorsichtig sein.** Ich muss mich immer wieder daran erinnern, meine Tochter nicht ständig zu ermahnen, sie solle aufpassen. Ich möchte, dass sie ihre eigenen Fehler macht. Wenn etwas passiert und sie weint, ist das nur etwas, aus dem sie lernen wird, und das ihr neue Einsichten verschafft. Das ist besser, als wenn Mama und Papa sich permanent einmischen und ihre Probleme für sie lösen.

**Sag ihm stattdessen, es soll aufmerksam sein.** Ich habe einen neuen Satz gelernt: „Achte auf deinen Körper." So vermittelt man Kindern nicht, dass die Welt ein Ort ist, vor dem man sich fürchten muss, oder in dem man ständig aufpassen muss. Der Satz bedeutet nur: „Achte auf das, was passiert. Du könntest hinfallen. Möchtest du dieses Risiko eingehen? Wenn ja, dann tu es ruhig." So können sie selbst entscheiden, ob sie etwas riskieren wollen oder nicht.

**Bewerte alles neu.** Eine gute Mutter zu sein, bedeutet meiner Meinung nach, ständig nachzudenken, zu analysieren und sich zu fragen, ob bestimmte Sachen immer noch gut zu meiner Tochter passen. Vielleicht tun sie das gar nicht mehr. Vielleicht werden sie es nächstes Jahr nicht mehr tun. Sei bereit, deine Herangehensweisen zu ändern, wenn du merkst, dass sie nicht mehr funktionieren.

**Es ist wichtig, auf dich selbst zu achten.** Ich gehe zum Sport, um Stress abzubauen. Ich nehme mir Zeit für mich selbst. Meines Erachtens riskiert man einen Burnout, wenn man das nicht tut. Ich versuche mich immer wieder daran zu erinnern, dass ich alles gebe, was ich kann. Mehr als das Beste kannst du nicht geben.

**Gib deinen Kindern eine Stimme.** Einfach nur eine Stimme zu haben und die eigene Meinung kundtun zu können, ist ein Riesending für Kinder. Später müssen sie sich dann nicht mehr auflehnen, weil sie schon immer eine Stimme hatten. Früher war die vorherrschende Meinung, dass ein Kind, das seine Meinung sagt, ein aufsässiges, schlechtes Kind ist. Heutzutage ist es aber okay. Eltern können Kinder nach ihrer Meinung fragen, sie bitten, zu sagen, was sie denken und mit ihnen gemeinsam eine Lösung ausarbeiten. Das gefällt mir sehr gut, weil wir so viel von Kindern lernen können – ebenso viel, wie wir ihnen beibringen können.

## Elternerfolgsstory

Früher habe ich, wie viele andere Eltern, häufig gebrüllt. Darauf war ich nicht besonders stolz, es war wahrscheinlich nur etwas, das ich selbst als Kind so gelernt hatte. Als ich klein war, war gutes Benehmen das Wichtigste überhaupt. Wenn man aber will, dass sich ein Kind gut benimmt, hilft es überhaupt nicht, es anzuschreien. Ich musste innehalten, die Situation betrachten und sie analysieren. Auch heute passiert es mir manchmal, dass ich in alte Verhaltensmuster zurückfalle, wenn ich frustriert bin oder es eilig habe. Ich arbeite noch daran. Aber man muss erst scheitern, wenn man etwas im Leben erreichen will, sei es als Mutter oder Vater, bei der Arbeit oder in der Beziehung. Insbesondere als Elternteil muss man Fehler machen und daraus lernen. Letztendlich führen uns diese Fehler zum Erfolg.

## Abschlussgedanken

Eine Nachricht an alle Mütter da draußen: Ich glaube, Mütter haben es wirklich viel schwerer als Väter. Auf Müttern lastet ein riesiger Verantwortungsdruck, und sie laden sich immer noch mehr auf. Sie nehmen sich keine Zeit für sich selbst. Das ist meiner Meinung nach ein Riesenfehler. Du wirst kein besserer Mensch, wenn du dir nicht die Zeit nimmst, einer zu werden und die Batterien wieder aufzuladen. Sonst laugst du dich so aus, dass du vergisst, dass du auch ein Mensch bist, nicht nur eine Struktur für die Kinder und die Familie. Du hast deine eigenen Bedürfnisse und Wünsche. Das ist wahrscheinlich eins der wichtigsten Dinge, die du beachten musst, wenn du Kinder bekommst: dass du dich daran erinnerst, dass du Raum und Zeit dafür brauchst, ein besserer Elternteil und ein besserer Partner zu werden.

# 10. DIE MIRACLE-GLEICHUNG

## Bonuskapitel von Hal Elrod

*Große Wunder und fantastische Schätze erwarten die, die bereit sind, sich Mühe zu geben.*

ISAAC BASHEVIS SINGER, Autor und Nobelpreisgewinner

Du weißt inzwischen, dass du früh aufwachen, einen außergewöhnlichen Energiepegel halten, deine Konzentration zielgerichtet einsetzen und Mikes und Lindsays nicht ganz offensichtliche Elternprinzipien anwenden *kannst*. Aber wenn du das Folgende als Elternteil anwendest, wirst du sogar noch viel weiter kommen: Du wirst zu einer wirklich herausragenden Mutter oder einem außergewöhnlichen Vater.

Um diesen Sprung zu machen, brauchst du aber noch ein letztes Werkzeug in deinem Kasten: die *Miracle-Gleichung*.

Die *Miracle-Gleichung* ist die grundlegende Strategie, die ich angewandt habe, um mir mein ganzes Potenzial als Verkäufer und als Vater zu erschließen. Außerdem hat sie mir gezeigt, wie man mit Zielen umgeht. Einer meiner Mentoren, Dan Casetta, hat einmal gesagt: „Der wahre Zweck eines Ziels ist nicht, es zu erreichen. Sein wahrer Sinn ist es, zu der Person zu werden, die ihre Ziele erreichen kann, unabhängig davon, ob man ein bestimmtes Ziel nun erreicht oder nicht. Wirklich wichtig ist, wer man wird, wenn man bis zum letzten Moment alles gibt – nicht das, was dabei herauskommt."

Wenn du dich entscheidest, dir ein scheinbar unerreichbares Ziel zu setzen, obwohl die Chancen, dass du es schaffst, verschwindend gering aussehen, wirst du dadurch besonders konzentriert, gewissenhaft und zielgerichtet werden. Und wenn dein Ziel besonders ehrgeizig ist, wirst du dabei auch gleich herausfinden, aus welchem Holz du wirklich geschnitzt bist!

## Zwei Entscheidungen

Wie bei jeder großen Herausforderung musst du Entscheidungen treffen, die damit zusammenhängen, dass du das Ziel erreichen willst. Du kannst dir eine Deadline setzen und deine eigene Agenda erschaffen, indem du dich fragst: „Wenn ich mein Ziel innerhalb dieser Deadline erreichen will, welche Entscheidungen muss ich dann jetzt treffen und wozu muss ich mich im Voraus bereits entschließen?"

Du wirst feststellen, dass die beiden wirkungsvollsten Entscheidungen *immer die gleichen* sind, egal wie dein Ziel aussieht. Sie sind die Grundlage der *Miracle-Gleichung*.

## Die erste Entscheidung: Unerschütterlicher Glaube

In meinem Leben gab es einmal eine Zeit, in der ich versuchte, ein unmögliches Verkaufsziel zu erreichen. Diese Zeit möchte ich jetzt als Beispiel benutzen, um zu illustrieren, was ich meine. Es stammt zwar aus meinem Berufsleben, aber ich werde dir zeigen, dass es sich auch auf alle anderen Lebensbereiche, auch auf das Leben mit Kindern, anwenden lässt. Zu dieser Zeit war ich sehr gestresst und musste mich häufig mit Ängsten und Zweifeln auseinandersetzen, aber dass ich auch viel über mein Ziel nachdachte, brachte mich zu einem wichtigen Schluss: Um das scheinbar Unmögliche zu schaffen, musste ich jeden Tag unerschütterlich daran glauben, *egal, welche Ergebnisse ich tatsächlich erzielte.*

Ich wusste, dass es Zeiten geben würde, in denen ich an mir zweifelte, und Zeiten, in denen ich so weit von der Spur abgekommen war, dass das Ziel in noch weiterer Ferne zu liegen schien als vorher. Und genau in diesen Momenten musste ich meine Selbstzweifel mit unerschütterlichem Glauben überwinden.

Um mir auch für die schwierigen Momente so viel Glauben an mich selbst zu erhalten, habe ich in dieser Zeit immer wieder mein „Miracle-Mantra" wiederholt:

*Ich werde ____________ (mein Ziel erreichen), egal, was passiert. Eine andere Möglichkeit gibt es nicht.*

Bitte mach dir klar, dass es nicht *normal* ist, so unerschütterlich an etwas zu glauben. Die meisten Leute tun es nicht. Wenn es nicht so aussieht, als wäre man auf dem richtigen Weg zum gewünschten Resultat, hören Menschen, die Durchschnittsleistungen erbringen, meist auf zu glauben, dass es trotzdem möglich ist, es zu erlangen. Wenn nur noch Sekunden auf der Uhr sind und das Spiel unentschieden steht, dann sind es Höchstleistungsträger – die Michael Jordans dieser Welt – die ihren Teamkollegen, ohne zu zögern, sagen: „Gebt mir den Ball!"

Der Rest des Teams atmet erleichtert auf, weil sie sich vom Druck und der Angst befreit fühlen, den entscheidenden Wurf zu vermasseln. Michael Jordan dagegen kann sich auf die Entscheidung verlassen, die er irgendwann im Lauf seines Lebens getroffen hat: dass er sich den unerschütterlichen Glauben daran bewahrt, treffen zu können, auch wenn es natürlich nicht garantiert ist. Michael Jordan hat im Lauf seiner Karriere sechsundzwanzigmal bei spielentscheidenden Würfen danebengeworfen, aber den Glauben daran, dass er jedes Mal treffen kann, hat er nie verloren.

Das ist die erste Entscheidung, die äußerst erfolgreiche Menschen treffen, und das kannst du auch.

Wenn du auf ein Ziel hinarbeitest und dabei vom Weg abkommst, was fliegt dann als Erstes aus dem Fenster? Richtig, *der Glaube daran, dass das Ziel, das du dir gesetzt hast, überhaupt erreichbar ist.* Du beginnst, dich selbst negativ zu beeinflussen, indem du dir sagst: „Ich arbeite in die falsche Richtung. Es sieht so aus, als könne ich das Ziel nicht erreichen." Und mit jeder Sekunde, die verstreicht, glaubst du ein bisschen weniger daran.

Damit musst du dich nicht abfinden. Du hast die Wahl und die Kraft, dir einen unerschütterlichen Glauben zu erhalten, egal, was kommt, und egal, welche Ergebnisse du erzielst. Gerade für Eltern ist das besonders wichtig, weil wir das Ergebnis oft nicht selbst in der Hand haben. Ab und zu zweifelst du vielleicht an dir selbst oder hast einen schlechten Tag mit den Kindern. In deinen dunkelsten Momenten fragst du dich wahrscheinlich, ob alles irgendwann gut ausgehen wird. Gerade dann ist es besonders wichtig, dass du – immer wieder – den Glauben daran findest, dass alles möglich ist. An diesem Glauben musst du während deiner ganzen Reise festhalten, egal, ob es sich dabei um dreißig Tage Töpfchentraining oder eine dreißig Jahre dauernde Elternkarriere handelt.

Es ist sehr wichtig, dass du deine Rolle als Elternteil als eng verwandt mit der Rolle von anderen Höchstleistungsträgern begreifst. Die Parallelen sind nämlich nicht zu übersehen. Wenn du dir nicht die Zeit nimmst, sie zu erkennen, wirst du vielleicht bald merken, dass du dich zu sehr auf die Momente konzentrierst, in denen du als Elternteil gescheitert bist, statt deine Erfolge zu feiern. Wenn du dich aber zu sehr aufs Scheitern einschießt, werden deine Kinder das auch tun, und das willst du nicht. Also hör mir bitte weiter zu.

Die erfolgreichsten Leistungssportler leben in dem festen Glauben, dass sie jeden Schuss in einen Treffer verwandeln können. Dieser Glaube – der Glaube, den du auch entwickeln musst – hat nichts mit Wahrscheinlichkeit zu tun. Er stammt aus einer gänzlich anderen Quelle. Die meisten Verkaufsleute arbeiten nach etwas, das sich „Gesetz des Durchschnitts" nennt. Aber wir reden hier nicht vom Durchschnitt, sondern von einer Art „Gesetz des Wunders". Wenn du immer wieder danebenwirfst, musst du dich umso mehr davon überzeugen, was Michael Jordan sich auch sagt: „Ich habe zwar dreimal verfehlt, aber ich will den Ball trotzdem, und nächstes Mal treffe ich."

Dein Glaube bleibt *unerschütterlich*, auch wenn du beim nächsten Mal immer noch danebenwirfst. Wiederhole das *Miracle-Mantra*:

*Ich werde ____________ (mein Ziel erreichen), egal, was passiert. Eine andere Möglichkeit gibt es nicht.*

Dann nimm dich beim Wort und tu, was du dir versprochen hast.

Auch Elitesportler haben manchmal Tage, an denen sie das schlechteste Spiel ihres Lebens machen. Solche Spiele, bei denen es für drei Viertel der Zeit so aussieht, als könnten sie gar nichts treffen. Und dann, im vierten Viertel, gerade dann, wenn ihre Mannschaft es am dringendsten nötig hat, fangen sie an zu treffen. Sie verlangen stets nach dem Ball; sie glauben immer an sich selbst und ihre eigenen Fähigkeiten. Im letzten Viertel landen sie plötzlich dreimal so viele Treffer wie im ganzen Rest des Spiels.

Und warum? Weil sie sich darauf konditioniert haben, unerschütterlich an ihre Talente, Fähigkeiten und Fertigkeiten zu glauben – egal, was auf der Punktetafel steht oder wo sie sich gerade auf der Weltrangliste befinden.

Außerdem …

… besitzen sie aber auch noch den zweiten Teil der *Miracle-Gleichung*: überdurchschnittlichen Einsatz.

## Die zweite Entscheidung: Überdurchschnittlicher Einsatz

Wenn du zulässt, dass dir der Glaube an dich selbst abhandenkommt, folgt ihm der Einsatz meistens auf dem Fuß. „Was soll's", redest du dir ein, „es ist ohnehin sinnlos, sich abzustrampeln, um ein Ziel zu erreichen, das ich niemals schaffen kann." Plötzlich fängst du an zu hinterfragen, ob du es jemals schaffen kannst, deinem Kind beizubringen, zu lesen, höflich zu sein oder Hausaufgaben zu machen, geschweige denn, das große Ziel zu erreichen, das du dir vorgenommen hast.

Das ist mir auch schon oft passiert. Ich fühlte mich entmutigt und dachte: „Wozu versuche ich es überhaupt?“ Ab und zu denkt man eben: „Das schaffe ich doch nie und nimmer. Mit meinen Kindern läuft alles schief.“

An dieser Stelle brauchst du überdurchschnittlich viel Einsatz. Konzentriere dich auf dein ursprüngliches Ziel und spüre die Verbindung zu der Vision, die du davon erschaffen hast. Finde das große „Warum“ in deinem Herzen und deinem Hirn, das du hattest, als du dir das Ziel ursprünglich gesetzt hast.

Dafür musst du das Ziel noch einmal neu aufrollen. Frag dich selbst: „Wenn ich am Ende dieses Monats das Ziel erreicht hätte, was hätte ich dann alles dafür getan? Was hätte ich tun müssen?“

Wie auch immer die Antwort ausfällt, wichtig ist, dass du bei der Stange bleibst und dich durchbeißt, egal, wie die Ergebnisse aussehen. Du musst daran glauben, dass du am Ende erfolgreich dastehen wirst. Du musst dir den unerschütterlichen Glauben an den Erfolg erhalten und gleichzeitig überdurchschnittlichen Einsatz zeigen, bis das Spiel abgepfiffen wird. Nur so schaffst du dem Wunder die Gelegenheit, überhaupt zu geschehen.

Für uns Eltern besteht der überdurchschnittliche Einsatz hauptsächlich darin, unseren Kindern das Verhalten vorzuleben, das wir uns von ihnen wünschen, und eine Umgebung zu schaffen, in der sie wachsen können. Wir ermutigen, unterstützen und motivieren sie. Wir zwingen sie zu nichts, weil Zwang immer nach hinten losgeht. Wir stellen ihnen den Rahmen zur Verfügung und lassen ihnen innerhalb des Rahmens die freie Wahl.

Wenn du das tust, was der Durchschnittsmensch macht – das, was in unserer menschlichen Natur liegt – dann bist du genau das: ein durchschnittlicher Elternteil. Entscheide dich dafür, kein Durchschnittsmensch zu sein! Denk daran: Dein Denken und Handeln bestimmen die Resultate. Das ist eine selbsterfüllende Prophezeiung. Also geh weise damit um.

Du hast einen Vorteil: Ich erkläre dir jetzt die Strategie, mit der du praktisch sicherstellst, dass du jedes deiner Ziele erreichst.

## Die Miracle-Gleichung

*Unerschütterlicher Glaube + Überdurchschnittlicher Einsatz = Wunder*

Es ist einfacher, als du denkst. Das Geheimnis hinter einem unerschütterlichen Glauben liegt darin, zu erkennen, dass es sich dabei um eine Geisteshaltung und eine *Strategie* handelt – es ist nichts Konkretes. Im Gegenteil, der Glaube ist nicht einmal leicht zu fassen. Kein Verkäufer bringt *jedes* Geschäft zum Abschluss. Es ist einfach nicht *jeder* Schuss ein Treffer. Eltern gewinnen nicht *jeden* Kampf mit ihren Kindern. Deshalb musst du dir den unerschütterlichen Glauben einprogrammieren, damit er dich antreibt, überdurchschnittlichen Einsatz in die Sache zu stecken, egal, was dabei herauskommt.

Denk daran, der Schlüssel dazu, diese Gleichung in die Praxis umzusetzen und mitten im tiefsten Selbstzweifel unerschütterlichen Glauben zu bewahren, liegt in deinem *Miracle-Mantra*:

*Ich werde ________, egal, was passiert. Eine andere Möglichkeit gibt es nicht.*

Setz dir ein Ziel und mach es zu einem Teil deines *Miracle-Mantras*. Deine Affirmationen nimmst du dir sowieso schon jeden Morgen (und vielleicht zusätzlich noch einmal jeden Abend) vor.

Dein *Miracle-Mantra* solltest du dir aber darüber hinaus jeden Tag immer wieder vorsagen: während du die Kinder zur Schule fährst, im Zug zur Arbeit, auf dem Laufband im Fitnessstudio, unter der Dusche, in der Schlange an der Supermarktkasse, auf dem Weg zu einem Kunden – einfach überall, wohin du gehst.

Dein *Miracle-Mantra* wird deinen Glauben an dich selbst verstärken und dir den Zuspruch geben, den du brauchst, um es nur noch einmal zu versuchen – und noch mal, und noch mal.

## Bonuslektion

Erinnerst du dich noch daran, was ich von meinem Mentoren Dan Casetta über den Zweck von Zielen gelernt habe? Du musst der Typ Mensch werden, der das Ziel erreichen kann. Dabei erreichst du das Ziel zwar nicht jedes Mal, aber du kannst dadurch trotzdem zu einer Person werden, die sich unerschütterlichen Glauben erhält und überdurchschnittlichen Einsatz zeigt, egal, was am Ende dabei herauskommt. So wirst du der Mensch, der du sein musst, wenn du regelmäßig außergewöhnlich hoch gesteckte Ziele erreichen willst. Das ist auch für deine Kinder eine tolle Lektion!

Das Ziel zu erreichen, spielt dabei (fast) keine Rolle, aber es wird dir trotzdem immer häufiger gelingen. Gewinnen Höchstleistungssportler jedes Mal? Nein, aber meistens. Genauso kannst du auch meistens gewinnen.

Du kannst früher aufstehen, mit Hingabe und Begeisterung die Life S.A.V.E.R.S. absolvieren, dich organisieren, konzentrieren und auf dein Ziel ausrichten und alle Herausforderungen des Lebens mit Kindern wie ein Profi meistern. Den Erfolg, den du dir wünschst, wirst du trotzdem nur erlangen, wenn du unerschütterlichen Glauben und überdurchschnittlichen Einsatz kombinierst.

Die *Miracle-Gleichung* erlaubt dir, auf Kräfte zuzugreifen, die niemand so ganz versteht. Du erhältst Energie aus einer Quelle, die man als Gott, das Universum, das Gesetz der Anziehung oder sogar einfach nur als Glück bezeichnen könnte. Ich weiß nicht, wie sie funktioniert, ich weiß nur, dass sie es tut.

Wenn du dieses Buch bis hierher gelesen hast, ist klar, dass du dir Erfolg dringender wünschst als fast alles andere. Entschließe dich also dazu, deine Erziehungsvorhaben und die *Miracle-Gleichung* mit aller Kraft durchzuziehen. Du verdienst es und ich will, dass du es auch bekommst!

## Die Miracle-Gleichung in der Praxis

1. Schreib dir die *Miracle-Gleichung* auf und häng sie an einer Stelle auf, wo du sie jeden Tag siehst:
**Unerschütterlicher Glaube + Überdurchschnittlicher Einsatz = Wunder (UG + ÜE = W∞).**
2. Wähle dein oberstes Erziehungsziel für dieses Jahr. Welches Ziel würde dich am nächsten an ein ideales Familienleben bringen, wenn du es erreichen kannst?
3. Schreib dein *Miracle-Mantra* auf: *Ich werde ____________ (füg hier deine Ziele und täglichen Handlungen ein), egal, was passiert. Eine andere Möglichkeit gibt es nicht.*

Dabei geht es hauptsächlich darum, wer du durch diesen Prozess werden kannst. Dein Selbstbewusstsein wird sich steigern und du wirst schon das nächste Mal, wenn du versuchst, ein Ziel zu erreichen (und jedes weitere Mal danach), zu der Art von Person, die alles gibt, was in ihr steckt.

## Schlussgedanken

Herzlichen Glückwunsch! Du hast etwas geschafft, was nur einer kleinen Zahl von Menschen gelingt: Du hast ein ganzes Buch gelesen. Wenn du es so weit geschafft hast, verrät mir das etwas über dich: Du sehnst dich nach mehr. Du willst mehr werden, mehr tun, mehr beitragen und mehr verdienen.

Dadurch, dass du dieses Buch gelesen hast, hast du jetzt die einmalige Chance, die Life S.A.V.E.R.S. zu einem Bestandteil deines Arbeits- und Privatlebens zu machen, deine tägliche Routine zu verbessern und schlussendlich dein ganzes *Leben* zu einer erstklassigen Erfahrung zu machen, wie du sie dir in deinen kühnsten Träumen nicht vorgestellt hättest. Schon bald wirst du die unermesslichen Vorzüge ernten können, die die täglichen Gewohnheiten von Höchstleistungsträgern mit sich bringen.

In fünf Jahren wirst du zurückblicken und erkennen, dass dein Leben, deine Beziehungen zu anderen und dein Einkommen das Ergebnis von genau einer Sache sind: *von der Person, die du geworden bist.* Du hast es in der Hand, jeden Morgen früh aufzustehen und Zeit darauf zu verwenden, die beste Version deiner selbst zu werden. Ergreif diese Gelegenheit beim Schopf, erschaff dir eine Vision für die Zukunft und wende das an, was du aus diesem Buch gelernt hast, um deine Vision wahr werden zu lassen!

Stell dir vor, wie du in ein paar Jahren das Journal wiederfindest, das du angefangen hast, gleich nachdem du dieses Buch gelesen hast. Darin findest du die Ziele, die du dir notiert hast – Träume, die du zu dieser Zeit nicht einmal laut auszusprechen wagtest. Wenn du dich dann umsiehst, wirst du feststellen, *dass diese Träume jetzt Teil deines Lebens geworden sind.*

Im Moment stehst du am Fuß eines Berges, den du ohne größere Probleme besteigen kannst. Alles, was du tun musst, ist, für deinen *Miracle Morning* aufzustehen und die Life S.A.V.E.R.S. anzuwenden, Tag für Tag, Monat für Monat und Jahr für Jahr, während du *dich selbst*, deine *Familie* und deine *Erfolge* zu Höhen führst, wie du sie noch nie erlebt hast.

Kombiniere deinen *Miracle Morning* mit dem Entschluss, die außergewöhnlichen Elternfähigkeiten einzusetzen, und die *Miracle-Gleichung* zu nutzen, um Ergebnisse zu erzielen, von denen die meisten Menschen nur träumen können.

Dieses Buch versammelt alles, von dem wir wissen, dass es dir helfen wird, all deine Lebensbereiche auf die nächste Stufe zu heben, und zwar schneller, als du im Moment vielleicht glaubst. Man wird nicht dazu geboren, Höchstleistungen zu erbringen – man wird zu einer solchen Person, indem man sein Leben darauf ausrichtet, sich selbst und seine Fähigkeiten konstant zu verbessern, um das zu erreichen, was man sich schon immer gewünscht hat.

Und das kannst du auch. Ich verspreche es dir.

**Los geht's!** Die 30-Tage-Miracle-Morning-Herausforderung

Jetzt bist du dran! Werde einer von zehntausenden Menschen, die ihr Leben mithilfe des *Miracle Morning* verwandelt haben. Schließ dich der Online-Community auf www.TMMBook.com an und lade dir das Starterset herunter, damit du *heute* noch anfangen kannst.

# EINE BESONDERE EINLADUNG VON HAL

Die Leser und Anwender des *Miracle Morning* haben eine außergewöhnliche Gemeinschaft von ähnlich gesonnenen Personen auf der ganzen Welt geschaffen, die jeden Tag mit einem Ziel aufwachen und Zeit darauf verwenden, das unbegrenzte Potenzial zu nutzen, das in uns allen liegt.

Als Autor von *Miracle Morning* empfand ich es als meine Pflicht, eine Online-Community zu schaffen, in der sich Leser zusammenfinden können, um sich kennenzulernen, sich gegenseitig Mut zu machen, sich über die besten Methoden auszutauschen, sich gegenseitig zu unterstützen, über das Buch zu diskutieren, Videos zu posten, einen Partner zu finden, dem sie Rechenschaft ablegen können, und sogar Smoothierezepte und Sporteinheiten zu teilen.

Allerdings hätte ich mir damals ehrlich gesagt nicht träumen lassen, dass die *Miracle-Morning*-Community eine der positivsten, engagiertesten und sich gegenseitig am besten unterstützenden Online-Communitys der Welt werden würde, aber genau das ist passiert. Die Persönlichkeit und menschliche Größe unserer über 40.000 Mitglieder aus der ganzen Welt erstaunt mich jeden Tag aufs Neue – und es werden immer mehr.

Geh einfach auf www.MyTMMComunity.com und beantrage Aufnahme in die Facebook-Gruppe der *Miracle-Morning*-Community. So kommst du augenblicklich in Kontakt mit anderen Menschen, die die Methoden des *Miracle Morning* bereits anwenden, teilweise schon seit Jahren. Sie sind gerne bereit, dir zu helfen, schneller zum Erfolg zu kommen. Ich moderiere diese Community und schaue auch regelmäßig dort vorbei, also freue ich mich darauf, dich dort zu treffen. Wenn du lieber persönlich auf den sozialen Medien mit mir in Kontakt treten möchtest, folge einfach @HalElrod auf Twitter oder Facebook.com/YoPalHal auf Facebook. Wenn du möchtest, schick mir gerne eine Direktnachricht, hinterlasse einen Kommentar oder stell mir eine Frage. Ich tue mein Bestes, alle zu beantworten, und freue mich darauf, dich kennenzulernen!

# ÜBER DIE AUTOREN

**HAL ELROD** ist einer der am besten bewerteten amerikanischen Redner. Am bekanntesten ist er aber als Autor des Buches, das weithin als eines der lebensveränderndsten Bücher aller Zeiten gilt, und das auf Amazon über 1.500 Fünf-Sterne-Rezensionen bekommen hat: *Miracle Morning: Die Stunde, die alles verändert.*

Als Hal erst 20 Jahre alt war, starb er. Ein betrunkener Autofahrer hatte ihn mit über 110 km/h angefahren und ihm 11 Knochen gebrochen. Hal war sechs Minuten lang klinisch tot, lag sechs Tage im Koma und bekam gesagt, dass er nie wieder würde gehen können. Entgegen dieser Prophezeiung und den Versuchungen der Opferrolle lernte er jedoch nicht nur, wieder zu gehen, sondern lief sogar einen 52 Meilen langen Ultramarathon, wurde zum „Hall of Fame“-Businessman, international gefeierten Redner und Moderator des überaus erfolgreichen Podcasts „Achieve Your Goals“.

Vor allem aber ist Hal unendlich dankbar dafür, am Leben zu sein und dieses Leben mit seiner Traumfrau Ursula und ihren Kindern Sophie und Halsten teilen zu können.

Wenn du mehr über Hals Reden, sein Coaching und seine Bücher erfahren möchtest, schau bitte auf www.halelrod.com vorbei.

**LINDSAY UND MIKE MCCARTHY.** Mike wurde in Colorado geboren und machte einen Abschluss in Betriebswirtschaft an der *University of Colorado*. Lindsay wuchs in Pennsylvania auf und studierte Sport an der *James Madison University*, bis sie Mike heiratete und die beiden begannen, sich ein gemeinsames Leben aufzubauen. Mike und Lindsay sind seit 2006 verheiratet und haben zwei wundervolle Kinder, Tyler und Ember. Mike hat als Unternehmer bereits einige Firmen geführt, aktuell ist er regionaler Eigentümer von *Keller Williams Realty* im Großraum Pennsylvania, CEO einer Mastermind-Gruppe für Männer namens *GoBundance*, zertifizierter *Spirit Coach™*, Miteigentümer der *Tomoka Brewing Company* und eifriger Immobilieninvestor.

Lindsay arbeitete mit ihm im regionalen Team von *Keller Williams Realty* im Großraum Pennsylvania, aber ihr Traum war es schon immer gewesen, Hausfrau und Mutter zu sein. Als Tyler auf die Welt kam, begann sie, dieser Aufgabe ihre ganze Energie zu widmen. Darüber hinaus ist sie zertifizierte *Spirit Led Practitioner*™. Mike und Lindsay haben außerdem die Website www.gratefulparent.com geschaffen und sind sehr glücklich, dass sie sich jetzt auch noch Autoren nennen dürfen, weil das schon lange ein Ziel der beiden war. Die McCarthys lieben das Abenteuer, erziehen ihre Kinder zu Hause und leben in Pennsylvania, aber sie lieben es, so viel wie möglich zu reisen und neue Erfahrungen miteinander und mit anderen zu teilen.

**HONORÉE CORDER** hat mehr als 21 Bücher geschrieben, darunter *You Must Write a Book, Vision to Reality, Prosperity for Writers, Business Dating,* die *Successful-Single-Mom*-Reihe, *If Divorce is a Game, These are the Rules*, und *The Divorced Phoenix*. Außerdem ist sie Hal Elrods Businesspartnerin und managt mit ihm gemeinsam die *Miracle-Morning*-Buchserie. Daneben coacht Honorée Geschäftsleute, Autoren und angehende Sachbuchautoren, die gern einen Bestseller landen und sich mehrere Einkommensquellen erschließen wollen.

Mehr über Honorée erfährst du auf ihrer Webseite: www.honoreecorder.com.

Hal Elrod, Steve Scott mit Honorée Corder:

**Miracle Morning für Autoren**
Dein Schreibritual für mehr Erfolg und höheres Einkommen

*Aus dem amerikanischen Englisch von Christina Brombach*
Geleitwort von Prof. Dr. Lothar Seiwert
ISBN 978-3-95904-070-9
2. Aufl., Edition Forsbach 2020

Brauchst du mehr Zeit zum Schreiben – ohne dafür die wichtigen Dinge zu opfern? Suchst du nach einer Methode, mit der du immer wieder neue, tolle Buchideen entdecken lannst? Wünschst du dir ein zuverlässiges Einkommen durch das Schreiben, oder möchtest du deine bestehenden Einkünfte verbessern?

Dann solltest du *Miracle Morning für Autoren* lesen. In diesem Buch verbinden sich Hal Elrods weltweit erfolgreiches Morgenritual mit Steve Scotts bewährter Schreibgewohnheitstechnik.

Das erwartet dich in *Miracle Morning für Autoren*:
- Eine erprobte Strategie, mit der du Zeit zum Schreiben findest.
- Unsere Methode, mit der du jede Menge Bücher verkaufst.
- Steves Lieblingsapp, mit der du deine großartigen Ideen festhalten und für das nächste Buch recherchieren kannst.
- Hals Strategie, mit Gedanken umzugehen, die dich einschränken und am Erfolg hindern.
- Den „Flow“ und eine Anleitung, wie du Schreibblockaden für immer aus dem Weg räumst.
-

***Der Miracle Morning für Autoren* ist dein Schlüssel zu einem neuen Schreibritual, mit dem du dein Einkommen erhöhen und größeren Eindruck auf die Welt machen kannst.**

Hal Elrod, Lance & Brandy Salazar mit Honorée Corder:

**Miracle Morning für Paare**
Die Stunde, die deine Beziehung verändert

*Aus dem amerikanischen Englisch von Christina Brombach*
Geleitwort von Barbara Messer
ISBN 978-3-95904-206-2
Edition Forsbach 2022

**Warum solltest du dich mit einer gewöhnlichen Beziehung zufriedengeben, wenn sie auch LEGENDÄR sein könnte?**

*Miracle Morning für Paare* nutzt Hals Life S.A.V.E.R.S., um dir den Weg zu einer großartigen Persönlichkeitsentwicklung und mehr Wachstum zu zeigen. So kannst du ganz für deine Beziehung da sein und mehr Freude, mehr Intimität und eine lebenslange Freundschaft darin finden.

In diesem Buch erfährst du …

- Warum der Morgen wichtiger ist, als du denkst.
- Wie du in nur fünf Minuten zum Frühaufsteher wirst.
- Das Geheimnis von tief verbundener Freundschaft und langfristigem Liebesglück.
- Die Formel für eine schnelle, starke Morgenroutine, direkt, nachdem du aufgewacht bist.
- Die Schritte zu einer tieferen Intimität, größerer Offenheit und mehr Vertrauen.
- Wie man all diese Teile zusammenfügt, um ein legendäres Paar zu werden!

***Miracle Morning für Paare* ist dein Schlüssel zu einer erfüllenden, dauerhaften Beziehung mit deinem Herzensmenschen und einem wundervollen gemeinsamen Leben.**

Zeitfracht Medien GmbH
Ferdinand-Jühlke-Straße 7
99095 Erfurt, Deutschland
produktsicherheit@kolibri360.de